Peter Henkel

INDUSTRIE KULTUR

Ausflüge
im Bergischen Land

Droste Verlag

Auf einen Blick

01 DEUTSCHES SCHLOSS- UND BESCHLÄGEMUSEUM VELBERT   8
1 BKS-Hochhaus   12
2 Sender Langenberg   13

02 HAUS CROMFORD   14
1 Blauer See   18
2 Wasserburg Haus zum Haus   19

03 ZEITTUNNEL WÜLFRATH   22
1 Niederbergisches Museum   26
2 Panoramaradweg Niederbergbahn   27

04 RINGOFEN SASSEN   28
1 Naturschutzgebiet Dernkamp   32
2 Galopprennbahn Grafenberg   33

05 GLASHÜTTE GERRESHEIM   36
1 Industriepfad Düsseldorf-Gerresheim   42
2 Unterbacher See   43

06 DAS NEANDERTAL   44
1 Museum Lokschuppen Hochdahl   48
2 Sternwarte Neanderhöhe   49

07 KALKOFEN HUPPERTSBRACKEN   50
1 Kalksinterwerk Lindenbeck   54
2 Kalktunnel   55

08 NORDBAHNTRASSE WUPPERTAL   56
1 Bandweberei Frowein & Co. AG   60
2 Zwirnerei Hebebrand   61

09 HISTORISCHES ZENTRUM WUPPERTAL   64
1 Barmer Bergbahn   70
2 Bandwirkermuseum Ronsdorf   71

10 WUPPERTALER SCHWEBEBAHN   74
1 Heckinghauser Brücke   78
2 Bandwebermuseum Kafka   79

11 BERGISCHE MUSEUMSBAHNEN – STRASSENBAHNMUSEUM   84
1 Manuelskotten   88
2 Gelpetal   89

12 WÜLFING MUSEUM   90
1 Bahnhof Dahlerau   94
2 Wuppertalsperre   95

13 DEUTSCHES RÖNTGEN MUSEUM REMSCHEID   98
1 Tuchmuseum Lennep   102
2 Feilenfabrik Ernst Ehlis   103

14 DEUTSCHES WERKZEUGMUSEUM REMSCHEID   104
1 Wasserturm Hochstraße   110
2 Mannesmann Erfinderhalle   111

15 MÜNGSTENER BRÜCKE 114
1 Balkhauser Kotten 118
2 Wipperkotten 119

16 GESENKSCHMIEDE HENDRICHS 120
1 Loosen Maschinn 124
2 Taschenmesserreiderei Lauterjung 125

17 DEUTSCHES KLINGENMUSEUM 126
1 Lichtturm 130
2 Tierpark Fauna 131

18 FREUDENTHALER SENSENHAMMER 134
1 Erbslöh-Denkmal Leichlingen 138
2 Kultur Badehaus Burscheid 139

19 NEUE BAHNSTADT OPLADEN 142
1 Schiffsbrücke alte Wuppermündung 146
2 Bahnhof Pattscheid 147

20 KOLONIE-MUSEUM LEVERKUSEN 150
1 Bayer-Erholungshaus 154
2 Bayer-Kreuz 155

21 ALTE DOMBACH, BERGISCH GLADBACH 158
1 Grube Cox 162
2 Kalkofen Cox 163

22 BERGISCHES MUSEUM FÜR BERGBAU, HANDWERK UND GEWERBE 164
1 Altes Schloss Bensberg 168
2 Neues Schloss Bensberg 169

23 GRUBE LÜDERICH 170
1 Stahl- und Walzwerk Gebr. Reusch 174
2 Schloss Eulenbroich 175

24 KRAFTWERK ERMEN & ENGELS 178
1. Oelchenshammer 182
2. Grube Castor 183

25 BERGISCHE ACHSEN WIEHL 184
1 Wiehltalbahn 188
2 Eisenbahnmuseum Dieringhausen 189

- ▸ LVR-INDUSTRIEMUSEUM 20
- ▸ UMWELTPROBLEME UND UMWELTSCHUTZ 34
- ▸ VON DER HEYDT 62
- ▸ FRIEDRICH ENGELS 72
- ▸ DIE WUPPER 80
- ▸ STRUKTURWANDEL IM BERGISCHEN 96
- ▸ MANNESMANN 112
- ▸ DAS BERGISCHE STÄDTEDREIECK 132
- ▸ NETZWERK INDUSTRIEKULTUR BERGISCHES LAND E. V. 140
- ▸ JULIUS POHLIG 148
- ▸ BAYER 156
- ▸ WIRTSCHAFTLICHE VERFLECHTUNGEN 176

INDUSTRIEKULTUR BERGISCHES LAND

Schloss Burg, Bergische Kaffeetafel, Altenberger Dom, Schwebebahn und Müngstener Brücke: das sind sicherlich die Begriffe, die einem sofort einfallen, wenn man heute vom Bergischen Land spricht. Es schwingt immer ein Hauch von Naturromantik mit. Aber die beiden letzten Stichworte stehen bereits für eine andere Seite des Bergischen Landes, die diese Region mindestens ebenso sehr geprägt hat wie seine Natur: die Industrie. Die Industrialisierung des heutigen Nordrhein-Westfalen nahm ihren Anfang hier im Bergischen Land. Noch bevor der Steinkohlenbergbau die Wirtschaft an der Ruhr entscheidend prägte, vertrieben Kaufleute aus Velbert, Elberfeld, Solingen und Remscheid schon ihre Schlösser, Tuche, Messer und Werkzeuge aus bergischer Produktion fast in der ganzen damals bekannten Welt. Das Bergische Land war eine der wichtigsten deutschen Impulsregionen der Industrialisierung.

Schlösser wurden in Velbert bereits seit dem 16. Jahrhundert hergestellt. 1527 verlieh der Herzog von Berg den Gemeinden Barmen und Elberfeld die sogenannte Garnnahrung, ein Exklusivrecht für die Garnbleichung. Die Industrialisierung sorgte dafür, dass sich immer mehr Textilfabriken wie Färbereien und Webereien dort ansiedelten. Maschinenbauunternehmen und Metall verarbeitende Betriebe kamen hinzu. Ähnlich verhielt es sich mit dem Recht der Solinger, dass nur sie Schwertklingen herstellen durften. Daraus entwickelten sich Unternehmen wie Zwilling J. A. Henckels.

REGION DER SUPERLATIVE

Das Bergische Land wurde zu einer Region der Superlative: die erste Fabrik auf dem Kontinent, die älteste Eisenbahn Westdeutschlands, die steilste Eisenbahnstrecke und die höchste Eisenbahnbrücke Deutschlands, die erste Handelsvertretung einer deutschen Textilfirma in den USA, die weltgrößte Flaschenfabrik, die Entwicklung des Nahtlosstahlrohrs, die Entdeckung des Aspirins, Schließsystemlieferant des höchsten Hauses der Welt und so weiter und so fort. Es entwickelte sich eine Wirtschaftsregion mit einer für deutsche Verhältnisse sehr hohen Städtedichte, die zugleich aber noch sehr ländlich wirkt. Selbst die Großstädte im Bergischen wie Wuppertal, Solingen oder Remscheid zeigen in ihren Zentren zum Teil kleinstädtische Züge. Velbert-Langenberg, Solingen-Gräfrath oder Remscheid-Lennep muten mit ihren pittoresken Altstädten wie aus der Zeit gefallen an.

HEIMATLIED

Das Bergische Heimatlied (siehe S. 6) fasst diesen Widerspruch zusammen. Einerseits wird ein Landstrich besungen, „wo die Wälder noch rauschen", ein Idyll im „blühenden Tale", „wo die Wupper wild woget" oder wo über „grünenden Bergen der Himmel sich blaut". Andererseits wird romantisch verklärt, wo „der Amboss erklingt" und „wo der rauchende Schlot" und „der Hämmer Gesaus" von dem Fleiß der bergischen Menschen kündet. Zwar verschweigt das Heimatlied nicht die Industrie, aber es schönt die Realität seiner Entstehungszeit. Ende des 19. Jahrhunderts war die Wupper bereits größtenteils ein totes, stinkendes, in verschiedenen Farben schillerndes Gewässer. Entlang des Flusses und seiner Nebenläufe wie Eschbach oder Gelpe standen Kotten und Hämmer hintereinander, Lärm und Rauch machten die Täler zu unwirtlichen Orten, die mancher mit den Vorhöfen der Hölle verglich. Das heute malerische Neandertal und Gruiten waren zu dieser Zeit von Kalkabbau und Kalksinterfabriken geprägte Unorte, das Bensberger Revier vom Bergbau gekennzeichnet.

Das ist mittlerweile Vergangenheit. Die Natur hat sich erholt und Terrain zurückerobert. Die Wunden, die die Industrialisierung geschlagen hat, lassen sich vielerorts erst auf den zweiten oder dritten Blick erkennen. Die Orte der Industriekultur in ihrer beeindruckenden Vielfalt sind heute begehrte Ausflugsziele und lassen uns immer wieder staunen über das Leben und Arbeiten früherer Jahrhunderte.

Viele Zeugen vergangener Zeiten sind in ihrer Einzigartigkeit erhalten geblieben oder wurden wieder in Szene gesetzt. Das LVR-Industriemuseum unterhält vier Standorte im Bergischen Land und im Netzwerk Industriekultur Bergisches Land haben sich zahlreiche Museen und Initiativen zusammengeschlossen, die die Epoche der Industrialisierung erlebbar halten. Auf eigens dafür ausgearbeiteten Routen hat man die Möglichkeit, gleich eine ganze Reihe von historischen Schauplätzen nacheinander zu entdecken.

Das gleiche Ziel verfolgt auch dieser Ausflugsführer. Dazu wurden 25 Hauptziele zwischen Velbert und Overath, zwischen Düsseldorf und Wiehl ausgewählt, die durch jeweils zwei Nebenziele in der Nähe ergänzt wurden. Es lag mir daran, bekannte Sehenswürdigkeiten wie das Neandertal, die Müngstener Brücke oder das Engels-Haus mit kleinen Orten in Verbindung zu bringen, die man vielleicht nicht sofort auf dem Schirm hat, die aber nicht minder spannend sein können. Zusätzliche Überblickstexte behandeln Themen, die für das Verständnis der Region und ihrer Industrie hilfreich sein können. Gastronomische Tipps lassen auch das leibliche Wohl nicht zu kurz kommen.

Seien Sie eingeladen, entdecken Sie die Vielfalt der bergischen Industriekultur!

Ihr Peter Henkel

Bergisches Heimatlied

**TEXT RUDOLF HARTKOPF,
MELODIE CASPAR JOSEPH BRAMBACH**

Der Oberpräsident der preußischen Rheinprovinz, Berthold von Nasse, und der Regierungspräsident von Düsseldorf, Gustav von der Recke, waren zu Besuch in Solingen. Bei dieser Gelegenheit fragte von Nasse nach einer bergischen Hymne. Das peinliche Eingeständnis, dass es eine solche nicht gebe, ließ dem Dichter des Solinger Sängerbundes, Rudolf Hartkopf, keine Ruhe. Er schrieb ein „Bergisches Heimatlied". Es orientierte sich an den von wilhelminischem Pathos geprägten Heimathymnen, wie sie zu dieser Zeit in vielen Regionen entstanden. 1892 wurde es erstmals aufgeführt, doch im Jahr darauf fand von Nasse, es fehle darin ein Hinweis auf die Bereitschaft der Bergischen, für das Heimatland zu kämpfen. Darauf kam die letzte Strophe, die heute antiquiert wirkende sogenannte Kaiserhymne, hinzu.

Wo die Wälder noch rauschen, die Nachtigall singt,
die Berge hoch ragen, der Amboss erklingt.
Wo die Quelle noch rinnet aus moosigem Stein,
die Bächlein noch murmeln im blumigen Hain.
Wo im Schatten der Eiche die Wiege mir stand:
  |: Da ist meine Heimat, mein Bergisches Land. :|

Wo die Wupper wild woget auf steinigem Weg,
an Klippen und Klüften sich windet der Steg.
Wo der rauchende Schlot und der Räder Gebraus,
die flammende Esse, der Hämmer Gesaus
verkünden und rühmen die fleißige Hand:
  |: Da ist meine Heimat, mein Bergisches Land. :|

Wo die Schwerter man schmiedet dem Lande zur Wehr,
wo's singet und klinget dem Höchsten zur Ehr,
wo das Echo der Lieder am Felsen sich bricht,
der Finke laut schmettert im sonnigen Licht,
wo der Handschlag noch gilt als das heiligste Pfand:
  |: Da ist meine Heimat, mein Bergisches Land. :|

Wo so wunderbar wonnig der Morgen erwacht,
im blühenden Tale das Dörfchen mir lacht.
Wo die Mägdlein so wahr und so treu und so gut,
ihr Auge so sonnig, so feurig ihr Blut.
Wo noch Liebe und Treue die Herzen verband:
  |: Da ist meine Heimat, mein Bergisches Land. :|

Keine Rebe wohl ranket am felsigen Hang,
kein mächtiger Strom fließt die Täler entlang.
Doch die Wälder, sie rauschen so heimlich und traut,
ob grünenden Bergen der Himmel sich blaut,
drum, bin ich auch weit an dem fernsten Strand:
  |: Schlägt mein Herz der Heimat, dem Bergischen Land. :|

Wo den Hammer man schwinget mit trotziger Kraft,
da schwingt man die Schwerter auch heldenhaft,
wenn das Vaterland ruft, wenn das Kriegswetter braust,
hebt kühn sich zum Streite die bergische Faust,
dem Freunde zum Schutze, dem Feinde zur Schand:
  |: Mit Gott für den Kaiser, fürs Bergische Land! :|

DEUTSCHES SCHLOSS- UND BESCHLÄGEMUSEUM VELBERT
500 Jahre Schließtechnik

GESCHICHTE

Schon mindestens seit dem 16. Jahrhundert ist die Umgebung von Velbert bekannt für die Herstellung von Schlössern und Türbeschlägen. Die Gründe, warum sich gerade hier dieser sehr spezielle Produktionszweig entwickelte, sind wohl in der Geografie und Geschichte des Velberter Raums zu suchen. Hier gab es Höfe und kleine Kotten, die unterschiedlichen Herrschaften unterstanden und abseits der wichtigen Straßen lagen. So fehlte eine wirksame Kontrolle durch einen strengen Landesherrn, und das ließ Raum für derartige gewerbliche Entwicklungen. Der relativ karge Boden zwang zudem die Menschen dazu, sich weitere Verdienstmöglichkeiten neben der Landwirtschaft zu suchen. So spezialisierten sich die Menschen der rohstoffarmen Gegend mit ihrer schlechten Verkehrsanbindung auf die Schlossherstellung. Dafür brauchten sie nur wenig Material und mit handwerklichem Geschick wurde ein anspruchsvolles Produkt hergestellt, das klein und dadurch leicht zu transportieren war. Auf diese Weise entstand eine dezentrale Schlösserproduktion in vielen kleinen Höfen. Die Hersteller verkauften aber nicht direkt an den Endkunden, sondern an sogenannte Verleger, die die Schlösser wiederum überregional vertrieben. Eine der wichtigsten Verlegerdynastien war die Familie Mohn, zu deren Nachfahren auch Reinhard Mohn, der langjährige Chef des Bertelsmann-Konzerns, gehörte.

Mit der sich durchsetzenden Industrialisierung traten nach und nach spezialisierte Großunternehmen an die Stelle der kleinen Schlosserwerkstätten, in denen zugleich der Schlosser mit seiner Familie lebte. Lange existierten beide Produktionsformen nebeneinander. Nach dem Zweiten Weltkrieg setzte eine Konzentration der Schlösserindustrie in Velbert ein, die ihre generelle Schlüsselstellung – im wahrsten Sinne des Wortes – behielt. Heute genießt Schließtechnik aus dieser Stadt Weltruf und findet Verwendung unter anderem in der Automobilindustrie, in wichtigen Gebäuden wie dem Bundeskanzleramt, dem Reichstag oder dem Burj Khalifa in Dubai, bei Erscheinen dieses Buches das höchste Gebäude der Welt. Der niederbergische Raum ist so nach wie vor das Zentrum der deutschen Schlösser- und Beschlägeindustrie. An die Stelle der komplexen mechanischen Schließverfahren von einst sind weitgehend Hightech-Produkte getreten.

ANLAGE

Das Deutsche Schloss- und Beschlägemuseum ist im Forum Niederberg untergebracht. Schon seit den 1960er-Jahren gab es in

DEUTSCHES SCHLOSS- UND BESCHLÄGEMUSEUM VELBERT

Wönnemann'sche Schmiede

Velbert Planungen, verschiedene Aufgaben und Einrichtungen der wachsenden Stadt an zentraler Stelle zu bündeln. Dabei sollte gleichzeitig städtebaulich ein neues Zentrum geschaffen werden. Zwischen 1979 und 1982 entstand daher das Forum Niederberg als neues Kulturzentrum. In dem Gebäude befinden sich neben dem Schlösser- und Beschlägemuseum mehrere Veranstaltungssäle mit einem Theatersaal sowie die Stadtbibliothek.

Heutige Nutzung

Im Jahr 1928 wurde ein Heimatmuseum im „Alten Bürgermeisterhaus" in Velbert eröffnet. Sein Herzstück war die „Wönnemann'sche Schmiede", die man noch heute im Schlösser- und Beschlägemuseum bewundern kann. Wönnemann arbeitete bis in die 1920er-Jahre als selbstständiger Schlosser und Schmied. 1936, mit der Gründung des „Deutschen Schlossmuseums", zogen die Exponate in den Keller des Rathauses aus den 1920er-Jahren um. Dort blieb das Museum bis zur Fertigstellung des Forums Niederberg 1982.

Die Sammlung wurde in der Zwischenzeit immer wieder erweitert. 2006 wurde die ständige Ausstellung aktualisiert. Dabei legte man besonderen Wert auf interaktive Elemente, die anschaulich die Funktionsweise der verschiedenen Schlosstypen darstellen. Das Museum versteht sich als weltweit einziges wissenschaftliches Museum für Schließ- und Sicherheitstechnik.

ADRESSE

Deutsches Schloss- und Beschlägemuseum Velbert
Forum Niederberg
Oststraße 20, 42551 Velbert
Tel. (0 20 51) 26-22 85
Di.–Fr. 9–16, So. 12–18 Uhr
Erw. 3 €, Kinder 1 €
www.schlossundbeschlaegemuseum.de

ANFAHRT PKW

A 535, AS 2 Velbert, Richtung Velbert links über Metallstraße und Bahnhofstraße bis Oststraße
(GPS 51.341281, 7.046677)

ANFAHRT ÖPNV

Mit den Bussen 647, 649, 746, 770 bzw. 771 bis Velbert ZOB, über die Poststraße in die Kolpingstraße, rechts über den Europaplatz

ESSEN + TRINKEN

Brauhaus Alter Bahnhof,
im alten Velberter Bahnhof untergebracht
Güterstraße 9, 42551 Velbert
Tel. (0 20 51) 60 93 52
So.–Do. 11–24, Fr., Sa. 11–1 Uhr
www.brauhausvelbert.de

Außerdem sehenswert
❶ BKS-Hochhaus
❷ Sender Langenberg

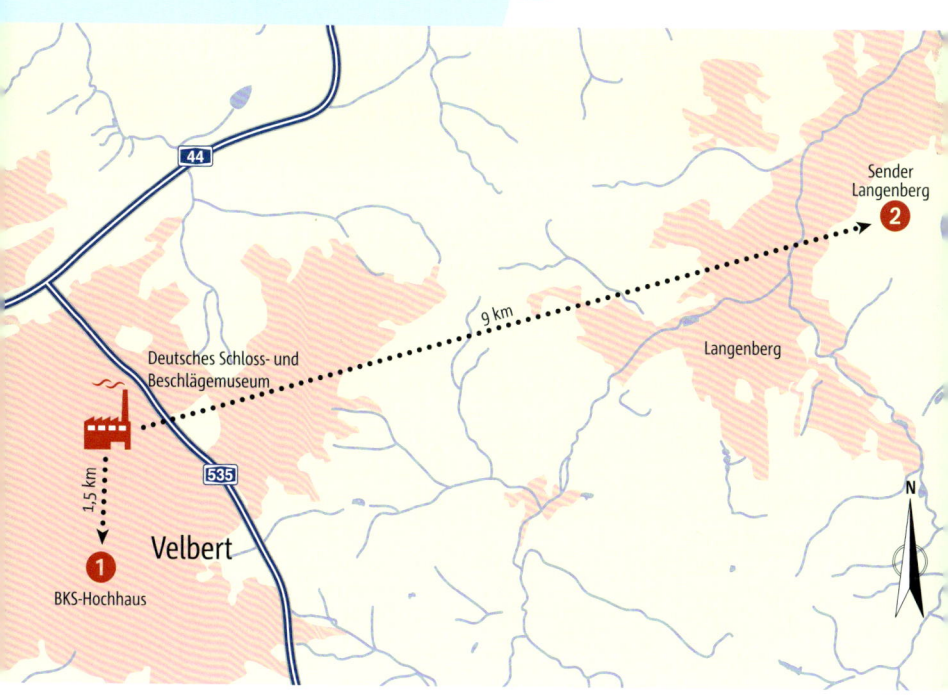

Außerdem sehenswert:

① BKS-HOCHHAUS
1,5 km vom Schloss- und Beschlägemuseum Velbert

Um angesichts der wachsenden Bevölkerung die Wasserversorgung Velberts sicherzustellen, wurden in den 1950er-Jahren erste Planungen zu einem neuen Wasserturm in Angriff genommen. Man entschied sich für die ungewöhnliche Kombination von Wasserturm und sozialem Wohnungsbau. Innerhalb eines Jahres entstand das 47 Meter hohe Gebäude, in das 1958 die ersten Mieter einziehen konnten. Die Baukosten lagen bei 2,2 Millionen Mark. Oben befindet sich ein 3000 Kubikmeter Wasser fassender Behälter von 18 Metern Durchmesser. Das darunterliegende elfte Geschoss ist als Sicherung gegen einen möglichen Wasserbruch konzipiert. In den weiteren Etagen waren ursprünglich 77 voll ausgestattete Wohnungen vorhanden, nach einem Umbau 2006 sind es heute 54 Wohnungen. Im Erdgeschoss gibt es vier Ladenlokale. Ursprünglich befand sich im zwölften Stockwerk ein Restaurant mit Panoramablick und 150 Plätzen, das aber 1969 schloss. Die Einrichtung ist zum Teil noch erhalten. Offiziell trägt der Turm den Namen „Haus Niederberg", durchgesetzt hat sich aber die Bezeichnung „BKS-Haus", nach dem großen Logo der Beschläge- und Schlossfirma BKS.

Technik + Architektur
BKS-Hochhaus
Lindenstraße 1, 42549 Velbert
Wohnhaus, nur von außen zu besichtigen

❷ SENDER LANGENBERG
9 km vom Schloss- und Beschlägemuseum Velbert

Oberhalb Langenbergs mit seiner Fachwerk- und Schieferaltstadt steht auf dem 242 Meter hohen Hordtberg der zentrale Sender des WDR für UKW und Fernsehen. Die beiden heute dort vorhandenen Masten bzw. Türme aus den Jahren 1990 und 2000 haben eine Höhe von 301 und 170 Metern. Die Anlage ging 1927 in Betrieb. Wiederholt wurden die Sendeanlagen modernisiert und ihre Leistungsfähigkeit erhöht. Anfang der 1930er-Jahre versuchten Kommunisten mehrfach, die Anlage für ihre Propaganda zu nutzen, und befestigten nachts einen großen roten Stern an den Sendemasten. Bis zur Reduzierung der Sendeleistung aus Emissionsgründen im Jahr 1995 war der Sender Langenberg in ganz Nord- und Südwesteuropa zu hören. Er ist der älteste durchgehend in Betrieb befindliche Fernsehsender Europas. Auf dem Berg befinden sich außerdem ein Bismarckturm und ein Wildgehege.

Info
Sender Langenberg
Richard-Tomin-Straße
42555 Velbert
Außengelände frei zugänglich

Blick über die Langenberger Altstadt auf den Sender Langenberg

HAUS CROMFORD Die erste Fabrik des Kontinents

GESCHICHTE

Sie gilt als die älteste Fabrik auf dem Kontinent und ist ein Ergebnis von internationaler Industriespionage. 1783/84 errichtete der aus Elberfeld stammende Kaufmann Johann Gottfried Brügelmann diese Baumwollspinnerei nach englischem Vorbild. Richard Arkwright hatte 1769 die erste mechanische Spinnmaschine, die Waterframe, entwickelt und 1771 im englischen Cromford die erste industrielle Baumwollspinnerei gegründet. Obwohl das Geheimnis der Waterframe durch die britische Regierung unter Androhung der Todesstrafe geschützt war, gelang es Brügelmann, an ein Modell der Maschine zu kommen. Mit der Hilfe englischer Facharbeiter baute er sie nach. Eine Reihe von Gründen sprach dafür, einen Standort außerhalb Elberfelds zu wählen, der fern der neugierigen Konkurrenz und doch verkehrsgünstig lag. Für den Wasserantrieb pachtete er ein großes Mühlengelände von den Grafen von Spee bei Ratingen und errichtete dort seine Fabrik. Im damals sehr verarmten Ratingen fand er zudem ausreichend Arbeitskräfte. Ausgestattet mit einem kurfürstlichen Privileg ging die Fabrik, die Brügelmann nach dem Ort Cromford nannte, 1784 in Betrieb.

Das Unternehmen entwickelte sich erfolgreich. Neben Cromford errichtete Brügelmann noch weitere Fabriken unter anderem in Düsseldorf, Rheydt, Köln und München. 1802 beschäftigte er in Ratingen 600 Menschen. Ab den 1890er-Jahren geriet das Unternehmen immer wieder in wirtschaftliche Schwierigkeiten. Die Konkurrenz hatte zugenommen und arbeitete nun auch effizienter. Ein Schritt in eine bessere Zukunft war die Umwandlung in eine Genossenschaft in den 1920er-Jahren, eine Entwicklung, die von den Nationalsozialisten jäh unterbrochen wurde. Das Werk wurde zeitweise geschlossen bzw. arbeitete als Metallwerk.

Der Niedergang der rheinischen Textilindustrie machte auch vor Cromford nicht halt. 1977 schloss das Unternehmen seine Pforten.

ANLAGE

Bis heute ist die frühindustrielle Anlage, bestehend aus „Hoher" und „Alter Fabrik", dem Herrenhaus, Arbeiterwohnungen und Kontor, erhalten. Das Herrenhaus, das als Wohn- und Geschäftshaus diente, ließ Brügelmann 1787 im Stil eines spätbarocken Lustschlosses zum Preis von 20.000 Reichstalern für sich und seine Familie errichten. Umschlossen wird die Anlage von

Die Hohe Fabrik

Herrenhaus Cromford

verschiedenen **Parkanlagen.** Ursprünglich bestand hier ein Barockgarten im holländischen Stil, der von **Maximilian Friedrich Weyhe** als englischer Landschaftspark erweitert wurde. 1907 wurde ein Teil des Parks vom neuen Eigentümer, dem Düsseldorfer Fabrikanten Carl Poensgen, neu gestaltet und als Arboretum ausgebaut. Seitdem ist dieser Bereich des Gartens auch als **Poensgenpark** bekannt. Sein Baumstand wartet mit Besonderheiten wie Mammutbaum oder einem chinesischen Taschentuchbaum auf.

Heutige Nutzung

Nach der Schließung der Fabrik entschloss sich der LVR, die Anlage als einen **Standort des LVR-Industriemuseums** zu übernehmen, und eröffnete in den Räumen der Hohen Fabrik und dem Herrenhaus seine Dauerausstellung zur Einführung des Fabriksystems in Deutschland. In der „Hohen Fabrik" sind Maschinen zur Baumwollspinnerei originalgetreu und funktionsfähig rekonstruiert worden, sodass die Textilfabrik Cromford das einzige Museum außerhalb Großbritanniens ist, in dem die Verarbeitung von der Baumwolle bis zum fertigen Garn in der Art des 18. Jahrhunderts im Schaubetrieb erlebt werden kann. Im Herrenhaus wird in 14 Räumen das Leben der Familie Brügelmann erzählt, die hier zwischen 1782 und 1946 ihren Wohnsitz hatte. Die ehemaligen Arbeiterwohnungen wurden zu modernen Wohnungen umgebaut. Ein im Aufbau befindlicher Industriepfad Ratingen erschließt weitere industriekulturelle Sehenswürdigkeiten Ratingens.

02

ADRESSE
LVR-Industriemuseum Ratingen, Textilfabrik Cromford
Cromforder Allee 24
40878 Ratingen
Tel. (0 22 34) 99 21-555
(kulturinfo rheinland)
Gelände jederzeit frei zugänglich
Museum Di.–Fr. 10–17, Sa.,
So. 11–18 Uhr, 4,50 €, erm. 3,50 €
www.industriemuseum.lvr.de/de/
ratingen/ratingen_1.html

ANFAHRT PKW
A 3 und A 52 Richtung Ratingen,
Beschilderung „Industriemuseum"
oder „Industriedenkmal Cromford"
folgen
(GPS 51.306137, 6.852738)

ANFAHRT ÖPNV
Ab Ratingen-Ost (S) mit
Bus 773 Richtung Ratingen-Hösel
bis Blauer See, ab dort 10 Minuten
zu Fuß (Weg ist ausgeschildert)

ESSEN + TRINKEN
Liebevoll in der Auermühle,
Auermühle 1
40882 Ratingen
Tel. (0 21 02) 89 29 80
tägl. 10–1 Uhr
www.liebevoll.de

Außerdem sehenswert
1. Blauer See
2. Wasserburg Haus zum Haus

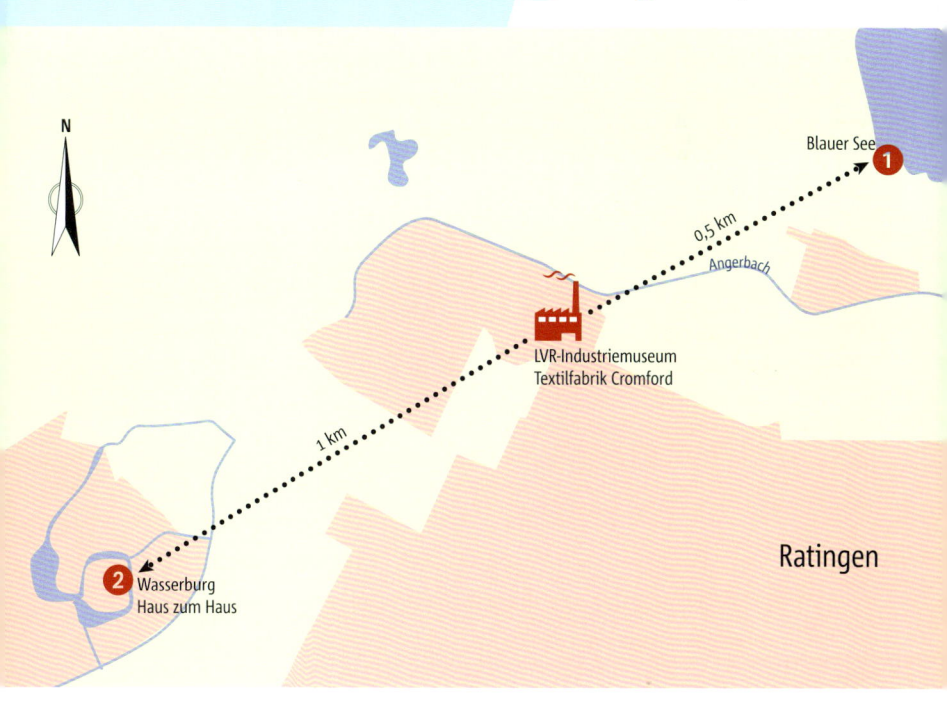

Die erste Fabrik des Kontinents

Außerdem sehenswert:

❶ BLAUER SEE
0,5 km von der Textilfabrik Cromford

Seit der Mitte des 19. Jahrhunderts wurde in diesem Bereich Kalk abgebaut und auch gebrannt. Als 1932 die Ratinger Kalkwerke GmbH den Abbau wegen nachfließenden Grundwassers einstellten, lief die Grube voll Wasser, der Blaue See entstand. Er ist ca. 12 Meter tief und hat eine Fläche von 2,2 Hektar. Zum Teil befinden sich noch Loren und Schienen auf dem Grund des Sees.

Schon bald nach seiner Entstehung avancierte der See zu einem Naherholungsgebiet. 1949 eröffnete eine Freilicht- und Naturbühne mit besonderer Akustik. Bekannt wurde sie mit Karl-May-Aufführungen, bis sie 1994 nach Elspe im Sauerland umzogen. Die Naturbühne zeigt heute ein vielfältiges Programm. 1952 kamen ein Märchenwald und weitere Freizeitattraktionen hinzu. Ein Bootsverleih, Minigolf und ausgewiesene Rundwege sind heute beliebte Anziehungspunkte für die ganze Familie. Am See vorbei fährt die Angertalbahn, die Kalk aus den Abbaugebieten um Wülfrath Richtung Rhein transportiert.

Natur + Erlebnis
Blauer See 20, 40878 Ratingen
Angebote, Öffnungszeiten etc. unter
www.blauersee-ratingen.de

❷ WASSERBURG HAUS ZUM HAUS
1 km von der Textilfabrik Cromford

Mindestens seit dem 13. Jahrhundert ist an diesem Platz eine Niederungsburg nachgewiesen, die ihren Ursprung bereits im 9. Jahrhundert haben könnte. Errichtet wurde die heutige Burg 1276. Lange war die Anlage wie auch das Gebiet von Haus Cromford und Blauem See im Besitz der Familie von Spee, die die heruntergekommene Burg 1972 der Stadt Ratingen schenkte. Diese reichte sie weiter an einen Architekten, der sie denkmalgerecht sanierte und erweiterte. Heute besteht Haus zum Haus aus einer Haupt- und Vorburg, die beide von Wassergräben umgeben sind. Charakteristisch sind die drei Rundtürme und der eckige Torturm der Hauptburg. In den ehemaligen Stallanlagen hat die Kulturstiftung Wasserburg zum Haus ihren Sitz. Mit Lesungen, Kunstausstellungen sowie der Konzertreihe „Konzert-Haus zum Haus" hat sich die Burg zu einem interessanten Kulturort in Ratingen entwickelt. In der Hauptburg befindet sich unter anderem ein Restaurant.

Info
Haus zum Haus 8
40878 Ratingen
Vorburg frei zugänglich
www.wasserburg-ratingen.de
www.wasserburg-zum-haus.de/stiftung/

EXTRA

LVR-INDUSTRIEMUSEUM
Ein Museum, sieben Häuser

Das Interesse der Öffentlichkeit an Industriekultur erwachte erst in jüngster Zeit. Industriebauten galten lange als dreckig und hässlich. Erst ab den 1970er-Jahren veränderte sich diese Sicht langsam. Immer mehr Betriebe, die ganze Orte und Städte geprägt hatten, verschwanden. Die Identität ganzer Regionen wurde infrage gestellt. Eine der Antworten darauf war eine Rückbesinnung, die Neubewertung der Industriekultur vor der eigenen Haustür. In dieser Zeit wurden erstmals Industriebauten unter Denkmalschutz gestellt.

Der nächste große Schritt war die Gründung des Rheinischen Industriemuseums durch den Landschaftsverband Rheinland im Jahr 1984. Unter dem Motto „Sieben Schauplätze, ein Museum" entwickelten die Väter dieser Idee ein dezentrales Konzept, das verschiedene Aspekte der Industriekultur in ihrer jeweiligen regionalen Besonderheit darstellt. Bewusst entschied man sich, als Standorte denkmalgeschützte Industrieanlagen zu nutzen. Trotz dieses technischen Zugangs unterscheidet sich das LVR-Industriemuseum, wie es seit 2008 heißt, von den klassischen Technik- oder Freilichtmuseen. Es beschäftigt sich nicht allein mit den Maschinen, sondern insbesondere auch mit den Menschen und fragt nach deren Lebens- und Arbeitsbedingungen, kurzum nach der Alltagskultur. Damit spricht es Kulturinteressierte ebenso an wie Technikbegeisterte. Neben den bergischen Standorten in Bergisch Gladbach, Engelskirchen, Ratingen und Solingen gehören zum Museum die Tuchfabrik Müller in Euskirchen sowie die beiden Oberhausener Museen St. Antony-Hütte und Zinkfabrik Altenberg, wo auch die Gesamtleitung angesiedelt ist. Hinzu kommt eine Anzahl weiterer Außenstandorte, die an authentischen Orten weitere Aspekte der Industriekultur darstellen. So gehört zum Museum Kraftwerk Ermen & Engels in Engelskirchen auch der idyllisch gelegene Oelchenshammer, der letzte wasserbetriebene Hammer im Bergischen Land. Alle Museen bieten Mitmach-Stationen und attraktive Sonderveranstaltungen an. Hinzu kommen Wander- und Radwanderwege, die industriekulturelle Ziele miteinander verbinden.

Info

LVR-Industriemuseum, Zentrale
Hansastraße 18
46049 Oberhausen
Tel. (0 22 34) 99 21-555 (kulturinfo rheinland)
www.industriemuseum.lvr.de

Standorte

LVR-Industriemuseum
Zinkfabrik Altenberg
Hansastraße 20
46049 Oberhausen
Di.–Fr. 10–17, Sa., So. 11–18 Uhr

LVR-Industriemuseum
St. Antony-Hütte
Antoniestraße 32–34
46119 Oberhausen
Di.–Fr. 10–17, Sa., So. 11–18 Uhr

LVR-Industriemuseum
Textilfabrik Cromford
Cromforder Allee 24
40878 Ratingen
Di.–Fr. 10–17, Sa., So. 11–18 Uhr

Das LVR-Industriemuseum Zinkfabrik Altenberg

LVR-Industriemuseum
Gesenkschmiede Hendrichs
Merscheider Straße 289–297
42699 Solingen
Di.-Fr. 10–17, Sa., So. 11–18 Uhr

LVR-Industriemuseum
Papiermühle Alte Dombach
Alte Dombach, 51465 Bergisch Gladbach
Di.-Fr. 10–17, Sa., So. 11–18 Uhr

LVR-Industriemuseum
Kraftwerk Ermen & Engels
Engels-Platz 2
51766 Engelskirchen
Di.-Fr. 10–17, Sa., So. 11–18 Uhr

LVR-Industriemuseum
Tuchfabrik Müller
Carl-Koenen-Straße
53881 Euskirchen
Di.-Fr. 10–17, Sa., So. 11–18 Uhr

ZEITTUNNEL WÜLFRATH Eine Reise durch Millionen von Jahren

GESCHICHTE

Was sich aus ihrem Nebenerwerb entwickeln würde, konnten sich Peter Linden und Heinrich Kalversiep sicherlich nicht vorstellen. Das Angerland war bereits seit dem Mittelalter ein wichtiges Abbaugebiet von Kalk. Kalköfen sind hier bereits seit dem 15. Jahrhundert nachgewiesen und der Kalkweg führte schon aus dem Wülfrather Raum bis nach Düsseldorf-Wittlaer an den Rhein.

In der ersten Hälfte des 19. Jahrhunderts betrieben die beiden genannten Herren neben ihrer Landwirtschaft einen Kalksteinbruch im Bereich des Kalkfeldes, das heute den Namen Bochumer Bruch trägt. 1890 erwarb der Bochumer Verein für Bergbau und Gußstahlfabrikation die Konzession, hier Kalk abzubauen. Der Konzern, der zu den wichtigsten Montanunternehmen des Ruhrgebiets gehörte, hatte einen großen Bedarf an Kalk, einem dringend benötigten Zuschlag für seine Stahlproduktion. Als breit aufgestelltes Unternehmen setzte der „Bochumer Verein", wie er kurz genannt wurde, weniger auf den Zukauf von Kalk als auf eigene Kalkwerke. Der Verein wurde somit auch Namensgeber für die Grube. 1943, mitten im Zweiten Weltkrieg, übernahmen die Rheinischen Kalksteinwerke, heute als Rheinkalk GmbH immer noch im Kalkabbau im Bergischen Land aktiv, die Grube. Bis zur Stilllegung im Jahre 1958 wurden hier insgesamt 18 Millionen Tonnen Kalkstein abgebaut. Das Gebiet um Wülfrath gilt noch immer als eines der größten Kalksteinabbaugebiete in Europa.

ANLAGE

Der Kalksteinabbau umfasste die Gruben Bochumer Bruch und Schlupkothen. Beide sind durch einen 340 Meter langen Tunnel verbunden. Durch diese Rationalisierungsmaßnahme konnten die Aufbereitungsanlagen im Bochumer Bruch stillgelegt werden, da nun der Kalk durch den Tunnel zur Weiterverarbeitung zu den Anlagen des Schlupkothener Bruches transportiert werden konnte. Über 80 Meter reicht der Steinbruch in die Tiefe. Spuren der industriellen Nutzung wie alte Transportanlagen sind noch vorhanden. Von der Straße Hammerstein führt ein 160 Meter langer Tunnel in das Abbaugebiet, der heute als Zeittunnel museal genutzt wird.

Heutige Nutzung

Wiederbelebt wurde die Anlage 2003. Den Abbautunnel zwischen Straße und Bochumer Bruch baute man zum Zeittunnel um, in dem Erwachsene und Kinder heute auf erdgeschichtliche Reise gehen können. In der dunklen Röhre liegen

Eine Zeitreise

acht wirkungsvoll installierte „Zeitinseln", auf denen die Entwicklung der Erde vom Zeitalter Devon bis heute anschaulich dargestellt wird. Über 400 Millionen Jahre Geologie, Fauna und Flora, aber auch die Entstehung von Kalk aus Resten von Lebewesen des Devon lassen sich erkunden. Kurz bevor der Tunnel im Abbaugebiet endet, befasst sich eine Schau mit der Industriegeschichte im Bochumer Bruch. Kinder können sich mit Helm und Hammer selbst als kleine Steinbrucharbeiter betätigen. In einem Seitenast des Tunnels läuft ein Film, der dieses Kapitel ergänzt. Der Tunnel selbst endet 50 Meter oberhalb des Abbaubodens mitten im Bruch. Von einer Aussichtsplattform bietet sich ein interessanter Blick auf die industriekulturellen Spuren und die Natur in diesem Kessel. Auch wenn 95 Prozent der Fläche des Bruchs als Ruhezone für Pflanzen und Tiere ausgewiesen sind und daher nicht betreten werden dürfen, bietet der Deutsche Alpenverein auf einem kleinen Areal Bergsportlern die Möglichkeit, hier zu klettern. Darüber hinaus dient der Zeittunnel als vielfältiger Veranstaltungsort. Er ist ein attraktiver Rahmen für Kindergeburtstage, ebenso finden hier Filmvorführungen und Konzerte statt.

ADRESSE
Zeittunnel Wülfrath
Hammerstein 5, 42489 Wülfrath
Tel. (0 20 58) 89 46 44, Apr.–Okt.
Di.–So. 10–18 Uhr, 4 €, erm. 3 €
www.zeittunnel-wuelfrath.de
www.bochumer-bruch.de

ANFAHRT PKW
A 535, AS 4 Wülfrath, an der Ampel
Richtung Stadtmitte, am Kreisverkehr
3. Ausfahrt, am nächsten Kreisverkehr
1. Ausfahrt, danach erste Straße rechts
(GPS 51.287100, 7.049784)

ANFAHRT ÖPNV
Ab Mettmann Stadtwald (S)
Bus 746 bis Ellenbeck/Zeittunnel

ESSEN + TRINKEN
Tunnelcafé
Hammerstein 5, 42489 Wülfrath
an Wochenenden und Feiertagen
geöffnet
Tel. (01 73) 3 86 70 25
www.tunnelcafe.de

Gasthof Becker
Tiegenhöferstraße 2 b, 42489 Wülfrath
Mo., Di., Fr. 16–24, Sa. 18–24 Uhr
Tel. (0 20 58) 9 13 743
www.gasthof-becker.de

Außerdem sehenswert
1. Niederbergisches Museum
2. Panoramaradweg Niederbergbahn

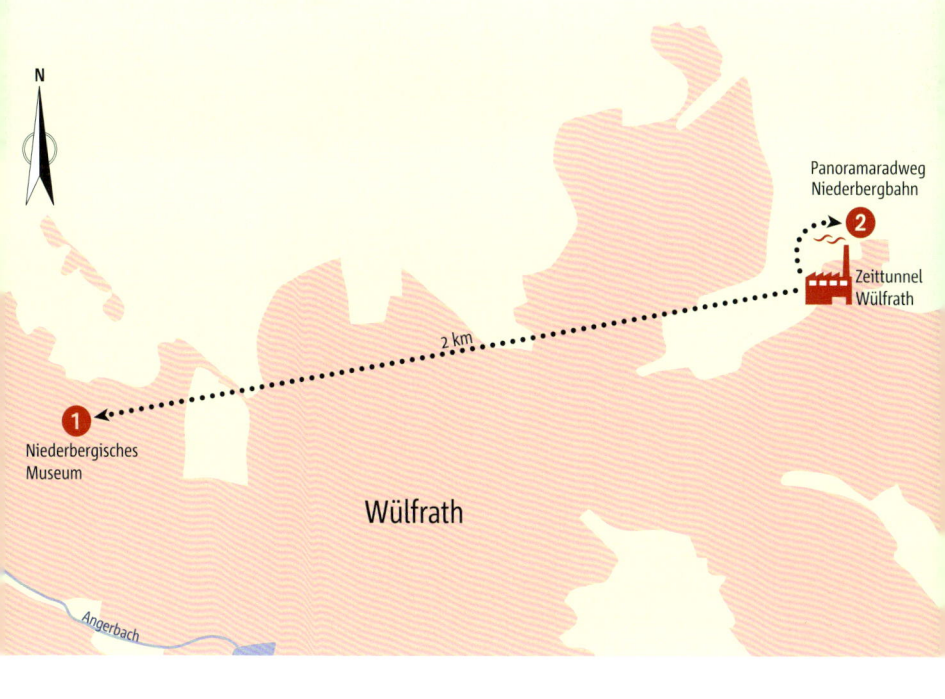

Außerdem sehenswert:

🟠 NIEDERBERGISCHES MUSEUM
2 km vom Zeittunnel Wülfrath

Der Volksschulrektor Julius Imig gründete dieses Museum im Jahr 1913. War es ursprünglich eine rein geologisch-mineralogische Sammlung, verlagerte sich sein Schwerpunkt später auf das Thema Leben und Arbeiten im Niederbergischen sowie zum industriellen Kalkabbau in Wülfrath seit dem 19. Jahrhundert. Darüber hinaus zeigt es eine volkskundliche Sammlung von Möbeln, Werkzeugen und Alltagsgegenständen.

Eine Besonderheit ist die „Bergische Kaffeetafel". Auf Anfrage kann man sich diese regionale Spezialität im bäuerlichen Kaminzimmer oder im bürgerlichen Barockzimmer im Museum servieren lassen. Vor dem Essen erhält der Besucher eine Einführung in den sozial- und wirtschaftsgeschichtlichen Hintergrund dieser bergischen Eigenheit. Zur Kaffeetafel gehören unter anderem Rosinenstuten, Milchreis, Honig, Schwarzbrot, Quark, Waffeln, Zucker, Zimt und Kaffee aus der „Dröppelminna" genannten Kanne sowie ein Korn. Ebenso kann man auf Voranmeldung sonntags ein moderiertes bergisches Frühstück dort genießen.

Untergebracht ist das Museum in der ehemaligen Eisenwarenhandlung Tiefenthal. Nachdem es zwischen 2004 und 2006 geschlossen war, ist heute der Trägerverein Niederbergisches Museum in Wülfrath e. V. für die Einrichtung verantwortlich.

Das Museum kann zu Fuß oder per Rad über den Panoramaweg vom Zeittunnel erreicht werden.

Lebenswelt + Arbeit
Niederbergisches Museum
Bergstraße 22, 42489 Wülfrath, Mi., Sa., So. 14.30–17 Uhr (in den Schulferien Öffnungszeiten erfragen), Eintritt frei, www.niederbergisches-museum.de

Essen + Trinken
Bergische Kaffeetafel im Museum

❷ PANORAMARADWEG NIEDERBERGBAHN
Start in der unmittelbaren Umgebung des Zeittunnels Wülfrath,
zur Waggonbrücke Heiligenhaus 8 km Fahrstrecke

Bereits vor dem Ersten Weltkrieg gab es Pläne, eine Eisenbahn von Oberdüssel über Wülfrath, Velbert und Heiligenhaus nach Kettwig-Stausee zu bauen. Eröffnet wurde diese Strecke aber erst 1926. Da sich der Betrieb nie rentierte, wurde der Personenzugverkehr schon 1960 eingestellt, 1996 folgte der Güterverkehr, der zuletzt nur noch zwischen Heiligenhaus und Velbert rollte. 2011 wurde dann am Zeittunnel der Panoramaradweg Niederbergbahn eröffnet. Der etwa 39,5 Kilometer lange Weg verbindet den Ruhrtalradweg bei Essen-Kettwig mit der Trasse der Korkenzieherbahn in Solingen. 26 Kilometer verlaufen auf der stillgelegten Trasse der Niederbergbahn. Ein Highlight ist die Waggonbrücke über die Bahnhofstraße in Heiligenhaus, die einzige Brücke ihrer Art in Deutschland. Sie besteht aus einem vierachsigen Drehgestell-Flachwagen mit Rungen der Bauart Rgs-w 672 der Deutschen Bahn. Seine Radsätze dienen als Widerlager.

Info
Panoramaradweg Niederbergbahn
www.panoramaradweg-niederbergbahn.de

RINGOFEN SASSEN Steine für die Stadt

GESCHICHTE

Um die ständig wachsende Stadt mit Ziegelsteinen versorgen zu können, entstand um Düsseldorf herum ein Gürtel von Ziegeleien. Lag er zunächst ganz eng um den alten Stadtkern, wuchs er mit dem Ausgreifen der Stadt ebenfalls. Schließlich reichte dieser Ziegeleigürtel von Lohausen, Stockum, dort, wo heute die EspritArena steht, über Unterrath, Rath bis zum Gallberg und über Flingern, Bilk, Wersten, Urdenbach bis ins Linksrheinische.

Das Zentrum dieses Gürtels entstand in den späten 1890er-Jahren am Gallberg, im Kreuzungsbereich Ratinger Weg/Bergische Landstraße. Um 1910 herum produzierten hier auf weniger als 1 Quadratkilometer zeitgleich acht Ziegeleien. Eine imponierende, aber zugleich verstörende Industrielandschaft mit 17 qualmenden Schornsteinen und Baggern, die massiv in die Landschaft eingriffen, prägte damals das heutige Naherholungsgebiet.

Die Ziegelei Sassen wurde zwischen 1893 und 1898 von Lennarz & Piel errichtet und in Betrieb genommen. 1912 übernahm Ludwig Sassen die Anlage, die jährlich bis zu 6 Millionen Ziegelsteine produzierte. Die Ziegelei Niermann, die östlich anschloss, war der größte Betrieb in der Umgebung und kam auf einen Ausstoß von 12 Millionen Steinen pro Jahr. Nach und nach schlossen die einzelnen Ziegeleien. Der Standort verlor an Attraktivität, zumal auch die Qualität des Lehms, der hier verarbeitet wurde, abnahm. Sassen stellte zu Beginn der 1960er-Jahre den Betrieb ein. Die westlich angrenzende Ziegelei Kehne mit ihrem Tunnelofen produzierte als letzte in Düsseldorf noch bis 1969.

ANLAGE

Die Entwicklung des sogenannten Hoffmann'schen Ringofens 1859 war eine Revolution in der Ziegelherstellung. Erstmals war es nun möglich, bei einem kontinuierlich durch den Ofen wandernden Feuer über Monate hinweg in gleichmäßiger Qualität eine große Anzahl Ziegel zu brennen und dabei in erheblichem Umfang Brennstoff einzusparen.

Die vorgeformten Rohlinge wurden nach einem speziellen Verfahren in einer sogenannten Kammer gestapelt und durch die Restwärme aus dem Hauptbrennvorgang vorgewärmt. Die Zugabe von Kohlengrus über Schüttöffnungen vom Dachboden aus bei geschlossenen Rauchgasventilen erhöhte die Temperatur auf bis zu 1100 Grad, bei denen die Ziegel fertig gebrannt wurden. Indem die Ventile langsam wieder geöffnet wurden und damit die Heißgase über schmale Kanäle

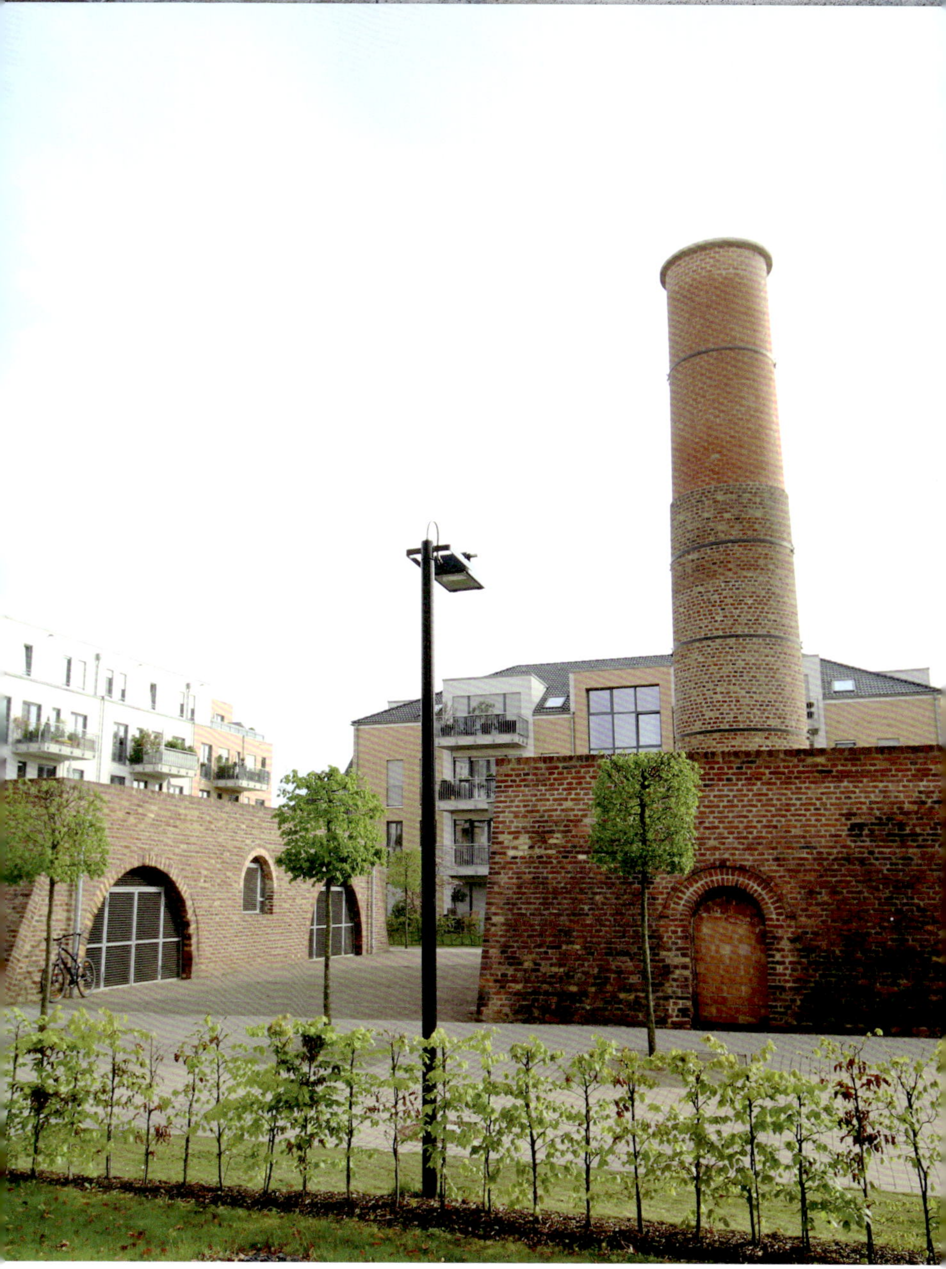

Die Ziegelei Sassen um 1960

im Brennraum, die sogenannten Füchse, durch den Rauchgaskanal zum Kamin hin abziehen konnten, wurde die Temperatur gedrosselt. Nun begann die bis zu 4 Tage dauernde Abkühlphase. Die zu Beginn der Brennphase ohne Mörtel vermauerte Außenöffnung wurde anschließend wieder geöffnet.

Nach 12 bis 15 Tagen konnten so aus einer Kammer etwa 15.000 fertige Ziegelsteine entnommen und die nächsten Rohlinge eingekarrt werden. Der Ausschuss lag lediglich bei 1 bis 2 Prozent. Bei Ringöfen mit einer Größe wie in der Ziegelei Sassen betrug das Fassungsvermögen schätzungsweise 250.000 Ziegel.

Heutige Nutzung

Seit den 1980er-Jahren verfiel die unter Denkmalschutz stehende Anlage immer mehr. Investoren, die auf dem ehemaligen Ziegeleigelände Wohnungen bauen wollten, hatte bereits von der Stadt Düsseldorf die Abbruchgenehmigung erhalten. Dem Förderkreis Industriepfad Düsseldorf (siehe Industriepfad Düsseldorf-Gerresheim, S. 42) gelang es, den letzten Investor vom Teilerhalt des Ringofens und einer denkmalgerechten Sanierung zu überzeugen. Seit 2011 wird der Ofen durch den Förderkreis für Führungen und Ausstellungen genutzt. Durch seine fragmentarische Erhaltung bietet der Ringofen eine Besonderheit. Nur hier kann man einen Einblick in die Feuerungstechnik des Ofens mit Rauchgaskanal und Ventilglocken bekommen.

ADRESSE

Ringofen Sassen
Am Ringofen, 40626 Düsseldorf; der Ringofen kann auf Anfrage besichtigt werden, Kontakt: info@industriepfad-gerresheim.de

ANFAHRT PKW

A 3, AS 18 Mettmann in Richtung Gerresheim, B 7 bis Kreuzung Bergische Landstraße/Ratinger Weg
P + R Bergische Landstraße
(GPS 51.245402, 6.854093)

ANFAHRT ÖPNV

Mit U-Bahn U 83 bzw. Straßenbahn 709 bzw. Bus 725, 781 bis Gerresheim Krankenhaus

ESSEN + TRINKEN

Grafengrün
Rennbahnstraße 24–25
40629 Düsseldorf
Tel. (02 11) 5 64 95 14
Apr.–Sept. tägl. 10–22,
Okt.–März Di.–So. 10–22 Uhr
www.grafengruen.org

Außerdem sehenswert

1. Naturschutzgebiet Dernkamp
2. Galopprennbahn Grafenberg

Steine für die Stadt

Außerdem sehenswert:

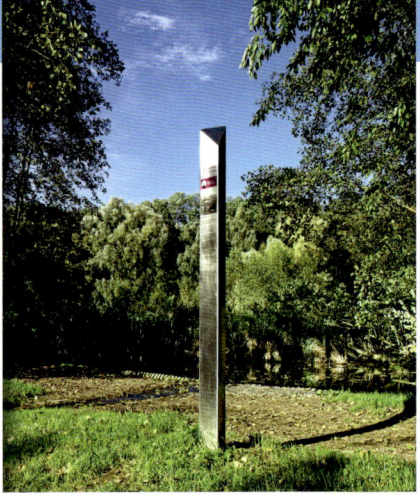

Station „Natur aus zweiter Hand" des Industriepfad Düsseldorf-Gerresheim im NSG Dernkamp

❶ NATURSCHUTZGEBIET DERNKAMP
850 m vom Ringofen Sassen

Das Herz des Naturschutzgebiets Dernkamp ist der mittlerweile in weiten Teilen renaturierte Pillebach. Unterhalb der Waldhänge durchfließt er ein Feuchtbiotop, das als eines der artenreichsten in der Region gilt, obwohl es zu den kleinsten Naturschutzgebieten Düsseldorfs gehört. Zudem bildet es den Übergang von der Rheinebene zu den Ausläufern des Bergischen Landes. Die Idylle dieses kleinen Naturschutzreservats lädt den Wanderer zum Verweilen und Entspannen ein. Doch in einer Hinsicht trügt der Schein: Das Feuchtbiotop ist keineswegs seit Urzeiten unberührte Natur, es liegt in einer aufgelassenen Lehmgrube. Die Ziegelei Jorissen baute hier zwischen 1898 und etwa 1920 die Lehmvorkommen am Südhang des Gallbergs ab. Als der Betrieb aufgegeben wurde, füllten sich diese Lehmgruben schnell mit Grundwasser, ebenso die zahlreichen Bombentrichter aus dem Zweiten Weltkrieg. So entstand aus einer Industriebrache im Laufe der Jahre ein kleines, aber umso wertvolleres Biotop. Auf 65 Hektar finden sich hier über 330 Blühpflanzenarten und 50 Brutvogelarten. Die abwechslungsreiche Landschaft mit offenen Schilfteichen, sumpfigen Senken und Berghängen mit altem Buchen- und Eichenbestand bietet zahlreichen seltenen Pflanzen und Tieren einen Lebensraum. Mit etwas Glück und Geduld können im Wald Spechte, Hohltauben und Dohlen beobachtet werden, im Röhricht der Eisvogel, die Wasserralle oder der Teichrohrsänger. In den Teichen findet man Erdkröten, Grasfrösche und den kleinen Stichling-Fisch. Im Naturschutzgebiet befinden sich die beiden Stationen „Ziegelei Jorissen" und „Natur aus zweiter Hand" des Industriepfads Düsseldorf-Gerresheim.

Natur + Erlebnis
Naturschutzgebiet Dernkamp
Bergische Landstraße/Gräulinger Weg, 40625 Düsseldorf

❷ GALOPPRENNBAHN GRAFENBERG
1,5 km vom Ringofen Sassen

Sie gilt als das „rheinische Ascot" und zählt sicherlich zu den schönsten deutschen Pferderennbahnen: die Galopprennbahn des Düsseldorfer Reiter- und Rennvereins am Grafenberg. Feierlich eröffnet wurde sie 1909, nachdem ihr alter Standort auf der Halbinsel Lausward am Rhein dem Hafenausbau weichen musste. Ähnlich wie im englischen Ascot beeindruckt hier die dreieckige Kursführung, wobei die Pferde zunächst bergab und dann bergauf laufen. Dabei müssen sie einen Höhenunterschied von bis zu 15 Metern überwinden. 20.000 Besucher sind an Spitzenrenntagen auf der Rennbahn keine Seltenheit. Ehrwürdige Gebäude wie das Waagegebäude von 1913, der Totalisator, das alte Wettgebäude, oder die 1921 vollendete Tribüne stehen als Beispiele klassischer Rennbahnarchitektur unter Denkmalschutz. Mit der angrenzenden Kastanienallee bildet die Rennbahn eine malerische Kulisse.

Aber nicht nur bei Pferdesportfreunden hat der Grafenberg einen guten Namen. Neben den großen traditionellen Renntagen wie dem Henkel-Preis der Diana, bei dem sich das Düsseldorfer Who's who trifft, wird die Rennbahn als Golfplatz des Golfclubs Düsseldorf-Grafenberg e. V. genutzt. Zudem findet hier seit 2006 das Open Source Festival statt mit Schwerpunkt Elektro- und Indiemusik. Es hat sich zu einer der wichtigsten Sommerfestivals entwickelt.

Info
Düsseldorfer Reiter- und Rennverein e. V.
Rennbahnstraße 20
40629 Düsseldorf
Tel. (02 11) 17 72 60
www.duesseldorf-galopp.de

UMWELTPROBLEME UND UMWELTSCHUTZ
Das Bergische Land war nicht immer grün

Der Begriff Bergisches Land steht heute synonym für eine grüne, bewaldete Mittelgebirgslandschaft mit vielen Seen und einem hohen Freizeitwert, mit Wanderwegen und Fahrradrouten. Dieses Bild ist noch relativ neu. Gerade in den industriellen Schwerpunkten an der Wupper, dem Kalkgürtel um Wülfrath und dem Bensberger Revier bestimmten im 19. und 20. Jahrhundert ausgedehnte Industrieanlagen und rauchende Schlote das Bild. Bereits mit den frühen gewerblichen Anfängen gingen massive Eingriffe in die Natur einher.

Für die Eisenverhüttung im Remscheider Raum war lange Zeit Holz der hauptsächliche Energielieferant. Der Bedarf an Brennholz war so groß, dass im 17. Jahrhundert bereits große Teil des Waldes gerodet waren und brachlagen. Der Kalkabbau begann zunächst in überschaubaren Dimensionen, bis ab der Mitte der 19. Jahrhunderts der industrielle Kalkabbau sich durchsetzte und riesige Löcher in die Landschaft fraß (siehe Zeittunnel Wülfrath, S. 22). Heute noch sind große Gruben im Neandertal und im Wülfrather Raum aktiv. Die stillgelegten Gruben hat man anschließend der Natur überlassen, häufig stehen sie unter Naturschutz und stellen mit ihren bizarren Formationen oft einen einzigartigen Lebensraum für seltene Tiere und Pflanzen dar. Aus der Luft sehen sie heute noch wie Narben aus.

Dass Gruiten oder das Neandertal um 1900 herum intensiv industriell geprägt waren und nur wenig romantische Natur boten, ist heute nur schwer vorstellbar. Lärm und Staub bestimmten die Situation dort (siehe Neandertal, S. 44, und Kalkofen Huppertsbracken, S. 50). Gleiches kann man für das Bensberger Revier attestieren. Hier kommt hinzu, dass das taube Gestein häufig schwermetallbelastet ist. Pflanzen wachsen auf den Abraumhalden nur spärlich. Die Grube Castor zeigt dies deutlich (siehe Grube Castor, S. 183). Um die Gruben herum siedelten sich Weiterverarbeitungsbetriebe an und Eisenbahnen zum Transport mussten angelegt werden. Für ihre Trassen wurden wiederum Hänge abgetragen und Wasserläufe kanalisiert.

Mit einem Tretboot über einen Stausee zu fahren oder an den Ufern der Talsperren entlangzuspazieren, vermittelt ein entspanntes und erholsames Naturerlebnis. Aber auch die Anlage von Talsperren bedeutet massive Eingriffe in die Landschaft. Bei der Flutung der Täler gingen Teile von Ortschaften wie Krähwinklerbrücke (siehe Wuppertalsperre, S. 95) verloren. Bei der Anlage der kleinen Diepentalsperre in den Jahren 1900 bis 1904 versanken unter anderem die Reste des Rittersitzes Diepental im Wasser. Ursprünglich zur Stromgewinnung genutzt, lässt man heute diese Talsperre trockenfallen und renaturiert sie.

Ganz massiv litt die Wupper unter der Industrialisierung. Schon für Friedrich Engels war die Wupper ein Fluss mit „purpurnen Wogen ... zwischen rauchigen Fabrikgebäuden". Das ursprünglich klare und kalkarme Wasser der Wupper bot sich für die Textilproduktion geradezu an. Die Tuchfabriken und die um sie herum angesiedelten Färbereien gaben ihre Abwässer ungereinigt zurück in die Wupper und färbten sie. Zwar versuchte der Staat dort schon früh einzugreifen, blieb aber lange erfolglos. Um 1870 galt es als großer Fortschritt, arsenhaltiges Abwasser in Laugen aufzufangen und es vor der Küste im Meer zu verkippen. Doch 1876 beschwerten sich die Niederlande, dass dadurch ihre Küstenfischerei gefährdet sei. Die Verkippung wurde eingestellt. 1884 schlug Preußen vor, die Ableitungen vorher durch Kalk zu neutralisieren. Die Antwort der Fabrikbesitzer war eindeutig: Man benötige doch gerade kalkarmes Wasser und zudem würden sich die chemischen Abwässer gegenseitig neutralisieren. Wirklich gefährlich sei der Zustand des Wassers nicht, es handle sich eher um ein ästhetisches Problem. Als K.-o.-Argument kam schließlich, dass unter den entstehenden Kosten vor allem die Fabrikarbeiter zu leiden hätten. **Carl Duisberg,** der starke Mann bei Bayer, bekämpfte 1912 massiv jede Bemühung, **Regelungen zur Vermeidung der Wasserverschmutzung** zu finden. Die Wupper sei eben ein Industriefluss, so Duisberg. Noch 1929 beschwerten sich Bürger von Burg: „Seit nunmehr 5 Wochen führt die Wupper tagtäglich riesige schwarze, stinkende, faulende, ekelhafte Schlammmassen talabwärts, wodurch das Wuppertal zu einem einzigen Schlammbehälter geworden ist … Bei der gegenwärtigen Hitze erfüllt der Wuppergestank das ganze Wuppertal derart, dass die Anwohner dadurch Kopfschmerzen und Übelbefinden erleiden." Der Kreisarzt attestierte sogar bei vielen Anrainern eine chronische leichte Schwefelwasserstoffvergiftung. Der **1913** gegründete **Wupperverband** hatte es schwer, sich gegen die Interessen der Industrie durchzusetzen. Noch in den 1970er-Jahren gab es im Sommer in Leichlingen an den wuppernahen Schulen „stinkefrei".

In dieser Zeit setzte allerdings ein Wandel ein. Nach und nach nahmen **Klärwerke** die Arbeit auf und alle Fabrikanlagen wurden ans Kanalsystem angeschlossen. Aus dem „fischfreien" Fluss der 1970er wurde wieder ein lebendiges Gewässer. Über zehn verschiedene Fischarten konnten in Wuppertal mittlerweile nachgewiesen werden. Besonders Lachse galten dabei als ein wichtiger Indikator für die Reinheit des Wassers. Fischtreppen wie bei Beyenburg ermöglichen es den Lachsen, aus dem Rhein zum Laichen bis in den Beyenburger Stausee zurückzukehren. 2017 wurden auch Biber in der Wupper gesichtet.

GLASHÜTTE GERRESHEIM
Europäische Glasgeschichte aus dem Bergischen

GESCHICHTE

Es war eine mutige Entscheidung, als der Bremer Kaufmann Ferdinand Heye (1839–1889) im kleinen, unbedeutenden Landstädtchen Gerresheim 1864 eine Glashütte gründete. Ausschlaggebend waren für ihn die gute Verkehrslage an der Eisenbahn und die Nähe zu möglichen Kunden. Dies waren nicht nur die Menschen in den wachsenden Städten, sondern auch die Winzer an Rhein, Mosel und Ahr, die Bierbrauer und Mineralwasserbrunnen. Was bescheiden mit einem Schmelzofen und zwölf Glasmachern begann, entwickelte sich innerhalb von 30 Jahren zur weltgrößten Flaschenfabrik mit 5300 Beschäftigten und einer Jahresproduktion von über 150 Millionen Flaschen. War das Unternehmen auch „auf der grünen Wiese" 4 Kilometer von Gerresheim entfernt entstanden, entwickelte sich um die Fabrik herum bald ein Industrieort. Noch heute befinden sich in Nachbarschaft zum ehemaligen Werksareal Arbeitersiedlungen. Neustadt (Portastraße/Owensstraße/Teutoburger Straße), errichtet ab 1879, und die Meistersiedlung Burghof, erbaut ab 1906, stehen unter Denkmalschutz. Mit weitreichenden Sozialleistungen wie dem Wohnungsbau, einer Badeanstalt (Torfbruchstraße 350) und einem Alten- und Invalidenheim versuchte man auf patriarchalische Art, die Arbeiter an das Unternehmen zu binden. Dem gegenüber stand die Härte der Verantwortlichen gegen jede Form von Arbeiterorganisation. Wer sich für bessere Arbeitsbedingungen einsetzte oder der sozialdemokratischen Arbeiterbewegung anschloss, verlor sofort Arbeit und Wohnung.

Besonders mit den Gerrix-Einkochgläsern prägte sich die Glashütte dem kollektiven Gedächtnis der Wirtschaftswundergesellschaft nach dem Zweiten Weltkrieg ein. Die Gläser fanden sich fast in jedem Haushalt. 1955 wurden die ersten italienischen Gastarbeiter angeworben. Heute wird der Bereich Heyestraße zwischen Evangelischer Kirche und Morper Straße gerne liebevoll als Little Italy bezeichnet.

Ab den 1970er-Jahren setzte spürbar der Niedergang der Glashütte ein. 1999 zog die Gerresheimer Glas AG die Reißleine. Das Unternehmen positionierte sich als Produzent von Spezialverpackungen aus Glas und Kunststoff neu, stieß das Massengeschäft ab und verkaufte dabei auch sein Stammwerk an einen Konkurrenten. Es ging 2004 in den Besitz des US-Konzerns Owens Illinois über, der die Glashütte kurzerhand zum 31. August 2005 schloss.

Technisches Industriedenkmal:
Der Wasserturm der Glashütte

ANLAGE

Auf dem ehemaligen Werksgelände sind drei Baudenkmale der Glashütte erhalten geblieben: der Gerrixturm, die Elektrozentrale und das Kesselhaus.

Der markante und weithin sichtbare Gerrixturm wurde 1966 als Ersatz für den älteren, 1964 abgebrannten Wasserturm erbaut. Er trägt im Innern einen 600 Kubikmeter fassenden Wasserbehälter für die Löschwasseranlage. Errichtet wurde der 50 Meter hohe Turm auf quadratischem Grundriss mit einer Seitenlänge von 11 Metern. Seine Stahlkonstruktion ist vollständig von einer Difulit-Drahtglasfassade umhüllt, die einen wirksamen Schutz darstellt und gleichzeitig Leichtigkeit und Transparenz erzeugt. Die 2,20 Meter hohen und 87,5 Zentimeter breiten Bauglasscheiben sind ohne Kitt eingesetzt und werden durch Metallschienen verbunden und gehalten. Die Glasdicke und die verbindenden Sprossen wurden dabei so bemessen, dass sie einem Winddruck von 110 Kilogramm pro Quadratmeter standhalten. Der Gerrixturm ist ein hervorragendes technisches Bauwerk der 1960er-Jahre. Er gehört zu den äußerst seltenen geschützten Industriebauten dieses Jahrzehnts.

Die Elektrozentrale diente dazu, die Glashütte durch eine eigene, von Dampfmaschinen angetriebene Anlage mit elektrischem Strom zu versorgen. Die Gebäude sind noch nahezu vollständig vorhanden. Die ältere, kleine Elektrozentrale von 1906 zeigt mit ihren Klinkern und Bögen über Fenstern und Türen einen historisierenden Stil. Die Ausweitung der Produktion erforderte 1926 einen zusätzlichen Kraftwerksbau. Die Zentrale wurde umgebaut und erhielt eine Erweiterung des Maschinenraums mit innen liegender Schaltanlage und Kühlwasserreservoir, das in einer Art „Kirchturm" am Gebäude untergebracht ist. Diese Anbauten stehen architektonisch schon in der Tradition der typischen Kraftwerksarchitektur der 1920er-Jahre.

Das Kesselhaus bildet mit der Elektrozentrale eine technische Einheit. Es wurde 1923 im expressionistischen Stil erbaut und 1941 erweitert. Anders als die benachbarte Elektrozentrale ist das Kesselhaus bereits von der beginnenden Moderne und funktionalen Aspekten geprägt. Zum Kesselhaus gehörte ursprünglich ein über 75 Meter hoher Schornstein, der aber 1987 durch einen kleineren Stahlschornstein ersetzt wurde.

Heutige Nutzung

Diese Baudenkmale sind heute Teil des Industriepfads Düsseldorf-Gerresheim. Im Bereich des ehemaligen Werkeingangs weisen eine Infostele sowie drei Pulttafeln auf die Glashütte und die drei erhaltenen Gebäudekomplexe hin. Das Areal selbst wird zurzeit neu entwickelt. Unter dem Namen Glasmacherviertel wird hier ein vollständig neuer Stadtteil entstehen. Welche Rolle dabei die alten Industriebauten spielen, ist noch nicht geklärt. Eine kulturelle Nutzung wird gerade aus Gerresheim heraus vehement gefordert.

05

ADRESSE
Glashütte Gerresheim
Heyestraße 178
40625 Düsseldorf

ANFAHRT PKW
A 46, AS 27 Hilden-Erkrath in Richtung Gerresheim bis Bf. Gerresheim; bzw. A 3, AS 18 Düsseldorf-Mettmann in Richtung Düsseldorf, an der 1. Ampel links in Richtung Erkrath, am Ende der Straße rechts abbiegen Richtung Gerresheim; Parkplatz Gerresheim S-Bahnhof (GPS 51.13145, 651534)

ANFAHRT ÖPNV
Ab Heinrich-Heine-Allee mit U-Bahn U 73 bzw. ab Düsseldorf Hbf. mit S-Bahn S 8, S 28 bis Gerresheim (S)

ESSEN + TRINKEN
Mama Lisi
(eines der ältesten italienischen Restaurants in Düsseldorf)
Nachtigallstraße 3
40625 Düsseldorf
Tel. (02 11) 28 76 98
Do.–Di. 11.30–14.30
und 17.30–22.30 Uhr

Außerdem sehenswert
1. Industriepfad Düsseldorf-Gerresheim
2. Unterbacher See

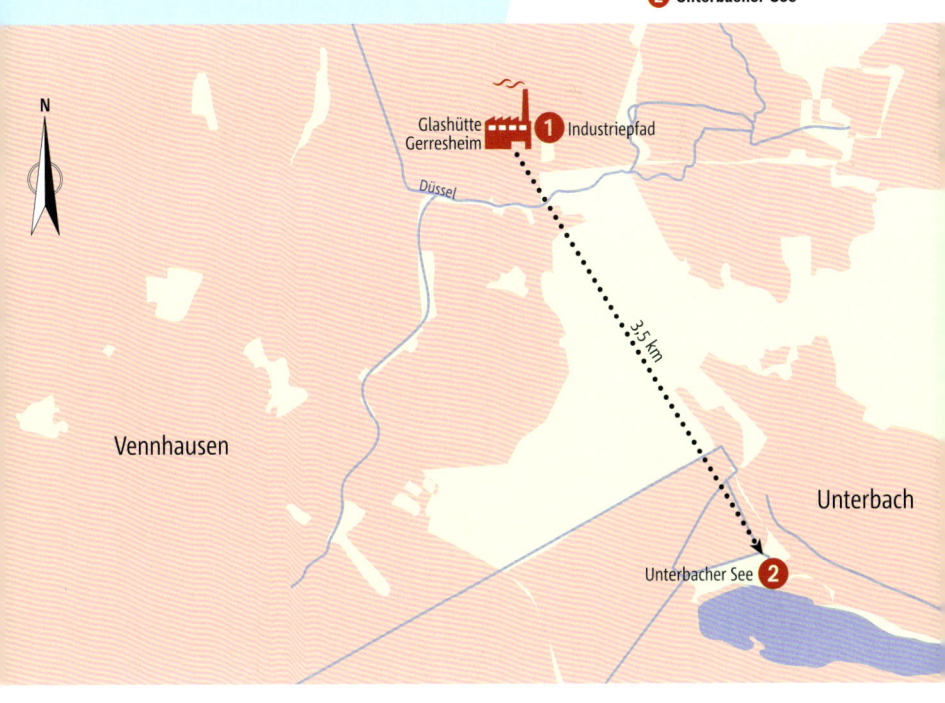

Europäische Glasgeschichte aus dem Bergischen

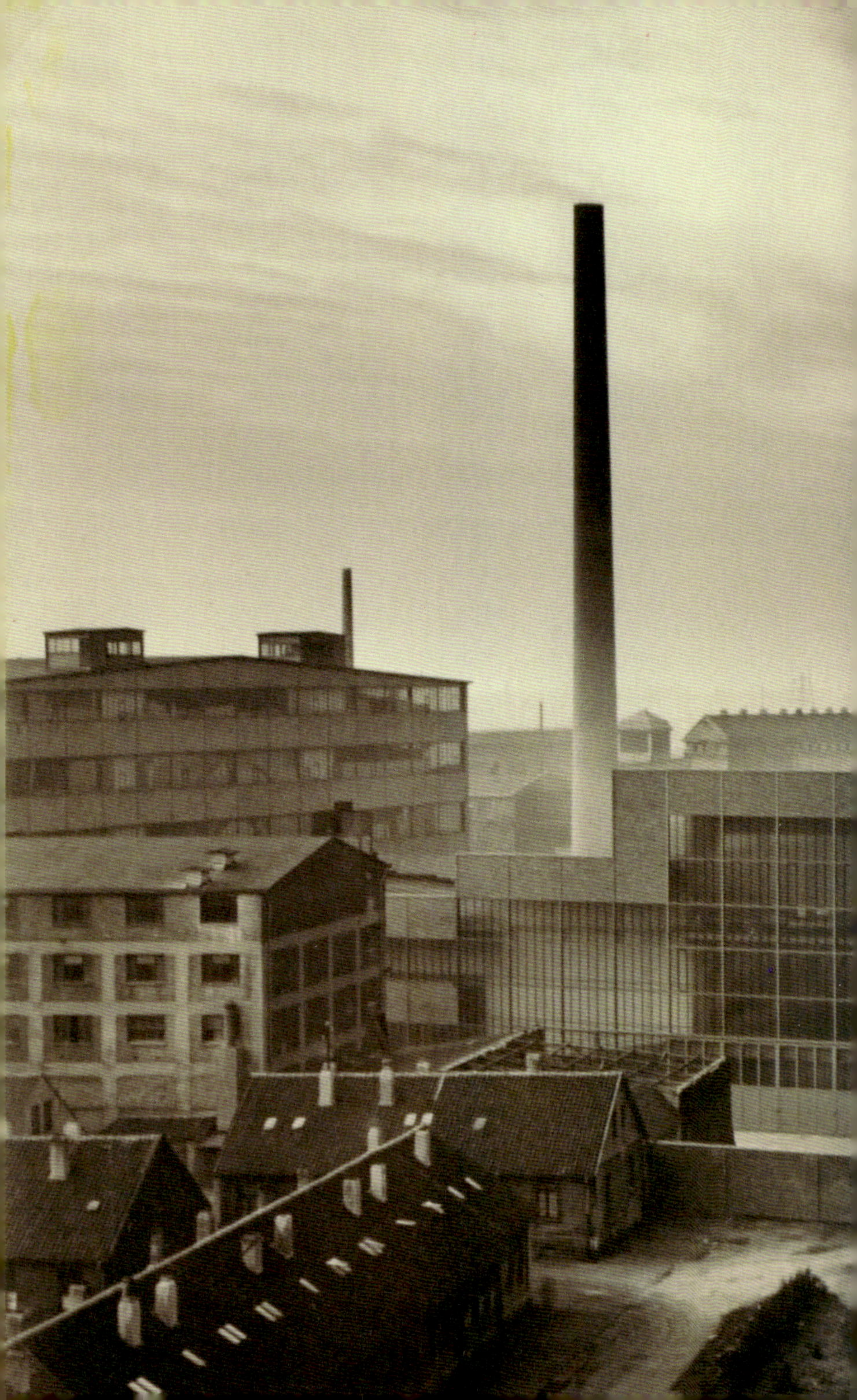

Die Glashütte um 1950

Außerdem sehenswert:

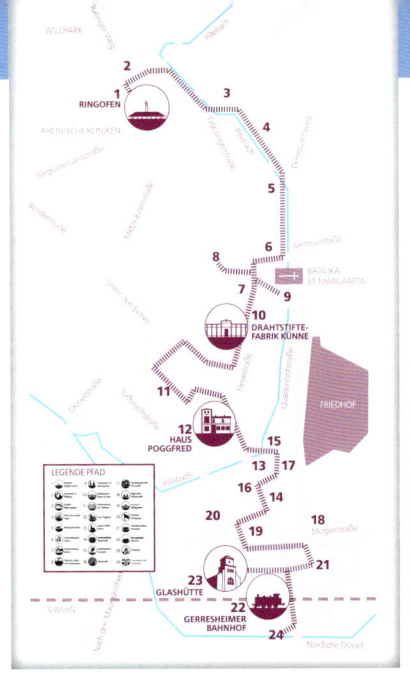

① INDUSTRIEPFAD DÜSSELDORF-GERRESHEIM
Unmittelbare Umgebung

Aus dem noch mittelalterlich geprägten Landstädtchen Gerresheim, heute ein Stadtteil von Düsseldorf, wurde zwischen 1840 und 1900 ein wichtiger Industrieort, wodurch sich sein Charakter völlig veränderte. Der Industriepfad macht auf 4,5 Kilometern an 23 Stationen Industriegeschichte erlebbar. Gekennzeichnet wird er durch 2,30 Meter hohe dreiseitige Edelstahlstelen im Design des Düsseldorfer Architekten Prof. Niklaus Fritschi, der bis 2015 Gründungsvorsitzender des Fördervereins Industriepfad Düsseldorf-Gerresheim e. V. war. Der Pfad beleuchtet zwischen dem Ringofen Sassen (siehe S. 20) an der Bergischen Landstraße und dem Bahnhof Gerresheim, der ältesten in Betrieb befindlichen Eisenbahnstation Westdeutschlands, unterschiedliche Aspekte der Industrialisierung in Gerresheim und Düsseldorf. Inhaltlich liegt der Schwerpunkt weniger bei Unternehmenskennzahlen als vielmehr bei den Auswirkungen von Industrialisierung vor allem auf den sozialen Bereich. Die Wohnungsfrage kommt ebenso zur Sprache wie Migration und Arbeiterbewegung. Dabei macht der Pfad außer auf offensichtliche Spuren auch auf verborgene Zeugen der Geschichte aufmerksam oder stellt spannende Bezüge her. Er lässt sich bequem selbst erwandern: Jede Stele verfügt über eine Übersichtskarte mit allen Stationen, aber auch fachkundige Führungen werden angeboten und vermitteln zusätzliche Informationen. Träger des Pfades ist der Förderkreis Industriepfad Düsseldorf-Gerresheim e. V., der laufend Schriften zum Thema veröffentlicht und außerdem jährlich Ausstellungen organisiert, unter anderem im historischen Bahnhof Gerresheim. Diese zentrale Station des Industriepfads wird heute als „Kulturbahnhof" mit einem vielfältigen Kulturprogramm von Lesungen, Ausstellungen und Filmvorführungen genutzt. Der Verein hat sich für den Erhalt dieses Industriedenkmals eingesetzt, das nach dem Willen der Stadt ursprünglich abgerissen werden und einer Straße weichen sollte.

Lebenswelt + Arbeit
Industriepfad Düsseldorf-Gerresheim e. V.
Postfach 12 03 10, 40603 Düsseldorf
Tel. (02 11) 5 80 07 31 20
www.industriepfad-gerresheim.de

Essen + Trinken
Fischrestaurant Trattoria del Pesce
Morper Straße 16, 40625 Düsseldorf
Tel. (02 11) 21 02 18 20, Mo.–Sa. 12–23 Uhr
www.trattoria-del-pesce.de

❷ UNTERBACHER SEE
3,5 km von der Glashütte Gerresheim

Wo man heute segeln oder schwimmen kann, holten zwischen 1926 und 1973 Bagger Sand und Kies aus dem Boden. Mit einer Fläche von 83 Hektar und einer maximalen Tiefe von 13,4 Metern ist der Unterbacher See heute der größte in Düsseldorf. Gespeist wird er lediglich mit Grundwasser. Gastronomie mit Seeblick, Strandbäder, Wellnessbereiche, Campingbereiche, Bootsverleih und ein Segelhafen locken im Jahr bis zu 200.000 Besucher an den See, der eingebettet im Naturschutzgebiet Eller Forst liegt. Über den historischen Kikweg kann man durch den Eller Forst Richtung Eller zum dortigen Schloss spazieren.

Nur durch die A 46 getrennt, gehört auch der wesentlich kleinere Elbsee zum Naherholungsgebiet Unterbacher See. Es gibt ein Wassersportzentrum sowie einen Aussichtsturm, von dem aus man die vielfältige Vogelwelt beobachten kann.

Info
Unterbacher See
Kleiner Torfbruch 31, 40627 Düsseldorf
Tel. Hafen/Bootsverleih (02 11) 8 99 20 42
März–Okt. 13–19 Uhr, Sa., So., feiertags ab 11 Uhr
Bootsverleih ab 6 €, Tel. Nordstrand (02 11) 8 99 20 39
in den Sommermonaten tägl. 10–20 Uhr, Tageskarte 4 €

DAS NEANDERTAL
Industrie findet Urmensch

GESCHICHTE

Benannt ist es nach einem Geistlichen und bekannten Kirchenmusiker, die Kalksteinindustrie hat es geformt und der Fund eines Urzeitmenschen machte es weltberühmt: das Neandertal. Ursprünglich war das „Gesteins", wie es noch bis ins 19. Jahrhundert hinein eigentlich hieß, eine knapp 1 Kilometer lange und nur etwa 50 Meter breite steile, klammartige Schlucht mit Wasserfällen und überhängenden Felswänden, die als unpassierbar galt. Für Joachim Neander (1650–1680), den evangelischen Pastor, Liederdichter („Lobet den Herren, den mächtigen König der Ehren") und Komponisten, war das „Gesteins" ebenso ein beliebtes Ziel wie zwei Jahrhunderte später für die Künstler der „Düsseldorfer Malerschule".

Bereits im Mittelalter wurde an den Rändern der Schlucht in geringen Mengen devonischer Massenkalk abgebaut. Ab 1849 veränderte sich das Idyll mit dem Beginn des industriellen Kalkabbaus. 1854 entstand die „Actiengesellschaft für Marmorindustrie im Neandertal". Sie lieferte den Kalk unter anderem an die seit 1851 bestehende Hochdahler Eisenhütte an der Eisenbahnstrecke Düsseldorf–Elberfeld. In einem Zeitraum von fast 100 Jahren, bis 1945, wurde das Tal durch den Kalkabbau völlig verändert. Die Schlucht ist verschwunden.

Das Neandertal wäre sicherlich in Vergessenheit geraten, hätten nicht 1856 zwei italienische Steinbrucharbeiter in der Kleinen Feldhofer Grotte 16 Knochenfragmente gefunden. Der Wuppertaler Lehrer und Naturforscher Johann Carl Fuhlrott erkannte in ihnen die Skelettreste eines Urzeitmenschen. Damit geriet er mitten in die von Darwin angestoßene Diskussion um die Evolutionstheorie hinein. Für seine Interpretation wurde er vielfach belächelt. Tatsächlich lebte der „Homo neanderthalensis", wie er seit 1863 offiziell heißt, vor circa 130.000 bis 30.000 Jahren. Der Neandertaler aus dem Gesteins ist ungefähr 42.000 Jahre alt und gilt als einer der jüngsten Funde dieses Menschentyps in Europa.

ANLAGE

Das heutige Tal lässt seine ursprüngliche Gestalt kaum mehr erahnen. Die Klamm mit ihren Wasserfällen und Höhlen verschwand mit dem flächendeckenden Kalkabbau. An die Stelle der 50 Meter breiten Schlucht ist eine 350 Meter messende Abbaumulde getreten. Nur der Rabenstein mit seiner Mächtigkeit erinnert an den einstigen Charakter der Naturlandschaft. Diese Kalksteinnase zwischen Straße und Düssel vermittelt noch einen Eindruck der ursprünglichen Situation.

Der Rabenstein liegt in unmittelbarer Nachbarschaft der Fundstelle des Nean-

Zur Erinnerung
an die Entdeckung
des
Neandertal-
Menschen
DURCH
Prof. Dr. C. Fuhlrott
ELBERFELD
im Sommer 1856

Das Neanderthal-Museum

dertalers. Straßenseitig wurde 1926 eine Gedenktafel zu Ehren Fuhlrotts und in Erinnerung an den Fund angebracht. Im Zuge dieses industriellen Abbaus entstand auch erstmals eine ausgebaute Straßenverbindung durch das Tal zwischen Erkrath und Mettmann, die heute als beliebte Strecke für Motorradfahrer gilt. Im Zentrum des Tals entstanden Wohnhäuser für Steinbrucharbeiter und Gastronomie für Wochenendausflügler. Auch wenn oberhalb des Tals nördlich der Düssel noch das Kalksteinwerk Neandertal arbeitet, ist die Industrie im Tal verschwunden. Die Gegend strahlt heute wieder eine – vermeintliche – Natürlichkeit aus, ist jedoch in Wirklichkeit eine von der Natur zurückeroberte Industriebrache. Es ist eines der ältesten Naturschutzgebiete Deutschlands.

Heutige Nutzung

Im Mittelpunkt des Neandertals steht das Neanderthal Museum. 1996 öffnete der auffällige ovale Bau direkt an der Talstraße seine Pforten. Sein Vorgängerbau, wenige Hundert Meter im Wald gelegen, wird seitdem als museumseigene Steinzeitwerkstatt genutzt. Das neue Gebäude besitzt eine Fassade aus Japanglas, die im Gegensatz zum Sichtbeton im Inneren steht. Der Weg durch das Museum verläuft spiralförmig über eine aus der Erde steigende Rampe. Die Abfolge der Ausstellungsstücke ist hauptsächlich an der Entwicklungsgeschichte des Menschen orientiert. Unter der Fragestellung „Woher kommen wir?" – „Wer sind wir?" – „Wohin gehen wir?" werden 4 Millionen Jahre Menschheitsgeschichte erzählt. Mehr als 170.000 Menschen besuchen im Jahr aber nicht nur das eigentliche Museum. Im Eintrittspreis enthalten ist auch der Zutritt zum Archäologischen Garten, in dem sich der Originalfundort des Neandertalers befindet. Nach Ausgrabungen zwischen 1997 und 2000 wurde das Gelände parkähnlich gestaltet und in das Museumskonzept integriert. Abgerundet wird das familienfreundliche Museumsangebot durch ein eiszeitliches Wildgehege und einen Kunstweg.

06

ADRESSE
Neanderthal Museum
Talstraße 300
40822 Mettmann
Tal jederzeit frei zugänglich
Museumsöffnungszeiten
Di.–So 10–18 Uhr, Erw. ab 9 €,
Kinder ab 5 €
Tel. (0 21 04) 97 97-0
www.neanderthal.de

ANFAHRT PKW
A 46, AS 28 Kreuz Hilden
Beschilderung „Neandertal" folgen;
bzw. A 3, AS 18 Mettmann,
Richtung Mettmann Zentrum,
dann Ausschilderung „Neanderthal
Museum" folgen
(GPS 51.226609, 6.951226)

ANFAHRT ÖPNV
Mit S Bahn S 28 bis Neandertal (S),
dann zu Fuß dem Museumsweg folgen

ESSEN + TRINKEN
Hotel-Restaurant Becher
Talstraße 310, 40822 Mettmann
Tel. (0 21 04) 7 55 54
www.hotelbecher.de

Außerdem sehenswert
1. Museum Lokschuppen Hochdahl
2. Sternwarte Neanderhöhe

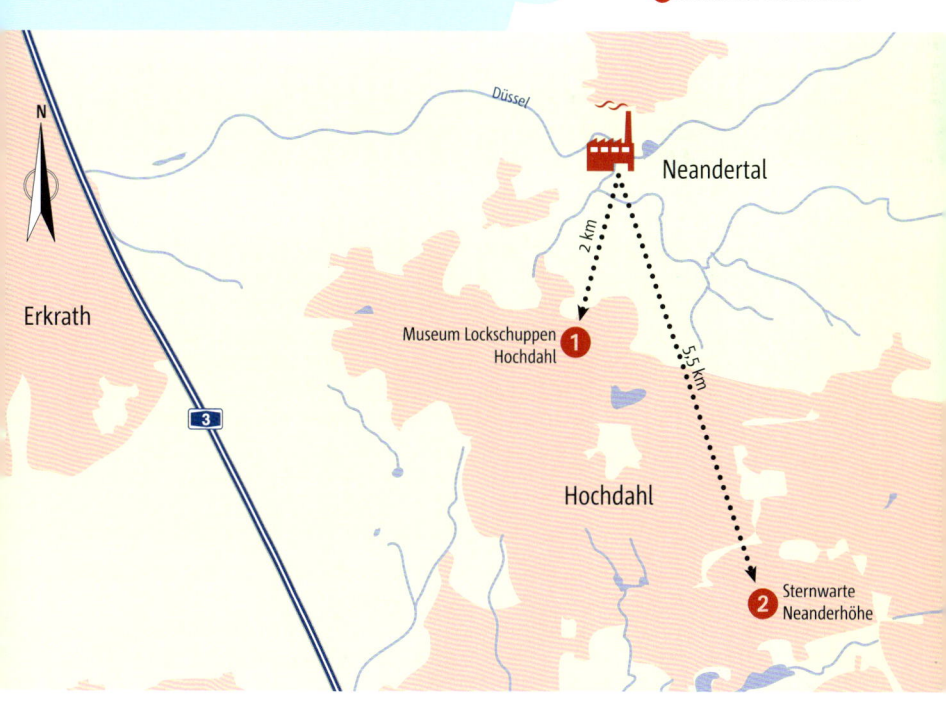

Industrie findet Urmensch | 47

Außerdem sehenswert:

❶ MUSEUM LOKSCHUPPEN HOCHDAHL
2 km vom Neandertal

Die Eisenbahnstrecke zwischen Erkrath und Hochdahl war nicht nur Teil der ersten westdeutschen Eisenbahn zwischen Düsseldorf und Elberfeld aus dem Jahr 1838, sondern zugleich lange die steilste Eisenbahnhauptstrecke Europas. Um die Steigung von 33 Promille überhaupt bewältigen zu können, installierte man damals in Hochdahl eine stehende Dampfmaschine, die die Züge nach oben ziehen sollte. Da dieses System aber nicht funktionierte, ging man dazu über, die bergauf fahrenden Züge durch die talfahrenden mittels eines Drei-Rollen-Umlenksystems ziehen zu lassen. Erst 1926 wurde dieses System durch Schiebeloks ersetzt, bis 1963 die ersten Elektroloks die Steilrampe problemlos erklimmen konnten. Am Bahnhof Hochdahl erinnert noch eine der Umlenkrollen als Denkmal an diese Zeit.

Seit 1999 fungiert der ehemalige Lokschuppen von 1864 als Eisenbahn- und Heimatmuseum. Hier wird neben der Geschichte der Eisenbahn auch die der Eisenhütte Hochdahl dargestellt, die von 1857 bis 1912 bestand. Ursprünglich diente der Schuppen als Wartungshalle der Seil- und Schiebelokomotiven. In liebevoller Kleinarbeit wurde durch einen privaten Verein das Museum aufgebaut, das über einen ansehnlichen Fuhrpark verfügt. Der Lokschuppen dient gleichzeitig auch als kultureller Veranstaltungsort.

Lebenswelt + Arbeit
Eisenbahn- und Heimatmuseum Erkrath-Hochdahl e. V.
Ziegeleiweg 1-3, 40699 Erkrath
Tel. (02 11) 30 26 90 05
Apr.–Okt. jeweils am 4. Sonntag im Monat 11-17 Uhr, Eintritt frei
www.lokschuppen-hochdahl.de

STERNWARTE NEANDERHÖHE
5,5 km vom Neandertal

Der Verein Sternwarte Neanderhöhe Hochdahl e. V., gegründet 1967 von einer Gruppe Amateurastronomen, unterhält im Erkrather Stadtteil Hochdahl eine Reihe astronomischer Einrichtungen. Dazu gehört das eigene Observatorium am Sternwartenweg, ausgestattet mit verschiedenen Teleskopen und einem Refraktor. Hier werden zu verschiedenen Zeiten Himmelsbeobachtungen und Seminare angeboten. Seit 1980 betreibt der Verein auch das Planetarium Stellarium Erkrath im Bürgerhaus Hochdahl. Nach einem Brand wurde es 2008 wiedereröffnet und war zu dieser Zeit mit dem seinerzeit modernsten digitalen Projektorsystem ausgestattet. Sechs Full-HD-Projektoren leuchten die gesamte Kuppel aus. Im eigenen Schulungszentrum an der Hildener Straße wurde 1970 zum ersten Mal in Europa Mondgestein der Mondmissionen Apollo 11 und 12 der Öffentlichkeit gezeigt.

Info
Sternwarte Neanderhöhe Hochdahl
Sedentaler Straße 105, 40699 Erkrath-Hochdahl
Tel. (0 21 04) 9 47 66, Erw. 8 €, Kinder 5,50 €
Observatorium
Sternwartenweg 1, Himmelsbeobachtungen
Fr. ab 20 Uhr (nach Witterung, siehe auch aktuelle Terminhinweise auf der angegebenen Website), 3 €
www.snh.rp-online.de

KALKOFEN HUPPERTSBRACKEN
Kalkabbau um Gruiten

GESCHICHTE

Auch wenn sich Gruiten heute als malerisches Dorf in einer fast unberührten Naturlandschaft zeigt, war der Ort bis 1966 vom industriellen Kalkabbau bestimmt. Große Kalksinteranlagen und Lorenbahnen bestimmten das Ortsbild. Die Relikte dieser Industrie lassen sich an verschiedenen Stellen noch heute erkennen. Sie reichen vom frühen, vorindustriellen Kalkofen bis hin zu Verkehrsanlagen des 20. Jahrhunderts. Der Kalkofen an der Düssel in der Nähe zur Brücke nach Thunis gehört in die Frühphase der Kalkverwertung. Schon seit dem Mittelalter wurde Kalk hier abgebaut. Seit wann der Ofen existiert, ist nicht klar, nachgewiesen ist aber ein Kalkofen in diesem Bereich seit 1633. Der Ofen liegt in der Nähe der alten Kölnischen Straße, die hier auch zeitweilig die Bezeichnung Kalkweg trug. Über sie soll Kalk per Esel Richtung Hitdorf gebracht worden sein, von wo aus der weitere Transport per Schiff erfolgte. Seit 1678 war der Ofen im Besitz der Familie Krenckels vom Hof Auf dem Höchsten, der heute noch existiert (Diepensiepen 38). Damals war das Kalkbrennen nur ein Nebenerwerb der Bauern. Aus den Inventarlisten wissen wir, dass zur Ausstattung des Ofens im Jahr 1780 in erster Linie Hämmer und Brechstangen gehörten, was die schwere körperliche Arbeit der Steinbrecher dokumentiert. Über die genauere weitere Geschichte des Ofens ist kaum etwas bekannt. Auf Fotos aus den 1920er-Jahren scheint er noch intakt gewesen zu sein. Aber danach verfiel er zusehends und wuchs zu.

ANLAGE

Der Huppertsbracken ist ein Trichterofen. Er wurde direkt in den Hang hineingebaut. Dazu hat man waagerecht eine Höhle in den Abhang getrieben, die man absicherte. Oberhalb der Höhle wurde dann eine plane Fläche angelegt, von der aus man einen Trichter nach unten grub und ihn mit Ziegelsteinen auskleidete. Die Vorderfront war mit Natursteinen vermauert. Der Kalkstein wurde per Hand mit schweren Hämmern und Stangen aus der Felswand direkt am Ofen gebrochen. Der heute noch hinter dem Kalkofen erkennbare Steinbruch war für die damalige Zeit sehr groß. Beschickt wurde der Ofen von oben mit etwa 20 Zentimeter großen Kalksteinen und Kohle oder Holz als Brennmaterial. Der Brennvorgang selbst dauerte bei 1100 Grad zwischen 48 und 72 Stunden. Dabei verlor der Stein 44 Prozent seines Gewichts und konnte nun zerschlagen oder gemahlen werden.

Blick in den Trichter des Kalkofens

Seitlicher Zugang zur Brennkammer

Heutige Nutzung

Ernst Breitbach aus Gruiten machte sich um den Kalkofen verdient, von dem lange Zeit nur noch der obere Bogen des Mundloches erkennbar war. Ab 1984 erfolgten umfangreiche Grabungs- und Wiederherstellungsmaßnahmen. Die Nordseite wurde freigelegt und der Zugang zur Brennkammer freigeräumt. Der Lüftungsschacht und die Brennkammer mussten rekonstruiert werden. Der schwer beschädigte südwestliche Teil wurde gesichert, aber nicht rekonstruiert, weshalb man heute in den Trichter sehen kann. 1986 waren die Arbeiten abgeschlossen. Eine Infotafel erläutert den Ofen und seine Geschichte. Die Anlage ist frei begehbar.

ADRESSE

Kalkofen Huppertsbracken
Bracken, 40822 Mettmann
Gelände jederzeit frei zugänglich

ANFAHRT PKW

A 46, AS 29 Haan-West
Richtung Haaner Straße,
rechts auf Gruitener Straße,
dann links in den Winkelsmühler Weg,
vom Parkplatz aus zu Fuß
(GPS 51.216965, 6.983789)

ANFAHRT ÖPNV

Mit S-Bahn S 8 bis Hochdahl-Millrath
(S), dann zu Fuß ins Tal,
der Düssel flussaufwärts folgen

ESSEN + TRINKEN

Gaststätte „Im Kühlen Grund"
Frinzberg 2, 40699 Erkrath
Tel. (0 21 04) 6 14 63
Mi.–Fr. 12–22,
Sa., So. 11–22 Uhr
www.imkuehlengrund.de

Außerdem sehenswert

1. Kalksinterwerk Lindenbeck
2. Kalktunnel

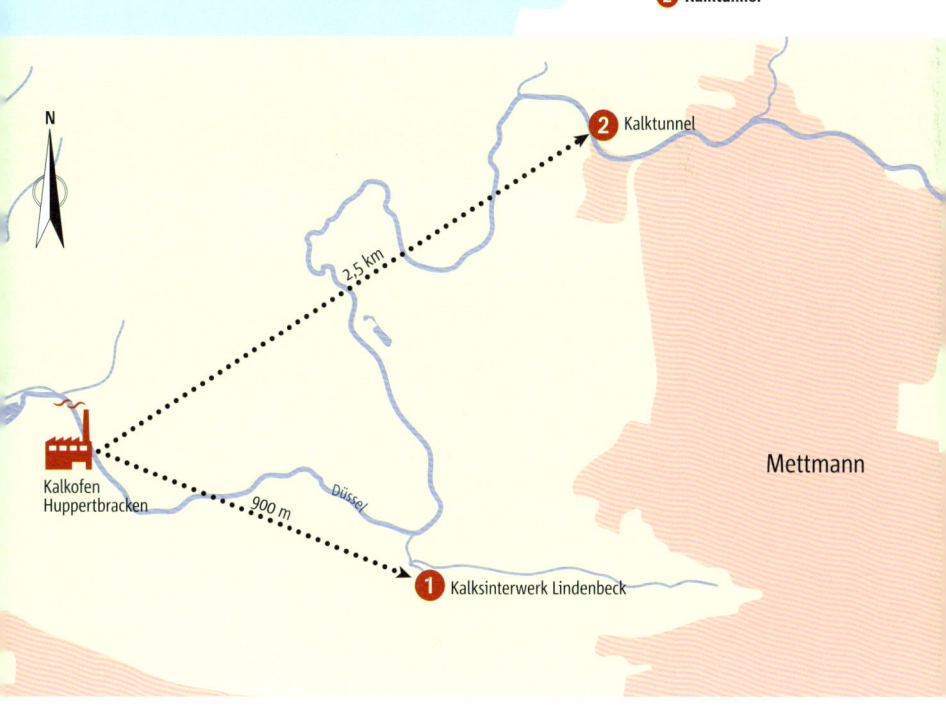

Kalkabbau um Gruiten

Außerdem sehenswert:

Fundamente des Kalksinterwerks im Wald

① KALKSINTERWERK LINDENBECK
1 km vom Kalkofen Huppertsbracken

Man muss, vor allem im Sommer, schon sehr genau hinschauen, um die Reste eines der einst wichtigsten **Kalksinterwerke** des Bergischen Landes zu finden. Von Huppertsbracken aus kommend rechts im Wald kurz vor dem Hof Ehlenbeck findet man die Fundamente der Anlage. Mit dem Bau der ersten westdeutschen Eisenbahn kamen **Otto Menzel** und **Johann Carl Jacob** nach Gruiten. Sie errichteten im Bereich eines alten Kalkofens bei Lindenbeck neue Trichteröfen. Zunächst mit Pferdefuhrwerken, später mit Feldbahnen verbanden sie ihr Werk mit dem Bahnhof in Gruiten. Teile der Schienen dieser Feldbahnen dienen heute noch als Weidezäune am Wegesrand. 1902 fusionierte das Unternehmen mit der ebenfalls in Gruiten tätigen **Gewerkschaft Pluto** zur **Aktiengesellschaft Bergische Dolomit und Weißkalkwerke Dornap.** Es entstanden an dieser Stelle zwei große Trichteröfen zur Herstellung von Sinterdolomit, ein Material, das zur feuerfesten Auskleidung von **Schmelzöfen der Eisen- und Stahlindustrie** benötigt wurde. Die Öfen wurden von oben aus Lorenbahnen beschickt, während man den gebrannten Dolomit 10 Meter tiefer im Kellergeschoss entnahm und über die Straße abtransportierte. Bis 1927 war Lindenbeck das Hauptwerk, danach ging eine wesentlich größere Anlage im Bereich Fuhr in Betrieb, Straßennamen wie Sinterstraße oder An der Lore erinnern daran. Veränderungen bei der Stahlherstellung und Konkurrenzdruck führten 1966/67 zur Schließung der Dolomitwerke in Gruiten.

Lebenswelt + Arbeit
Kalksinterwerk Lindenbeck
Ehlenbeck, 42781 Haan

② KALKTUNNEL
2,5 km vom Kalkofen Huppertsbracken

Im Bereich der heutigen Siedlung Fuhr, mit den bezeichnenden Straßennamen Sinterstraße, An der Lore, Seilbahnweg, war 1927 eine große Sinteranlage entstanden. Die Rheinisch-Westfälischen Kalkwerke, die das Gruitener Unternehmen schon 1907 übernommen hatten, erweiterten und modernisierten diese Anlage bis in die 1960er-Jahre ständig. Der Transport des Kalksteins zur Verarbeitung erfolgte über Lorenseilbahnen, die die Landschaft um Gruiten herum durchzogen. Als man neue Gruben erschließen wollte, baute man 1963/64 einen Tunnel durch den Heidhauser Löh, um die rückwärtige Grube zu erschließen. Der Tunnel war ausgelegt auf Schwerlastwagen mit 25 Tonnen Nutzlast. Somit war das Werk in der Lage, mit einer Belegschaft von 500 Mann bis zu 720.000 Tonnen Dolomitsteine jährlich zu verarbeiten. Mit der Werkschließung wurde der Tunnel verschlossen. Nun weist nur noch die große Straße zum Hang, wo noch Teile des Eingangsportals zu erkennen sind.

Info
Tunnel am Heinhauser Löh
Ende Sinterstraße/Ecke Heinhausen
42781 Haan

Das vermauerte Portal des Tunnels

NORDBAHNTRASSE WUPPERTAL
Auf neuen alten Wegen durch Wuppertal

GESCHICHTE

Die Rheinische Eisenbahn-Gesellschaft gehörte zu den Pionieren der Eisenbahn in Westdeutschland. Ihre Strecke verband ab 1873 Düsseldorf-Derendorf über Mettmann und Wuppertal mit Dortmund Süd. Besonders die Strecke durch das enge Wuppertal stellte sich als schwierig dar. Die einfachere Trasse direkt durch das Tal war bereits durch die konkurrierende Bergisch-Märkische Eisenbahn belegt. So musste die neue Streckenführung auf die Hanglagen ausweichen, was kostenintensive Verkehrsbauten wie Viadukte und Tunnel zur Folge hatte. Sie berührte damit auch den zum damaligen Zeitpunkt noch nicht entwickelten Norden von Elberfeld. Die nun vorhandene Eisenbahn förderte die Ansiedlung verschiedener Gewerbebetriebe beiderseits der Trasse. Besonders im Bereich des Mirker Bahnhofs lässt sich das nach dem Eisenbahnbau entstandene gründerzeitliche Viertel sehr gut erkennen. Große Teile der Bausubstanz sind erhalten geblieben. Trotzdem erlangte diese Strecke nie die Bedeutung der im Tal verlaufenden Bergisch-Märkischen Bahn. Nach der Verstaatlichung der Eisenbahnen in den 1880er-Jahren wurde sie zu einer Nebenstrecke herabgestuft und bald in Teilabschnitten stillgelegt. 1991 endete der Personen- und 1999 auch der Güterverkehr auf der Nordbahn. Lediglich westlich Wuppertals werden noch einzelne Abschnitte für den Kalkabbau im Güterverkehr sowie von der S-Bahn (S 28) befahren.

ANLAGE

Der Mirker Bahnhof sollte in den Planungen der Rheinischen Eisenbahn-Gesellschaft die Funktion eines zweiten Elberfelder Hauptbahnhofs in Konkurrenz zum späteren Hauptbahnhof Wuppertal am Döppersberg übernehmen. Dementsprechend sahen die Planungen ursprünglich einen repräsentativen Bau mit 65 prächtigen Logierzimmern vor, der mit seiner Hanglage über der Stadt ein Wahrzeichen werden sollte. Da das Unternehmen aber alle Erschließungsarbeiten selbst finanzieren musste und eine Wirtschaftskrise dazukam, war man zum „Abspecken" der Pläne gezwungen. Das von Eberhard Wulff entworfene, 1878 fertiggestellte Bahnhofsgebäude war aber dennoch üppig und zitiert mit seinen Fachwerk- und Schieferelementen die damals übliche bergische Landhausarchitektur. Allein der Wartesaal I. Klasse war 9 Meter hoch und mit prächtigen Bleiglasfenstern ausgestattet. Weitere Anlagen zur Güterabfertigung und Rampen beiderseits des Bahndamms unterstrichen die Bedeutung des Bahnhofs für die Industrie. Seit 1987 steht er unter Denkmalschutz.

Der Mirker Bahnhof

Heutige Nutzung

Mit der Stilllegung der Nordbahn stellte sich die Frage nach dem weiteren Umgang mit der Trasse. Besonders von den Bürgern wurde der Gedanke formuliert, die Strecke als Fuß- und Radweg zu erhalten. So wird der einstige Schienenweg unter dem Namen Nordbahntrasse oder Dr.-Werner-Jackstädt-Weg zu einem 22 Kilometer langen Fuß- und Radweg umgestaltet, auf dem steigungsarm, auch dank der vorhandenen Viadukte und Tunnel, Wuppertal im Norden erschlossen werden kann. Der Startpunkt liegt in Wuppertal-Osterholz, von dort gelangt man bis nach Schee. Auch ist es möglich, von der Nordbahntrasse aus andere Fahrradrouten zu erreichen. Entlang der Strecke hat sich eine Reihe von Kultur- und Freizeiteinrichtungen etabliert. Mit dem Projekt Utopiastadt wurde das Bahnhofsgebäude von Mirke zu einem Treffpunkt für Kreative und Kulturschaffende. Das Café Hutmacher mit einer großen Terrasse zu den ehemaligen Gleisen ist mit seinem besonderen Charme eine Attraktion der Nordbahntrasse.

08

ADRESSE
Mirker Bahnhof
Mirker Straße 48
42105 Wuppertal
Gelände jederzeit frei zugänglich

ANFAHRT PKW
A 46, AS 33 Wuppertal-Katernberg, auf Wiesenstraße, links auf Neue Nordstraße; Parkplätze direkt am Mirker Bahnhof (GPS 51.266592, 7.144708)

ANFAHRT ÖPNV
Ab Wuppertal Hbf. (Ohligsmühle) mit Bus 620, 625 oder 645 bis Schleswiger Straße

ESSEN + TRINKEN
Café Hutmacher
Kunst- und Kulturcafé
im Mirker Bahnhof
Mirker Straße 48
42105 Wuppertal
Tel. (02 02) 39 34 86 57
Mo.–Do. 12–24, Fr. 12–2,
Sa. 10–2, So. 10–24 Uhr

Außerdem sehenswert
❶ Bandweberei Frowein & Co. AG
❷ Zwirnerei Hebebrand

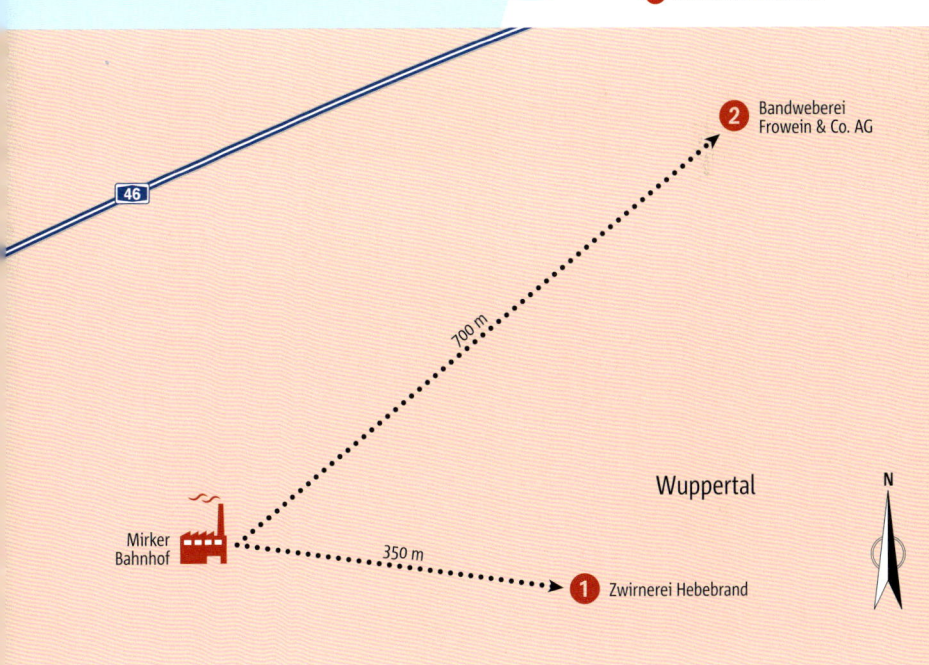

Auf neuen alten Wegen durch Wuppertal | 59

Außerdem sehenswert:

① BANDWEBEREI FROWEIN & CO. AG
0,5 km vom Bahnhof Mirke

Von den Viadukten der Nordbahntrasse aus hat man beindruckende Blicke auf Wuppertal und seine Industrielandschaft. Wenige Hundert Meter östlich vom Mirker Bahnhof verläuft der Viadukt über die Uellendahler Straße, an dessen Fuß liegt die ehemalige Bandweberei Frowein & Co. AG. Die Froweins waren eine alte bergische Unternehmerfamilie, so weist auch das Portal des Baues auf das Gründungsjahr des Unternehmens 1663 hin. Ende des 19. Jahrhunderts verlagerte sich die bisher in Heimarbeit betriebene Bandweberei in die Fabriken. So ließ Frowein 1899 diesen Neubau errichten, in dem 500 Webstühle im Dreischichtbetrieb arbeiteten. Der Standort an der Nordbahntrasse war bewusst gewählt. Die Werkszufahrt liegt genau gegenüber der Auffahrt zum Bahnhof. Das Gebäude mit seinen 19 Fensterachsen und hervorgehobenem Mittelrisalit schmiegt sich an die Biegung der Straße an und erinnert in seiner Backsteinarchitektur an den berühmten preußischen Baumeister Schinkel. 1972 endete die Produktion im Gebäude, das Textilunternehmen selbst schloss 2007. Auf der Nordbahntrasse stellt eine Infotafel das Unternehmen vor.

Technik + Architektur
Bandweberei Frowein & Co. AG
heute Dekra Akademie Wuppertal
Uellendahler Straße 70, 42105 Wuppertal
Gebäude kann nicht betreten werden,
das Gelände ist von der Nordbahntrasse gut einsehbar

❷ ZWIRNEREI HEBEBRAND
0,5 km vom Bahnhof Mirke

Als die Energiegewinnung durch Dampfmaschinen möglich wurde, waren Textilfabriken nicht mehr auf wasserreiche Standorte im Talgrund angewiesen. So konnte die **Firma Hebebrand** ihre Produktionsgebäude an der Nordbahn errichten. Sie wurde 1881 als mechanische Zwirnerei, Häkelgarn-, Strickgarn- und Bandfabrik gegründet. 1888 war der imposante Fabrik- und Verwaltungsbau in der Nähe des Mirker Bahnhofs fertiggestellt. Das Gebäude mit seinem halbrunden Eckturm und den gotisierenden Fenstern zählt zu den **schönsten Elberfelder Fabrikgebäuden des 19. Jahrhunderts.** Der „Papst der Industriekultur", Prof. Roland Günther, nannte das Gebäude „ein Wunderwerk im Umgang mit Ziegeln". In den Reliefs zwischen den Etagen ist der Götterbote Merkur zu erkennen, er gilt als Schutzpatron der Kaufleute. Nach dem Zweiten Weltkrieg bis in die 1990er-Jahre gehörte die Fabrik zum Strickgarnproduzenten Mez AG (Teil der britischen Coats Group). Heute hat das Gebäude verschiedene Nutzer. Einen guten Blick auf die Anlage hat man von der Nordbahntrasse aus, wo auch eine Infotafel steht.

Info
Zwirnerei Hebebrand
Uellendahler Straße 29, 42105 Wuppertal
Gebäude kann nicht betreten werden,
das Gelände ist von der Nordbahntrasse gut einsehbar

VON DER HEYDT
Eine Bankiersfamilie des Bergischen Landes

Die Familie von der Heydt gehört zu den einflussreichen alten bergischen Familien, die die Industrialisierung des Landes massiv geprägt haben. Wir hören erstmals 1597 von ihr. Sie stammte eigentlich von den Barmer Südhöhen, von wo sie auch ihren Namen ableitete. Ein „Johannes von der Heidt" hatte sich in der zweiten Hälfte des 18. Jahrhunderts als Bäcker auf Waffeln spezialisiert. Daniel von der Heydt heiratete 1794 die Tochter des Elberfelder Bankiers Kersten und wurde dessen Teilhaber sowie Bürgermeister von Elberfeld.

1801 kam Sohn August von der Heydt zur Welt. Nach Aufenthalten in London und Le Havre übernahm er 1824 mit seinen zwei Brüdern das Bankgeschäft seines Vaters. Wie dieser war auch August politisch sehr aktiv. 1826 wurde er Presbyter der reformierten Gemeinde Elberfeld und war dort für die Schulen verantwortlich. 1831 kam er als Richter an das Handelsgericht, dessen Präsident er 9 Jahre später wurde. Neben seiner Tätigkeit im Stadt- und Kreistag war er 1839 Mitglied des rheinischen Provinziallandtages. Hier etablierte er sich als Vertreter des sogenannten rheinischen Liberalismus. Dabei waren die Wirtschafts- und Infrastrukturpolitik seine Schwerpunktthemen. Für ihn war die Industrie die Zukunft des Landes. So stellte er 1843 auf dem Provinziallandtag fest: „Die Industrie ist der mächtigste Hebel der Zivilisation und zu der Wohlfahrt des Landes."

Auch als Bankier ging es ihm besonders um eine schnelle Anbindung der Industrie im Wuppertal an die Kohlefelder der Ruhr. Hier zeigte er sich für technische Innovationen sehr aufgeschlossen. Der Industriepionier Friedrich Harkort (1793–1880) ließ 1826 ein Modell einer sogenannten Palmerbahn im Garten der Elberfelder Museumsgesellschaft aufstellen. Dabei handelte es sich um eine Art Schwebebahn, die von Pferden gezogen wurde. In 1,25 Meter Höhe verlief auf Ständern eine Schiene, auf der das Gefährt sich bewegte. An den verlängerten Achsen der Räder wurden die 400 Kilogramm schweren Transportkästen befestigt, die wiederum eine Zuladung von je 2 Tonnen aufnehmen sollten. Das Modell erregte bei den Elberfelder Kaufleuten großes Interesse und eine Kommission, der auch der Bankier von der Heydt angehörte, entschied, eine solche Bahn von der Zeche Steingatt bei Hinsbeck an der Ruhr durch das Deilbachtal nach Elberfeld zu bauen. Das erste Eisenbahnprojekt, wenn auch ohne Dampf und als Schwebebahn konzipiert, war damit auf den Weg gebracht. Aber das System war wenig zukunftsfähig und von der Heydt setzte sehr früh auf eine Eisenbahn nach englischem Vorbild. So gehörte er zu den Gründern der Düsseldorf-Elberfelder Eisenbahn-Gesellschaft, die 1838 die erste westdeutsche Eisenbahnstrecke in Betrieb nahm (siehe S. 48). Heydts Bank war wesentlich an der Finanzierung beteiligt. Auch der Ausbau Richtung Westfalen und die Umwidmung des Unternehmens in Bergisch-Märkische Eisenbahn-Gesellschaft geht wesentlich auf ihn zurück. Obwohl er sich so für den Ausbau der privaten Eisenbahn einsetzte, war er grundsätzlich der Meinung, es sei Aufgabe des Staates, die notwendige Infrastruktur bereitzustellen.

In diesem Sinne gehörte er auch zu den eifrigsten Befürwortern von Importzöllen. Für ihn war die einheimische Wirtschaft nicht mit England oder Belgien konkurrenzfähig. Im Schutz von Zöllen sollte sie ihren Rückstand aufholen. Er vereinigte in sich einen glühenden Monarchismus und einen ausgeprägten rheinischen Liberalismus mit dem Ideal einer konstitutionellen Monarchie. Umso überraschender, dass er im Revolutionsjahr 1848 preußischer Minister für Handel und Gewerbe in einer sehr konservativen Regierung wurde. Er förderte eine staatliche Investitionspolitik in Straßen- und Kanalbau, liberalisierte das Bergrecht und förderte den Ausbau der Eisenbahn mit der Zielsetzung einer staatlichen preußischen Eisenbahn. Zum Ende seiner Amtszeit 1862 gehörte schon gut die Hälfte der Eisenbahnstrecken im Land

August von der Heydt

dem preußischen Staat. 1863 in den erblichen Freiherrnstand erhoben, übernahm er 1866 das Amt des Finanzministers. Zwar gelang es ihm, den Preußisch-Österreichischen Krieg zu finanzieren, er überwarf sich allerdings mit Bismarck und trat 1869 zurück. Mit ihm verlor die preußische Regierung ihr liberales Aushängeschild. August von der Heydt starb 1874.

Sein Enkel, August III. (1851–1929), führte die Bankgeschäfte fort, blieb aber in erster Linie als Mäzen in Erinnerung. Er kaufte Waldungen auf, die er später der Stadt übergab, war Gründungsmitglied des Elberfelder Zoovereins und schenkte Elberfeld eine Reihe von Denkmalen, Brunnen und Plastiken. Der bedeutende Kunstsammler förderte 1892 die Gründung des Elberfelder Museumsvereins, aus dem 1902 das Städtische Museum Elberfeld hervorging. 1905 wurde er zum Vorsitzenden des Vereins gewählt und stattete das Museum großzügig mit über 300 Bildern, unter anderem auch von Picasso, aus. Aus Dank für diese Förderung wurde das Museum 1961 in Von der Heydt-Museum unbenannt.

Info

Von der Heydt-Museum
Turmhof 8, 42103 Wuppertal
Tel. (02 02) 5 63-62 31
Di.–So. 11–18, Do. bis 20 Uhr, 7 €, erm. 5 €
http://vdh.netgate1.net

HISTORISCHES ZENTRUM WUPPERTAL
Am Stammhaus der Familie Engels

GESCHICHTE

Der Standort des Historischen Zentrums ist mit dem Stammsitz der Familie Engels und dem Museum für Frühindustrialisierung ein Highlight der bergischen Industriekultur.

Mit Beginn des 19. Jahrhunderts setzte ein Prozess ein, durch den sich das Leben und die Arbeit der Menschen und auch die Umwelt bis heute nachhaltig verändern sollten: die Industrialisierung. Die Verwendung von Dampfmaschinen setzte sich durch und so entwickelte sich im Rahmen einer zunehmenden Mechanisierung der Arbeit eine unglaubliche Dynamik. Schrittweise wurde die handwerkliche Fertigung in vielen Wirtschaftsbereichen durch mechanische Produktion ersetzt. Ganz neue Techniken wie die Eisenbahn oder der Telegraf veränderten das Zeitgefühl. Die Entwicklung führte zu einem hohen Investitionsbedarf, der durch Kapitalgeber finanziert wurde. Dies und andere Umstände ließen den neuen Produktionsort entstehen: die Fabrik, in der Menschen gegen Lohn ihre Arbeitskraft verkauften. Entlang der Wupper entwickelte sich ein frühes Zentrum der Industrialisierung. Eines ihrer Kennzeichen war der Gegensatz zwischen Fabrikherren und Investoren auf der einen Seite und Fabrikarbeitern auf der andern. Deren Leben wurde durch den Takt der Maschinen und durch die Stechuhr bestimmt. Die Lage der Arbeiter wurde zunehmend zu einem sozialen Problem, waren sie in der Regel dem Gutdünken ihrer Fabrikbesitzer ausgeliefert. Viele Zeitgenossen erkannten die Problematik und diskutierten verschiedene Lösungsansätze.

Kaum jemand ging das so konsequent an wie der junge Friedrich Engels (siehe S. 72). Er stammte aus einer wichtigen bergischen Industriellenfamilie. Einen besonders nachhaltigen Eindruck hinterließ sein Englandaufenthalt 1842–1844, als er das familieneigene Unternehmen Ermen & Engels in Manchester besuchte (siehe Textilfabrik Ermen & Engels, S. 178). Dort mit der Lebenswirklichkeit der englischen Arbeiter konfrontiert, wurde diese Reise zu einem Einschnitt in seinem Leben.

Der Stammsitz der Familie Engels lag hier in Barmen. Die Geschichte der Frühindustrialisierung in technischer und sozialer Hinsicht, die Friedrich Engels so sehr beeinflusst hat, ist der Schwerpunkt des Museums.

ANLAGE

Die Museumsanlage setzt sich aus drei Teilbereichen zusammen.

Den größten Teil des Museums bildet die ehemalige Kannegießer'sche Fabrik. Das

Am Stammhaus der Familie Engels

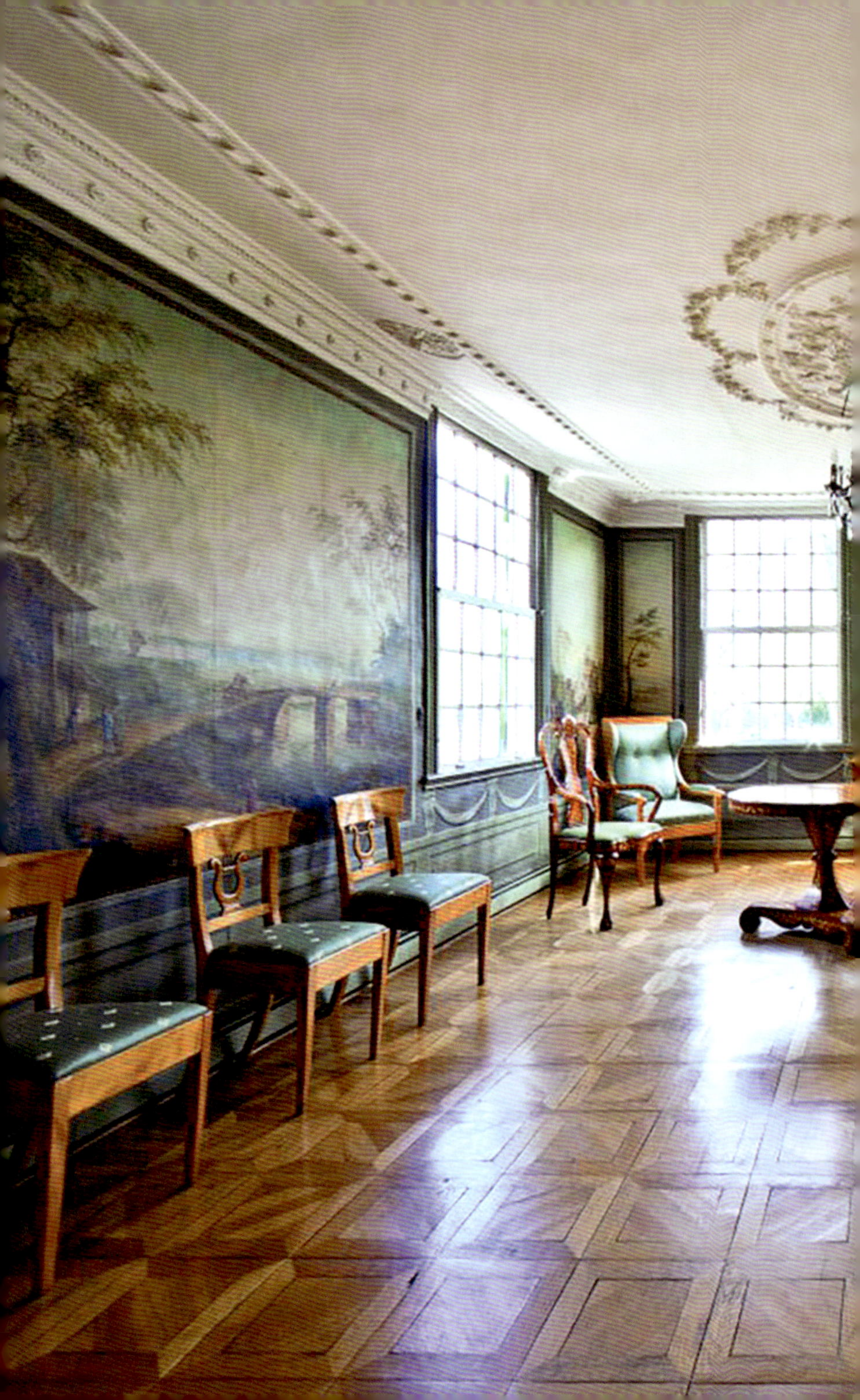

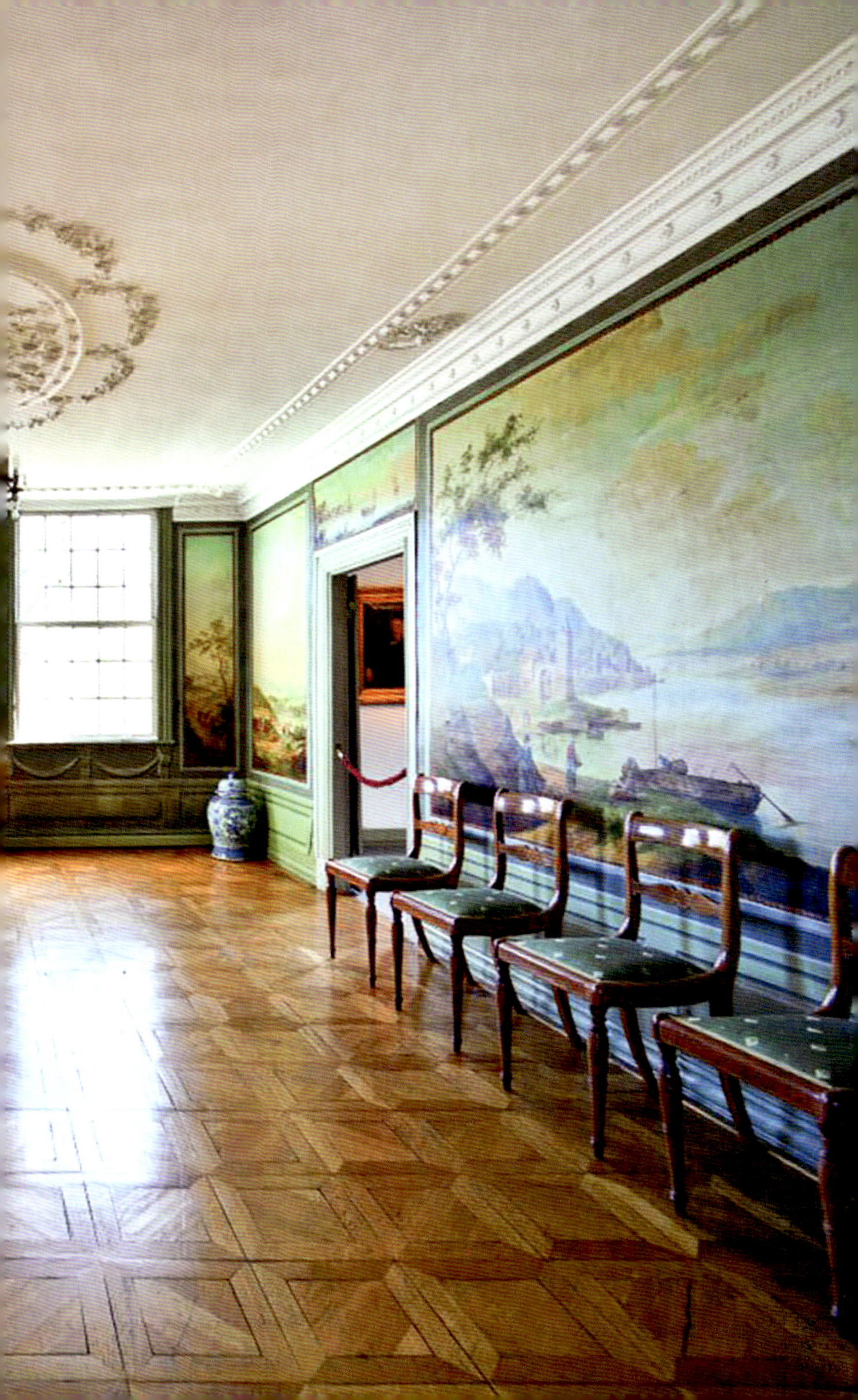

Ziegelgebäude ist ein schlichter Zweckbau mit leichten Schmuckelementen an der Fassade. Errichtet als Lager für Rohseide, erwarb in den 1880er-Jahren der Kolonialwarenhändler Kannegießer das Gebäude und richtete hier neben einem Warenlager eine Kaffeerösterei ein. Später diente es bis zum Umbau zum Museum als Kulissenlager der nahe gelegenen Wuppertaler Oper.

Eine bauliche Besonderheit stellt die Reddehase'sche Remise dar. 1911 für ein Fuhrunternehmen geplant, gehört sie zu den frühesten Betonbauten im heutigen Wuppertal. Die Schauseite spielt mit einer klassizistischen Fassadengestaltung und erhebt sich über einem Sockel aus Sandsteinquadern. Die Fenster sind Zitate des Bergischen Spätbarocks.

Besonders bei chinesischen Gästen beliebt ist das Engels-Haus. Ursprünglich nutzte die Familie Engels hier fünf Wohnhäuser. Das älteste, zugleich das Stammhaus, fiel 1842 dem Eisenbahnbau zum Opfer. Vom zweiten Gebäude sind nur noch die Umrisse im Hof erkennbar. Im dritten Gebäude ist das heutige Engels-Museum untergebracht mit dem angrenzenden sehr herrschaftlich ausgestatteten Gebäude. Das Geburtshaus von Friedrich Engels selbst wurde 1943 bei einem Luftangriff zerstört. Ein Gedenkstein steht an seiner Stelle.

Heutige Nutzung

1983 eröffnete in der Anlage das Museum, das seinerzeit nicht nur das erste industriegeschichtliche Museum im Rheinland war, sondern die Frühindustrialisierung im Bergischen Land sowohl technisch als auch sozial-, wirtschafts- und mentalitätsgeschichtlich betrachtete und damit die Tradition zu Engels aufgriff. 2004 konnte nach Umbau und unter Einbeziehung der Remise die Ausstellungsfläche verdreifacht werden. Dabei wurde auch der Engels-Garten zur Oper hin neu gestaltet. Die überarbeitete Ausstellung lädt heute wieder zum Entdecken ein. Ihre Schwerpunkte sind die Entwicklung der Textilindustrie und die mit der Industrialisierung einhergehende Verstädterung.

Das Historische Zentrum hat für Wuppertal 13 Routen der Industrie- und Sozialgeschichte unter dem Titel „Fäden Farben Wasser Dampf" zusammengestellt und im Stadtgebiet markiert. Alle in diesem Reiseführer dargestellten Wuppertaler Orte sind zugleich auch Teile dieser Routen. Insgesamt sind 250 Gebäude und Bauwerke mit Infotafeln gekennzeichnet. Sie lassen sich zu Fuß oder per Fahrrad bequem erleben. Zudem ist das Historische Zentrum die Geschäftsstelle des Netzwerks Industriekultur Bergisches Land, das die verschiedenen industriekulturellen Initiativen und Sehenswürdigkeiten vernetzt und Veranstaltungen anbietet.

ADRESSE
Historisches Zentrum Wuppertal Engels-Haus
Engels-Haus selbst ist noch bis 2020 wegen Restaurierungsarbeiten geschlossen
www.wuppertal.de/kultur-bildung/historischeszentrum/index.php
Netzwerk Industriekultur
Bergisches Land: www.bergnetz.net

ANFAHRT PKW
A 46, AS 35 Wuppertal-Barmen, Richtung Wuppertal-Barmen, rechts Richtung Loh/Rott, weiter auf Schönebecker Straße, Loher Straße, Wittensteinstraße bis Engelsstraße; Parkplätze am Museum vorhanden (GPS 51.266200, 7.190705)

ANFAHRT ÖPNV
Mit S-Bahn S 8 bis Wuppertal-Barmen, dann wenige Meter zu Fuß

ESSEN + TRINKEN
Wuppertaler Brauhaus
Hausbrauerei in einer Badeanstalt von 1882
Kleine Flurstraße 5
42275 Wuppertal
Tel. (02 02) 2 55 05-0
tägl. 11–0 Uhr
www.wuppertaler-brauhaus.de

Außerdem sehenswert
1. Barmer Bergbahn
2. Bandwirkermuseum Ronsdorf

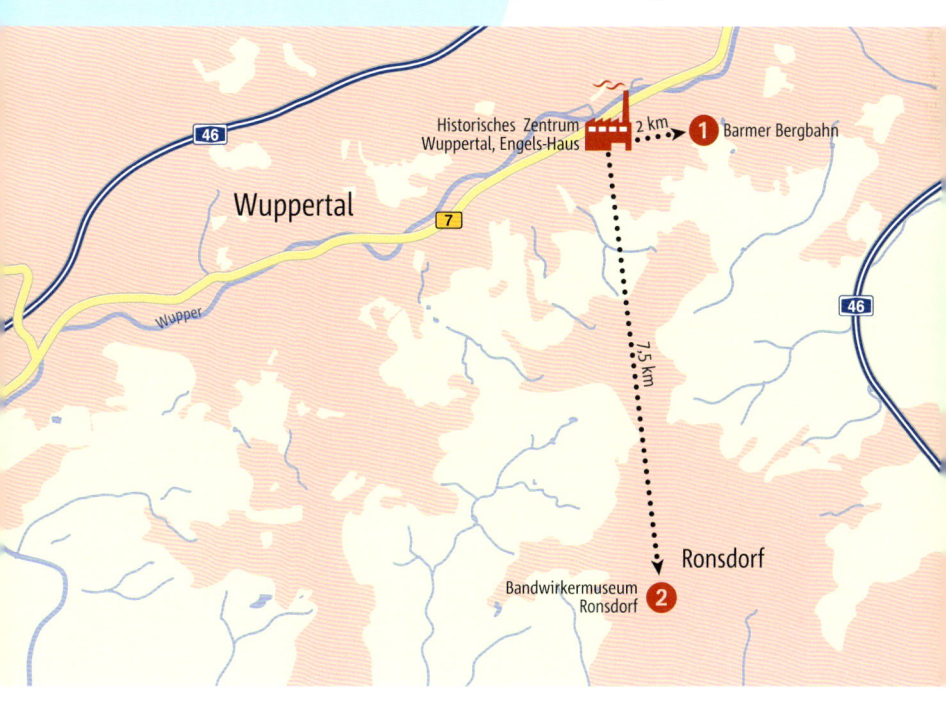

Am Stammhaus der Familie Engels

Außerdem sehenswert:

❶ BARMER BERGBAHN
2 km vom Historischen Zentrum Wuppertal

Nicht nur im Hinblick auf die Schwebebahn gingen und gehen die Wuppertaler beim öffentlichen Nahverkehr Sonderwege. 1884 nahm die Barmer Bergbahn AG ihren Betrieb auf und verband auf einer 1,6 Kilometer langen Strecke die alte Barmer Stadthalle mit dem Toelleturm, einem beliebten Aussichtsturm auf den Höhen. Da die Steigung von 18,5 Prozent für eine Straßenbahn nicht machbar war, entschied man sich für eine Zahnradbahn. Die Barmer Bergbahn war die erste elektrisch betriebene Bergbahn Deutschlands und wurde von einem eigenen Kraftwerk im Tal versorgt. An der Endstation am Toelleturm befand sich zugleich der Ausgangspunkt der Ronsdorf-Müngstener Eisenbahn. Der Betrieb auf zwei Gleisen ohne Weichen lief stets unfallfrei. Jeweils an den Endstationen wurden die Wagen über eine Schiebebühne auf das andere Gleis gesetzt. Trotz großer Beliebtheit bei der Bevölkerung und heftiger Proteste wurde die Bahn wegen Unwirtschaftlichkeit und hoher Investitionskosten 1959 stillgelegt. Die Gleise wurden zurückgebaut. Die Talstation existiert nicht mehr, die Trasse kann aber anhand der Straße, eines Denkmals und Erinnerungstafeln entlang der Strecke nachvollzogen werden. Auch gab es immer wieder Überlegungen, sie zu reaktivieren.

Technik + Architektur
Barmer Anlagen
An der Bergbahn
42289 Wuppertal
jederzeit frei zugänglich

Essen + Trinken
Restaurant Zur alten Bergbahn
Restaurant im ehemaligen Bahnhof Toelleturm
Sachsenstraße 2, 42287 Wuppertal
Tel. (02 02) 59 57 62, tägl. 11–22.30 Uhr
www.zur-alten-bergbahn.de

② BANDWIRKERMUSEUM RONSDORF
7,5 km vom Historischen Zentrum Wuppertal

Neben Barmen galt Ronsdorf als das Zentrum der bergischen Bandindustrie, die Hut- und Haarschleifenbänder produzierte. Die Bandwirker arbeiteten dabei im Verlagssystem, das heißt, sie kauften die Rohstoffe wie Seide von einem Fabrikanten und stellten daraus Bänder für Hüte in Heimarbeit her. Das fertige Produkt wurde an den Fabrikanten verkauft, der die Bänder weltweit vermarktete. Um 1900 standen in Ronsdorf 2000 Webstühle bei 13.000 Einwohnern. 1899 eröffnete hier die Preußische Bandwirkerschule. Sie war die einzige in ganz Deutschland.

Ab Mitte des 20. Jahrhunderts ging dieser Industriezweig seinem Ende entgegen. Ehemalige Bandwirker richteten 1989 in der ehemaligen Schule, im Volksmund einfach „Fachschule" genannt, ein Museum ein, um die Erinnerung an die Technik und Bedeutung des Bandwirkens wachzuhalten. Sehenswert ist ein Jacquardwebstuhl, der bereits Ende des 18. Jahrhunderts mittels Lochstreifen gesteuert wurde.

Info
Bandwirkermuseum
Remscheider Straße 50
42369 Wuppertal
Tel. (02 02) 5 63 72 22
Mi. 17–18 Uhr, Eintritt frei
www.bandwirkermuseum-ronsdorf.de

FRIEDRICH ENGELS
Der Revolutionär

Der Spross einer Barmer Textilfabrikantenfamilie gehört mit seinen Ideen und seiner unerschöpflich scheinenden publizistischen Tätigkeit zusammen mit Karl Marx (1818–1883) zu den wirkungsmächtigsten Vertretern des Sozialismus und Kommunismus. Als er 1820 in Barmen geboren wurde, gehörte seine Familie zu den wohlhabendsten der preußischen Rheinprovinz. Die Ursprünge ihres Wohlstands reichen bis ins 18. Jahrhundert zurück, als neben einer Garnbleicherei auch ein Garnhandel aufgebaut wurde. 1775 arbeiteten 120 Bandstühle in Heimarbeit für die Firma Caspar Engels Söhne. Später kamen eine Ziegelei, ein landwirtschaftliches Gut, Anteile an frühen Kohlezechen und ein Seidenhandel hinzu. Friedrich Engels sen. (1796–1860) hatte wirtschaftliche Verbindungen nach England aufgenommen und in Manchester 1837 die Firma Ermen & Engels gegründet, zu der die Fabrik in Engelskirchen hinzukam (siehe Textilfabrik Ermen & Engels, S. 178). Bis 1979, als Ermen & Engels in Engelskirchen den Betrieb einstellte, war die Familie Engels in der Textilindustrie tätig.

Das Verhältnis zwischen Vater und Sohn war nicht einfach. Ein Jahr vor seinem Abitur musste Friedrich Engels auf Wunsch des Vaters die Schule verlassen und in Bremen eine Lehre zum Kaufmann beginnen. Kritik an der strengen pietistischen Überzeugung seines Vaters bei gleichzeitiger Ausbeutung von Kindern in den Fabriken schlug sich 1839 in Friedrich Engels' „Briefen aus dem Wupperthal" nieder: „Es herrscht ein schreckliches Elend unter … den Fabrikarbeitern im Wupperthal …, in Elberfeld allein werden von 2500 schulpflichtigen Kindern 1200 dem Unterricht entzogen und wachsen in Fabriken auf, bloß damit der Fabrikherr nicht einem Erwachsenen das doppelte des Lohns zu geben nöthig hat, das er dem Kinde gibt. Die reichen Fabrikanten aber haben ein weites Gewissen, und ein Kind mehr oder weniger verkommen zu lassen, bringt keine Pietistenseele in die Hölle, besonders wenn er alle Sonntage zwei Mal in die Kirche geht."

Anfang der 1840er-Jahre politisierte er sich immer weiter. Gründe waren dafür unter anderem sein Aufenthalt in Manchester, wo er seine Ausbildung in der Baumwollspinnerei seines Vaters fortsetzte. Die Arbeits- und Lebenssituation der englischen Arbeiter schockierte ihn. Zudem lernte er in dieser Zeit Moses Hess (1812–1875) und Karl Marx kennen. Hess, der Sohn eines rheinischen Zuckerfabrikanten, schrieb wie Marx auch für die Rheinische Zeitung in Köln und warb für die Ideen der französischen Kommunisten. Zur Behebung der sozialen Ungerechtigkeiten forderten sie die Abschaffung des Privateigentums zugunsten einer egalitären Gesellschaft.

Diese Ideen nahm Engels auf und entwickelte sie weiter, zusammen mit Karl Marx, mit dem er seit 1844 eng befreundet war. Im Februar 1845 trat er zusammen mit Hess mehrmals in Elberfeld auf. Gemeinsam propagierten sie dabei ihre Idee des Kommunismus, der für sie mehr war als nur eine Theorie, sondern „der Schluss der Entstehungsgeschichte der Gesellschaft". Im Februar 1848 veröffentlichten Marx und Engels in London gemeinsam das „Kommunistische Manifest". Die Eingangsworte „Ein Gespenst geht um in Europa – das Gespenst des Kommunismus" und der Schluss „Proletarier aller Länder, vereinigt euch!" sind in die Geschichte eingegangen.

Die 1848er-Revolution erlebte Engels unter anderem als Redakteur der Neuen Rheinischen Zeitung in Köln, bevor er sich 1849 dem Elberfelder Aufstand und anderen revolutionären Einheiten in Süddeutschland anschloss. Für seinen Vater hatte er damit eine Grenze überschritten, er entzog ihm die finanzielle Unterstützung. Mit dem Scheitern der Revolution flüchtete Engels über die Schweiz nach England. Zwar blieb er sich ideologisch treu und publizierte weiterhin sehr rege, sah sich aber gezwungen, wieder in das elterliche Unternehmen einzutreten. Ab 1850 arbeitete er in Manchester für die Firma seines Vaters, zunächst als Prokurist, ab 1864 sogar als Teilhaber, bis er seine Anteile 1869 an Ermen verkaufte. Seine **Publikationstätigkeit** war beeindruckend, der Mann, der ungefähr 20 Sprachen beherrschte, veröffentlichte eine unüberschaubare Anzahl an Artikeln und Büchern zu den unterschiedlichsten Themen wie „Dialektik der Natur" (1875), „Die Entwicklung des Sozialismus von der Utopie zur Wissenschaft" (1882) oder „Der Ursprung der Familie, des Privateigentums und des Staates" (1884), die für die kommunistische Diskussion zu grundlegenden Werken wurden. Nach Marx' Tod brachte er die Bände zwei (1885) und drei des „Kapitals" (1894) heraus. Schon seit den 1850er-Jahren hatte er Marx durch seine finanzielle Unterstützung und durch seinen Rat in ökonomischen Fragen ermöglicht, an seinem Hauptwerk zu arbeiten. Als nach dem Ende der Sozialistengesetze 1890 die SPD in Deutschland wieder legal politisch wirken konnte, unterstützte Engels Karl Kautsky (1854–1938) und August Bebel (1840–1913) bei der Arbeit am Erfurter Programm der Partei. Friedrich Engels starb 1895 in London an Kehlkopfkrebs.

WUPPERTALER SCHWEBEBAHN
Wo ein Elefant in die Wupper sprang

GESCHICHTE

Die enge Tallage mit der Wupper stellte die Städte im heutigen Wuppertal vor eine große verkehrstechnische Herausforderung. Als in den 1880er-Jahren der Kölner Ingenieur Eugen Langen, der auch an der Entwicklung des Ottomotors in Köln beteiligt war, sein Modell einer hängenden Bahn vorstellte, erhielt er 1894 den Zuschlag der Städte Barmen und Elberfeld. Die Strecke war zunächst von Oberbarmen-Rittershausen bis zum Zoo geplant, aber als sich ein Jahr später die Gemeinde Vohwinkel anschloss, wurde die Strecke bis dorthin verlängert. Nachdem 1896 die Bezirksregierung den Bau der Anlage erlaubt hatte, konnte am 5. Dezember 1898 die erste Probefahrt erfolgen. Am 24. Oktober 1900 ließ es sich Kaiser Wilhelm II. nicht nehmen, im Kaiserwagen mit großem Gefolge von Döppersberg bis Vohwinkel zu fahren. Die Bewältigung der anspruchsvollen Trassenführung galt als Meisterleistung der Ingenieurskunst, wurde zugleich aber auch als „wahnsinniges Unterfangen" und „sündige Eitelkeit" kritisiert.

Offiziell nahm die Schwebebahn ihren Betrieb am 1. März 1901 auf. Schnell avancierte sie zu dem Wuppertaler Verkehrsmittel schlechthin, bereits 1925 waren 20 Millionen Menschen mit ihr gefahren. Trotz schwerer Kriegsschäden konnte 1946 der Rundverkehr wieder aufgenommen werden.

Weltweite Aufmerksamkeit fand die Schwebebahn durch eine missglückte Werbeveranstaltung. Der in Wuppertal gastierende Zirkus Althoff ließ am 21. Juli 1950 den jungen Elefanten Tuffi zwischen den Stationen Rathausbrücke und Adlerbahn mit der Schwebebahn fahren. Das Tier wurde nervös, durchbrach in Panik die Wand der Schwebebahn und stürzte in die Wupper. Entgegen den Behauptungen einiger Journalisten an Bord blieb das Tier unverletzt. Das Bild eines Elefanten an der Hauswand markiert heute die Unglücksstelle. Während fast jeder Schwebebahnfahrer anschließend behauptete, als Fahrer dabei gewesen zu sein, übernahm ein Wuppertaler Milchproduzent den Namen „Tuffi" als Markenzeichen. Die heute kursierenden Fotos des stürzenden Elefanten sind alle Fotomontagen, niemand hat den Sturz fotografiert.

Der folgenschwerste Unfall ereignete sich am 12. April 1999. Nach Gerüstarbeiten war ein Metallstück auf der Fahrschiene liegen geblieben. Der darauf auffahrende Zug stürzte in die Wupper. Fünf Menschen kamen uns Leben, 47 wurden verletzt. Intensive und jahrelange Modernisierungsarbeiten wurden 2014 abgeschlossen.

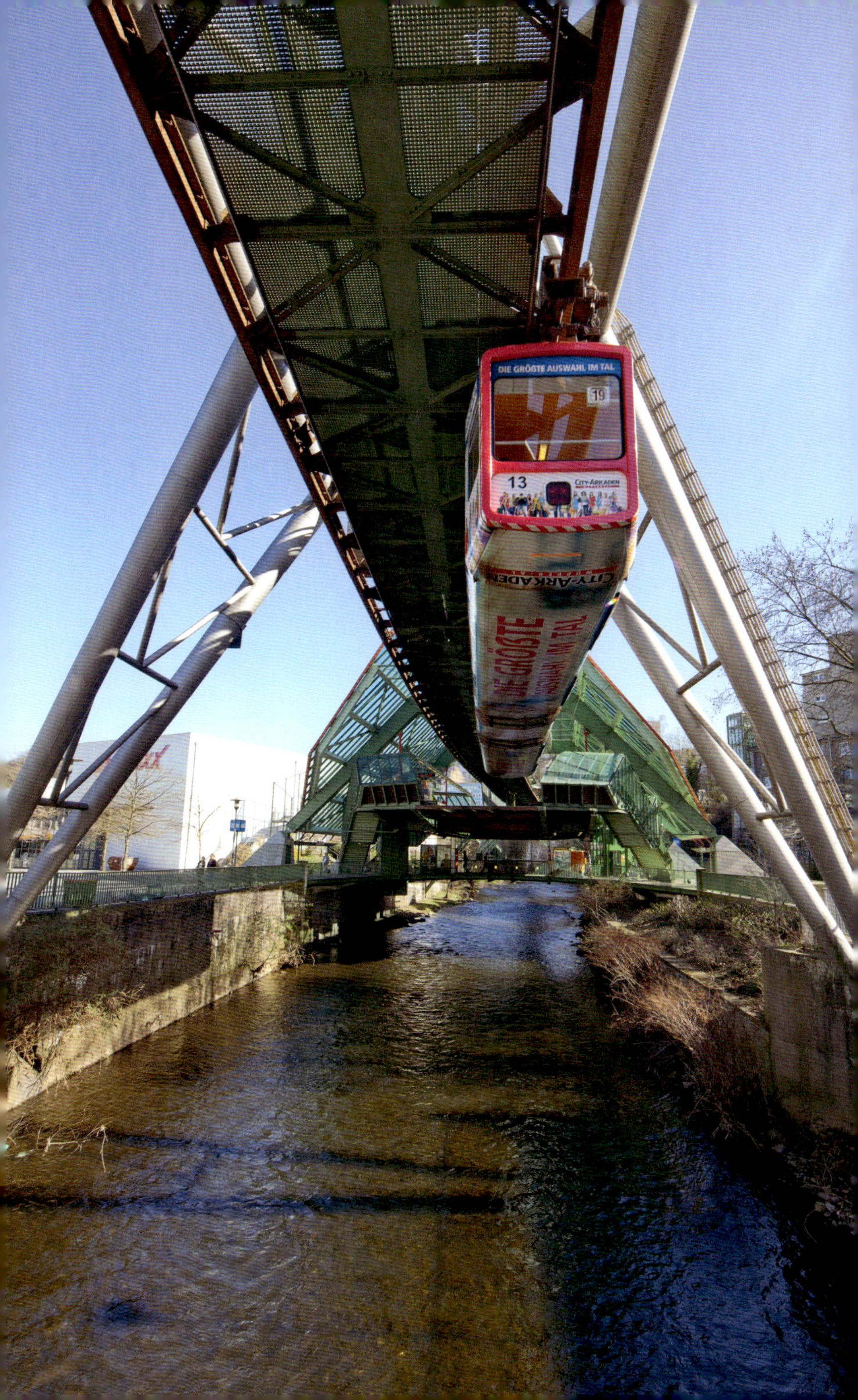
DIE GRÖSSTE AUSWAHL IM TAL
19
13
CITY-ARKADEN

ANLAGE

Offiziell handelt es sich nicht um eine Schwebebahn, sondern um eine „einschienige Hängebahn System Eugen Langen". Langen selbst führte die eigentlich falsche Bezeichnung ein: „Ein System der hängenden Wagen. Ich habe das Ding ‚Schwebebahn' getauft." Die Techniker verstehen unter einer Schwebebahn streng genommen ein Verkehrsmittel, das berührungslos verkehrt, wie die Magnetschwebebahn.

Der Bau der Strecke in Wuppertal war in vielerlei Hinsicht schwierig. Neben dem komplizierten Streckenverlauf durch das Tal mit Steigungen musste die Hochwassergefahr des Flusses ebenso berücksichtigt werden wie das Auspendeln der Wagen. Auch die Stromversorgung und städtebauliche Aspekte spielten eine Rolle. Die Tragewerke der Schwebebahn konstruierte Anton von Rieppel, der auch für den Bau der Müngstener Brücke verantwortlich war (siehe Müngstener Brücke, S. 114). Die Stützen stehen in der Regel in Abständen von 24, 27, 30 oder 33 Metern. Die Bahn fährt auf einem Einschienensystem, weshalb Kehren wie in Rittershausen notwendig sind. Hier werden die Züge auch über Nacht eingestellt. Die Streckenlänge beträgt 13 Kilometer, die Gleislänge hingegen 28 Kilometer. Auf 10 Kilometern folgt die Trasse in 12 Meter Höhe der Wupper, ab Station Zoo bis Vohwinkel über Land, wobei sie in 8 Meter Höhe zwischen den Häusern hindurchfährt. Dabei bedient sie 20 Haltestellen, die zum Teil, wie die Kehre Rittershausen, frei über der Wupper schweben. Die Bahnhöfe sind in der Regel 13 Meter breit und 23 Meter lang. Während Stationen wie Werther Brücke, Völklinger Straße und Landgericht ihr historisches Äußeres erhalten haben, fallen andere wie Alter Markt, Kluse oder Ohligsmühle durch ihre moderne Architektur auf.

Heutige Nutzung

Die Schwebebahn ist noch immer das Verkehrsmittel schlechthin in Wuppertal. Pro Jahr sind bis zu 24 Millionen Fahrgäste bei dem schaukelnden Erlebnis über dem Wasser dabei. An Werktagen sind es täglich bis zu 82.000 Menschen. Die Schwebebahn ist zugleich Touristenattraktion wie auch tägliches Grundbedürfnis.

10

ADRESSE
Schwebebahnkehre Rittershausen
Höfen, Berliner Platz
42277 Wuppertal
Gelände jederzeit frei zugänglich

ANFAHRT PKW
A 46, AS 35 Wuppertal-Barmen
in Richtung Barmen über Carnaper
Straße, Steinweg, links über Höhne
auf Berliner Straße; Parkplätze am
P + R Rittershausen
(GPS 51.274714, 7.222929)

ANFAHRT ÖPNV
Mit S-Bahn S 8 bis
Wuppertal-Oberbarmen (S)

ESSEN + TRINKEN
Färberei
integratives Café eines
Sozialprojektes in einer alten Färberei
Peter-Hansen-Platz 1
42277 Wuppertal
Tel. (02 02) 6 67 94 02
Mo.–Do. 12–21,
Fr. 12–22, Sa. 14–19 Uhr,
Änderungen bei Veranstaltungen
möglich
www.faerberei-wuppertal.de

Außerdem sehenswert
1 Heckinghauser Brücke
2 Bandwebermuseum Kafka

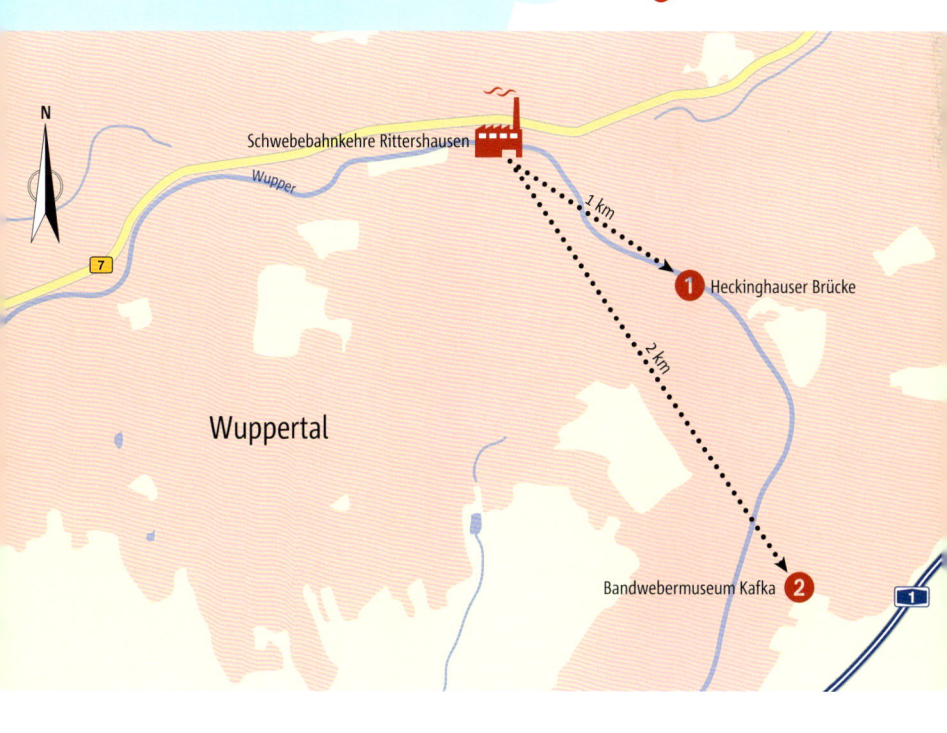

Wo ein Elefant in die Wupper sprang

Außerdem sehenswert:

❶ HECKINGHAUSER BRÜCKE
1 km von der Schwebebahnkehre Rittershausen

Diese unscheinbare Brücke gilt nicht nur als die **älteste erhaltene steinerne Brücke über die Wupper,** sie ist auch wirtschaftshistorisch von einiger Bedeutung. Eine Brücke an dieser Stelle dürfte es bereits im 16. Jahrhundert gegeben haben. Anfang des 18. Jahrhunderts sollte dann eine Steinbrucke zur Verbesserung des Warenverkehrs angelegt werden. Hier grenzten die zu Preußen gehörende **Grafschaft Mark** und das zur Pfalz gehörende **Herzogtum Berg** aneinander. Finanziert wurde der Bau durch ansässige Familien, die dafür einen Brückenzoll erheben durften. Daher gab es ursprünglich auch ein Zollhaus an der Brücke.

Mit der beginnenden Industrialisierung nahm die Bedeutung der **1775 fertiggestellten Brücke** zu. Im frühen 19. Jahrhundert passierten sie täglich mehrere Tausend Pferdefuhrwerke Richtung Solingen und Remscheid. Sie transportierten über die Kohlestraße Kohle aus der Mark ins Bergische. Mit der Eisenbahn und dem Straßenausbau verlor die Brücke letztendlich an Bedeutung. Die ursprünglich mörtellos errichtete dreibogige Brücke aus Grauwacke wurde in den 1960er-Jahren saniert und für den Autoverkehr gesperrt. Heute ist sie ein Idyll in der Großstadt. Nicht weit entfernt auf der Heckinghauser Straße 162 befand sich das Stammhaus der Bayer AG.

Technik + Architektur
Heckinghauser Brücke
Heckinghauser Straße 252
42277 Wuppertal; frei zugänglich

❷ BANDWEBERMUSEUM KAFKA
2 km von der Schwebebahnkehre Rittershausen

Die Textilproduktion im Wuppertaler Raum hat Tradition. 1898 gründete Bernhard Mardey eine Mietfabrik, in der sich Bandweber einmieten konnten. Sie produzierten Etikette und einfache Bänder. Ende der 1980er-Jahre ging es wirtschaftlich bergab, bis 1991 Frauke Kafka die Führung übernahm, neue Wege ging und so den Erhalt des Unternehmens erreichen konnte.

Die Fabrik pflegt bewusst ihren musealen Charakter. 25 Jacquard-Webstühle, die auf eine Erfindung aus dem Jahr 1806 zurückgehen, können hier noch im Einsatz besichtigt werden. Die Mitarbeiter erläutern deren Konstruktion und Funktionsweise. Die Webstühle werden über Lochkarten gesteuert. Bis zu 850 Lochkarten sind für ein Motiv nötig. Sie werden in einer besonderen Maschine hergestellt, dem Kartenschläger. Die Karten werden dann zu einem Endlosband zusammengenäht und auf dem Webstuhl installiert. Die so hergestellten Bänder können vor Ort im Shop erstanden werden.

Info
Bandweberei und Museum Kafka
Öhder Straße 47, 42289 Wuppertal
Tel. (02 02) 60 27 44, Mi. 14–17 Uhr
2. und 4. Sa. im Monat 10–16 Uhr und auf Anfrage
www.baenderei-kafka.de

EXTRA

DIE WUPPER
Der Fluss des Bergischen Landes

Auch wenn viele Flüsse und Wasserläufe wie die Düssel, die Anger oder die Agger durch das Bergische Land fließen, steht kein Fluss so synonym für das Bergische und seine Industrie wie die Wupper. Sie entspringt bei Marienheide an der Grenze zu Meinerzhagen und hat nicht wie beispielsweise die Ahr eine spezifische Quelle, sondern speist sich aus einem Feuchthochmoor mit 37 Quellen. Bei Börlinghausen gibt es zwar eine „offizielle" Wupperquelle, die mit einem entsprechend beschrifteten Stein markiert ist, nur wird diese „Quelle" von einem künstlichen Kanal des Baches gespeist und liegt hinter den eigentlichen Quellen.

Hier an seinem Oberlauf trägt der Fluss noch den Namen Wipper. So heißen die Orte in diesem Bereich auch Klaswipper, Holzwipper oder Böswipper. Erst hinter Wipperfürth spricht man von der Wupper. Sie fließt dann in einem weiten Bogen über Hückeswagen, Radevormwald, Wuppertal, Remscheid, Solingen und Leichlingen bis Leverkusen, wo sie in den Rhein mündet. Bei Hückeswagen ändert sich das Bild des Flusses, der hier erstmals gestaut wird. Richtung Radevormwald und Dahlerau wird im engen Tal mit den ehemaligen Tuchfabriken das industriekulturelle Erbe erstmals massiv sichtbar (siehe Wülfing-Museum, S. 90).

Bei Beyenburg erreicht die Wupper nach 50 Kilometern die Stadt Wuppertal, die als Zusammenschluss der ehemals selbstständigen Städte Elberfeld, Barmen, Vohwinkel, Ronsdorf und Cronenberg nach einer Bürgerbefragung 1930 ihren neuen Namen bekam. Wuppertal wird auf 32 Kilometer Länge von der Wupper durchflossen. Dabei ist der Fluss manchmal, wie im innerstädtischen Bereich bei Elberfeld und Barmen, in ein kanalartiges Bett mit Industrieanlagen rechts und links des Ufers eingepfercht, während er in anderen Gegenden naturnah fließen kann. Ein besonderes Erlebnis ist es, der Wupper auf 10 Kilometern mit der Schwebebahn zu folgen (siehe Wuppertaler Schwebebahn, S. 174). Nach Wuppertal-Buchhofen bildet der Fluss die Solinger Stadtgrenze und erreicht den Müngstener Brückenpark. Große Fabrikanlagen sieht man hier am Wasser weniger. Die Spuren der Industrialisierung sind dennoch gegenwärtig. Neben der Müngstener Brücke (siehe Müngstener Brücke, S. 114) als höchster deutscher Eisenbahnbrücke prägen vor allem die vielen Kotten, in denen früher das Wupperwasser zur Energiegewinnung für Schleifräder genutzt wurde, die Landschaft (siehe Balkhauser Kotten, S. 118, und Wipperkotten, S. 119).

An der Stadtgrenze zwischen Solingen und Leichlingen weitet sich zwischen Unterrüden und Leysiefen das enge Tal. Die Hänge treten langsam zurück und machen Platz für eine Reihe von Adelssitzen wie Nesselrath, Zoppesmur, Schloss Eicherhof oder Haus Vorst. Mitten in Leichlingen öffnete der Stadtplaner Prof. Niklaus Fritschl an der Postwiese die Stadt zur Wupper hin mit einer Grünanlage und einer beliebten Ufertreppe. In Opladen, wo bereits im 14. Jahrhundert eine Brücke über den Fluss existierte, lädt die Himmelsleiter mit 88 Stufen ein, vom Aussichtspunkt Kastanienhügel an der alten Fabrikentenvilla Römer zur Wupper hinabzusteigen.

Bei Leverkusen mündet die Wupper in den Rhein, allerdings nicht mehr in ihrem alten Bett. Der Ausbau der Autobahn A 59 und die Entstehung einer großen Deponie bei Leverkusen in den 1960er-Jahren machten eine Verlegung der Mündung erforderlich. Nun gibt es eine aktuelle, von der Wupper gespeiste Mündung und eine historische Mündung, die nur bei entsprechend hohem Wasserstand vom Rhein gefüllt wird. Hier liegt auch die Schiffsbrücke (siehe Schiffsbrücke alte Wuppermündung, S. 146).

Auf dem Weg zwischen Quelle und Mündung legt die Wupper 116,5 Kilometer zurück und überwindet dabei einen Höhenunterschied von 407 Metern. Ihr Einzugsbereich umfasst 813 Quadratkilometer mit 2300 Kilometern Fließgewässer. Das Flusssystem, zu dem als längster Nebenfluss die Dhünn gehört, trägt wesentlich zur Trinkwasserversorgung, der Wasserstandregulierung und Stromgewinnung der Region bei. Zu den vier von der Wupper direkt gespeisten Stauseen wie der Wuppertalsperre zwischen Remscheid, Radevormwald und Hückeswagen (siehe Wuppertalsperre, S. 95) kommen 15 weitere Talsperren anderer Flüsse.

Für die **Wirtschaft** der Region spielte die Wupper schon früh eine wichtige Rolle und war gleichzeitig ein Problem. Sie lieferte gerade in der Frühzeit der Industrialisierung die **Antriebsenergie für Wasserräder** oder stellte das benötigte **Wasser für Färbereien.** Ein Problem war sie insofern, als sie nie schiffbar und damit für den Warentransport ungeeignet war – auch wenn sich immer noch die Legende hält, Opladen habe seinen Namen vom Aufladen auf Schiffe bekommen. Mit ihren Tälern erschwerte sie direkte Wegverbindungen. Über 200 Brücken queren den Fluss, davon allein 90 in Wuppertal selbst.

Der hohe Industrialisierungsgrad hatte auch seine negativen Folgen. Noch bis in die 1970er-Jahre galt die Wupper als stark verschmutzter Fluss (siehe Umweltprobleme und Umweltschutz, S. 34), sie war praktisch tot. Kläranlagen und höhere Umweltstandards haben entscheidende Verbesserungen bewirkt, inzwischen sind sogar Lachse in der Wupper heimisch. Der Fluss ist zu einem wichtigen **Naherholungsfaktor** geworden. Kanutouren auf der Wupper sind ebenso beliebt wie Radwanderungen an ihren Ufern. Ein Radweg von der Quelle bis zur Mündung ist in Planung. Stand die Wupper früher für Arbeit und Schmutz, ist sie heute entlang ihres ganzen Laufes ein lohnendes Freizeitziel.

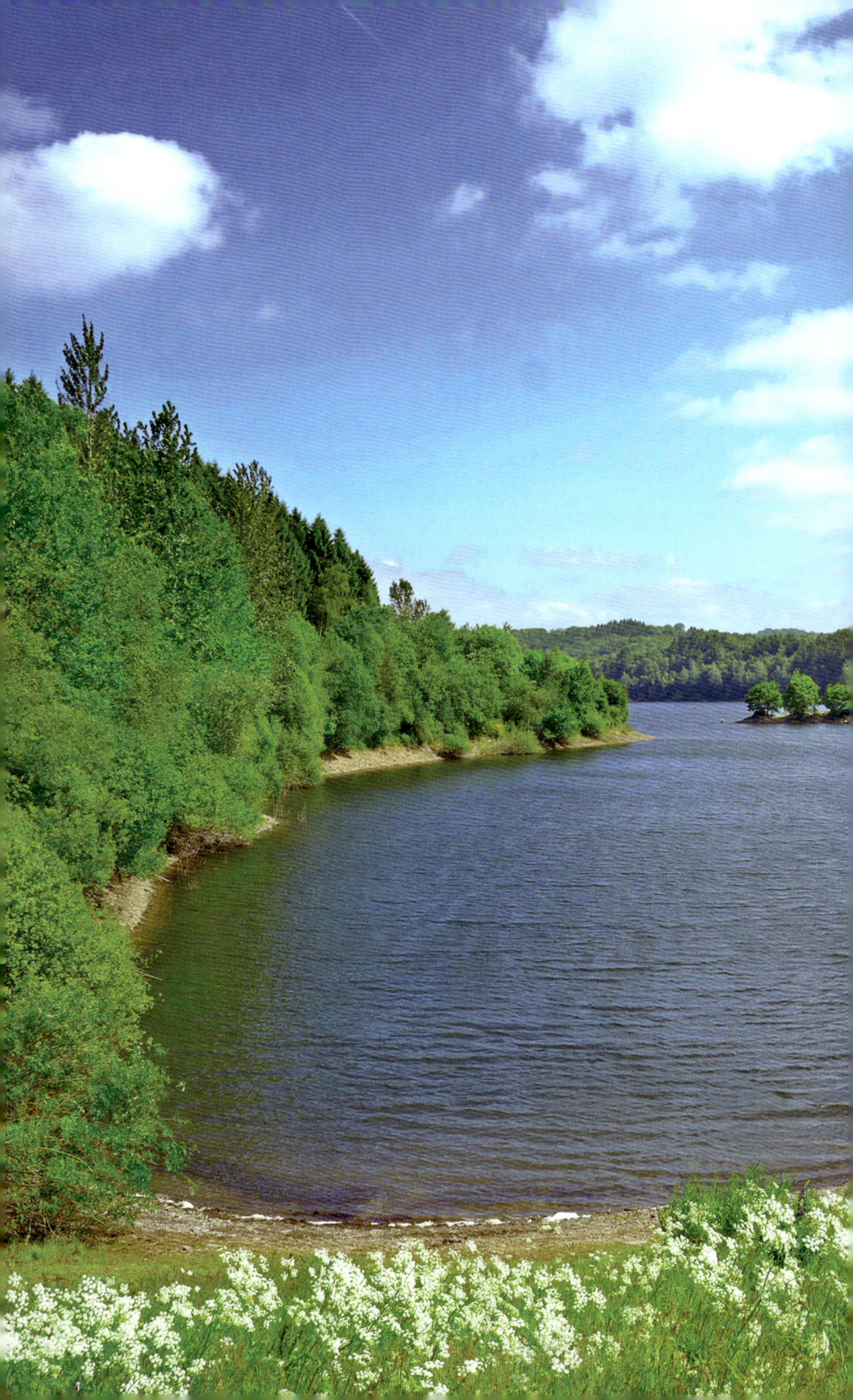

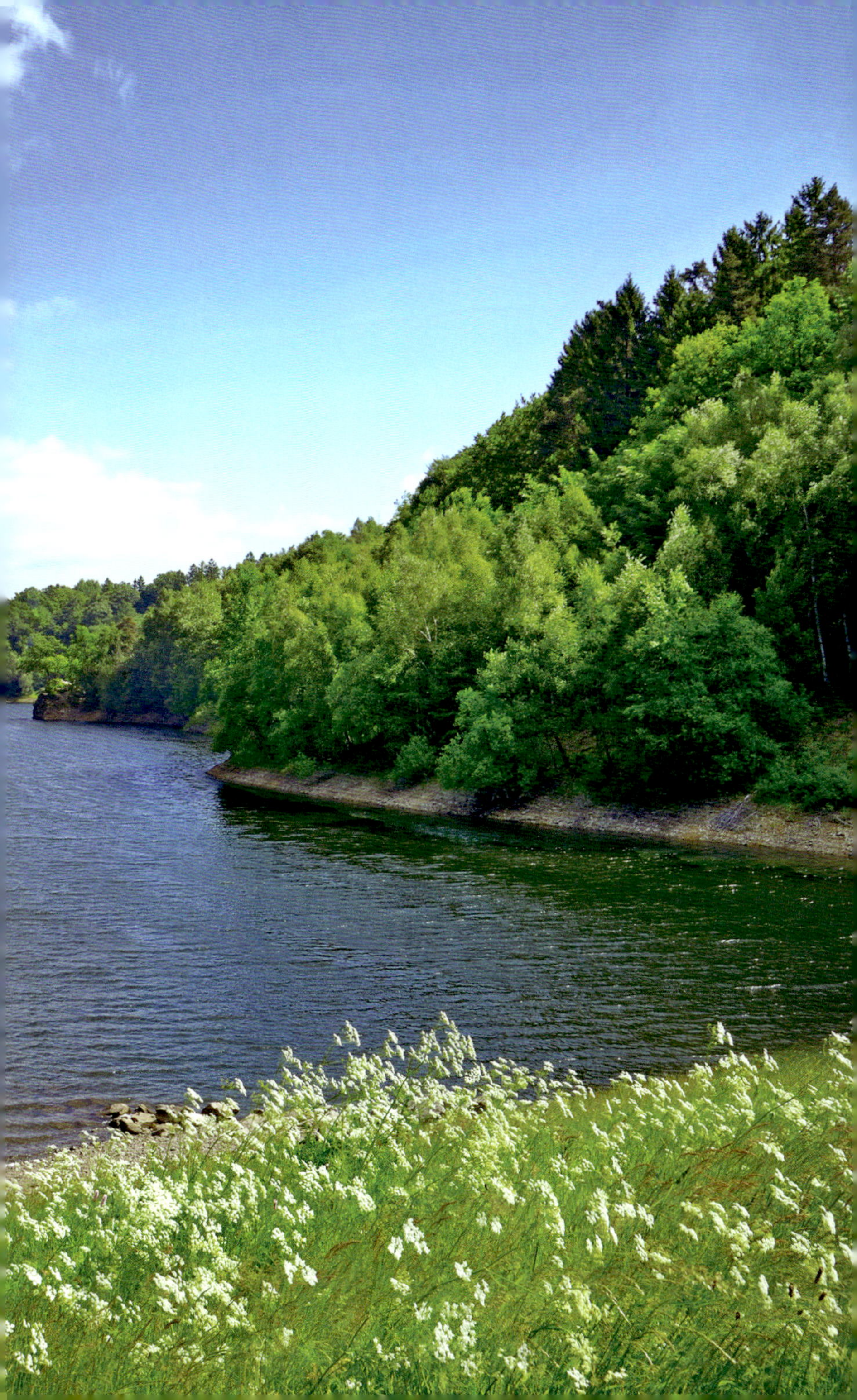

BERGISCHE MUSEUMSBAHNEN – STRASSENBAHNMUSEUM
Was von Straßenbahnen übrig blieb

GESCHICHTE
Um schnell auch weiter entfernte Arbeitsplätze zu erreichen, spielte in den Zeiten vor der allgemeinen Motorisierung die Straßenbahn eine zentrale Rolle. So auch im Bergischen Land. Remscheid nahm schon 1893 eine „Elektrische", wie die Straßenbahn auch genannt wurde, in Betrieb. Sie gilt als zweitälteste in Westdeutschland.

Straßenbahnen verbanden die Städte und ihre teils abseits gelegenen Vororte auf kurzen Strecken miteinander. So auch Kohlfurth, das heute an der unmittelbaren Grenze zwischen Solingen und Wuppertal liegt. Über die Kohlenfurther Brücke im Ort führte ab 1914 eine Straßenbahn mit einer Spurweite von 1 Meter von Cronenberg aus kommend nach Solingen. Sie war Teil des Straßenbahnnetzes um Wuppertal herum, das einst mit über 300 Kilometern das viertlängste Deutschlands darstellte, und verband Solingen mit Wuppertal. In Solingen selbst verkehrten Straßenbahnen schon seit 1896. Es wurden nicht nur Strecken innerhalb der Stadt bedient, sondern auch die angrenzenden Gemeinden. Das Netz umfasste knapp 39 Kilometer. Die Solinger Stadtwerke stellten auf ihrem Netz den Verkehr 1959 ein. Sie setzten auf Oberleitungsbusse, die heute das Bild des Nahverkehrs in der Stadt prägen. Die Straßenbahn über Kohlfurth, die von den Stadtwerken Wuppertal unterhalten wurde, hielt bis 1969 durch. Bei ihrer Einstellung war sie die letzte Straßenbahnlinie, die noch in Solingen verkehrte. In Wuppertal selbst fuhr die letzte Straßenbahn 1987.

ANLAGE
Die ursprüngliche Straßenbahntrasse zwischen Solingen und Cronenberg lag nach der Stilllegung zunächst offen und verfiel. Bereits im gleichen Jahr gründete sich der Verein „Bergische Museumsbahnen e. V." (BSM). Er hat es sich zur Aufgabe gemacht, an dieses fast vergessene Kapitel bergischer Verkehrsgeschichte zu erinnern und sie erlebbar zu machen. Dazu baute der Verein über die Jahrzehnte einen großen Fuhrpark unterschiedlicher Straßenbahntypen auf. 1973 übernahm er dann ein 3,2 Kilometer langes Streckenstück zwischen Kohlfurth und Cronenburg und sanierte es in den Folgejahren. Neue Schienen mussten gelegt und die Oberleitung wiederhergestellt werden. Für die Stromversorgung errichtete der Verein 1989 die Gleichrichterstation „Am Schütt". Als Betriebshof wählte man ein Gelände nahe der Kohlfurther Brücke. So entstand in Eigenregie eine Werkstatt-, Abstell- und Ausstellungshalle, die 1989 im Rohbau fertig wurde. 2006 wurde sie endgültig fertiggestellt. Der Fuhrpark umfasst ca. 30 Fahrzeuge.

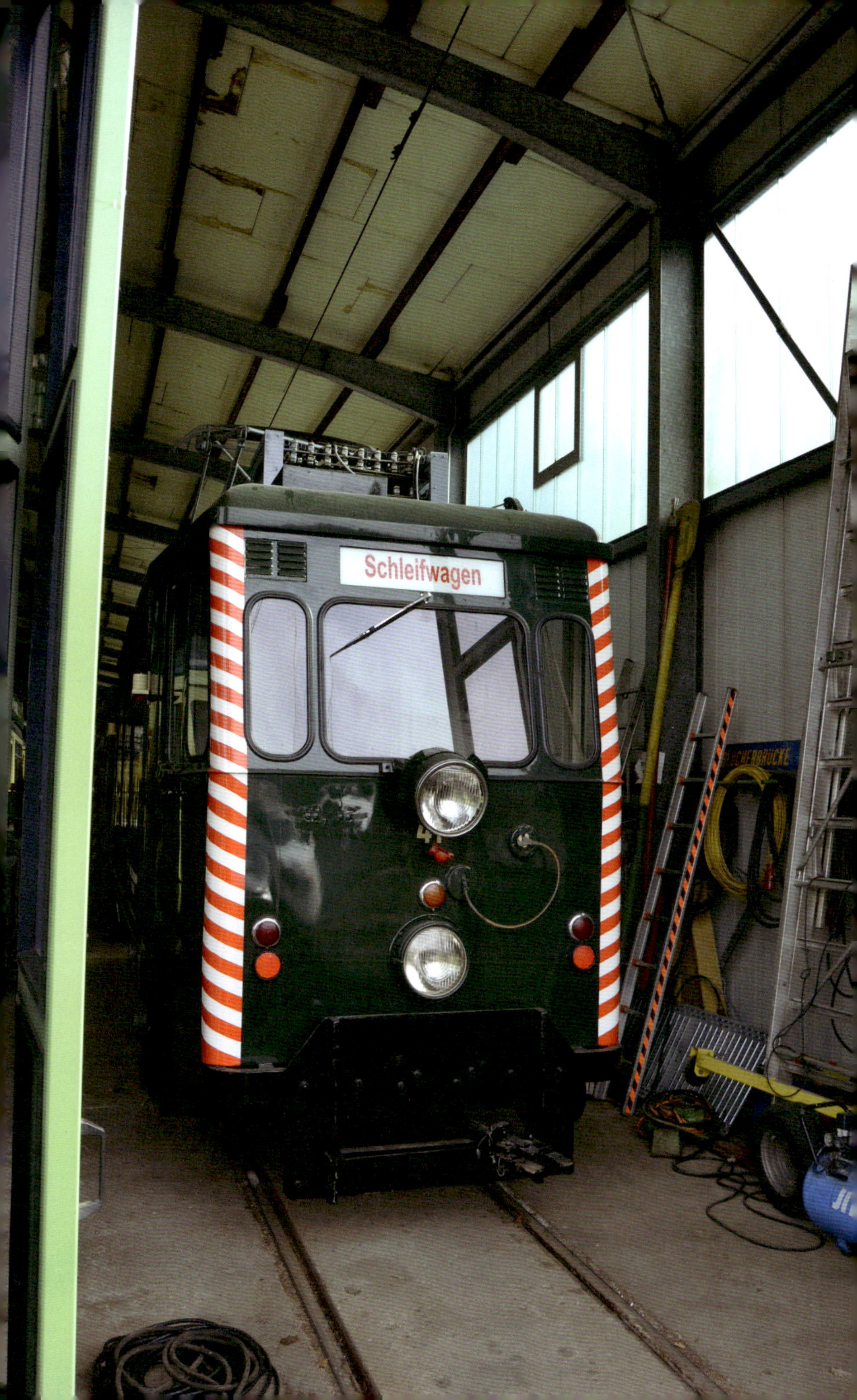
Schleifwagen

Eine Lok 601 der Stadtwerke Wuppertal

Heutige Nutzung

Von der ehemaligen Gesamtstrecke betreibt der Verein heute die Strecke zwischen Kohlfurther Brücke und Wuppertal-Greuel. Die Reaktivierung bis Möschenborn ist in Vorbereitung. Vom Depot, in dem vor der Halle auch ein zum Buchshop umgerüsteter Straßenbahnwagen steht, führt die Strecke durch das Kaltenbachtal. Mit Steigungen von bis zu 5 Prozent verläuft sie größtenteils durch Wald. Die Mitglieder des Vereins warten und reparieren den Wagenpark im Depot Kohlfurther Brücke. Die Besucher können ihnen dabei über die Schulter sehen.

ADRESSE
Bergische Museumsbahnen – Straßenbahnmuseum
Kohlfurther Brücke 57, 42349 Wuppertal-Kohlfurth, Tel. (02 02) 47 02 51
Sa. 11–17 Uhr, Mai–Okt. außerdem (mit Fahrbetrieb) 2. und 4. So. im Monat 11–17 Uhr sowie nach Vereinbarung, Eintritt frei
www.bmb-wuppertal.de

ANFAHRT PKW
A 46, AS 31 Sonnborner Kreuz auf A 535, über B 228 auf L 74 Richtung Solingen/Remscheid/Cronenberg, Am Jacobsberg folgen bis Kohlfurther Brücke (GPS 51.191101, 7.110661)

ANFAHRT ÖPNV
Mit S Bahn S 8 bis Wuppertal-Steinbeck, ab Stadthalle mit Bus CE 64 Richtung Solingen Graf-Wilhelm-Platz bis Kohlfurth

ESSEN + TRINKEN
Strandcafé
Biergarten an der Wupper
Kohlfurther Brücke 56, 42349 Wuppertal, Tel. (02 02) 47 38 65, März–Okt. Mo.–Fr. ab 14, Sa., So ab 10 Uhr
www.strandcafe.de

Außerdem sehenswert
1. Manuelskotten
2. Gelpetal

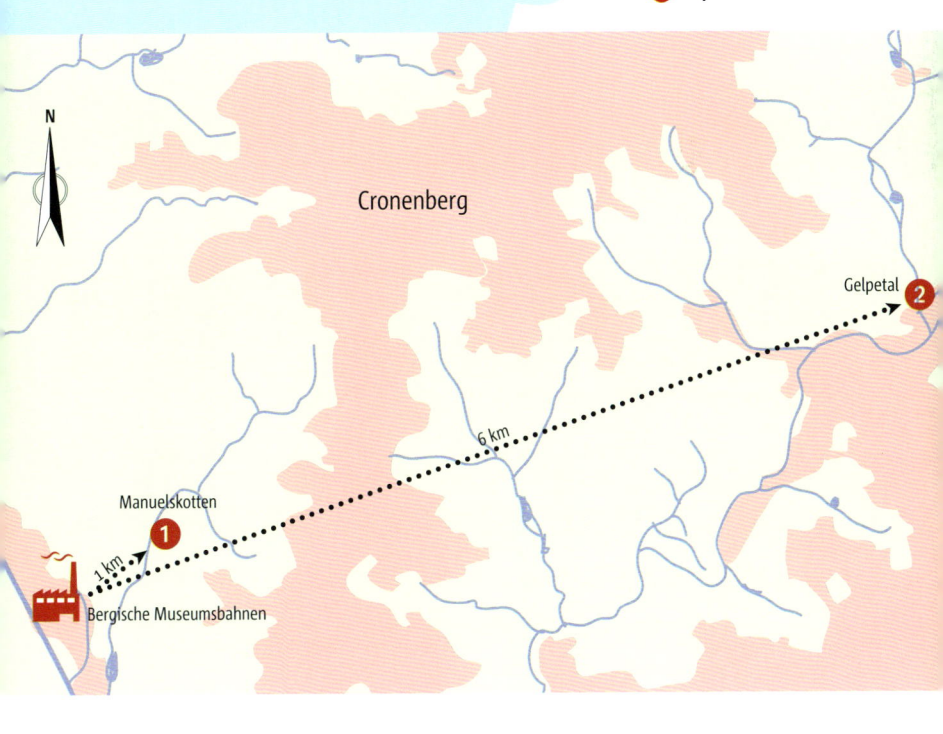

Was von Straßenbahnen übrig blieb

Außerdem sehenswert:

❶ MANUELSKOTTEN
1 km vom Straßenbahnmuseum

Von den um 1880 im Kaltenbacher Tal existierenden Betrieben, zwei Hammerwerken, einer Mühle und drei Schleifkotten, existiert heute nur noch der Manuelskotten. Seine Ursprünge liegen im 18. Jahrhundert. Nach einem Brand wurde er um wenige Meter versetzt neu aufgebaut. Benannt ist er nach seinem Besitzer Emanuel Morsbach (1837–1903). Zeitweilig arbeiteten hier 28 Nass- und Trockenschleifer. Sie waren selbstständig und mieteten ihren Arbeitsplatz stundenweise an. Diese Form der Arbeit war gerade in der Kleineisenindustrie des Bergischen noch lange verbreitet. Eine Besonderheit ist, dass im Kotten alle Antriebsarten der letzten 150 Jahre erhalten sind. Neben dem Wasserrad sind eine Dampfmaschine, ein Dieselmotor, ein Generator und ein Elektromotor zu sehen. Alle diese Anlagen sind voll funktionsfähig. Kernstück ist das 5,5 Meter messende Wasserrad auf der Rückseite des Gebäudes.

Heute ist der Manuelskotten der letzte noch in Betrieb befindliche Schleifkotten Wuppertals und zugleich Außenstelle des Historischen Zentrums Wuppertal. Der Schleifer Dirk Fromm bearbeitet im Untergeschoss für ein Remscheider Unternehmen Cuttermesser und andere Spezialmesser. So erhält der Besucher in diesem „lebenden Museum" einen authentischen Einblick in die Arbeit eines Schleifers. Im Obergeschoss informiert eine kleine Ausstellung über die Arbeitsweise und die hier hergestellten Produkte.

Lebenswelt + Arbeit
Kaltenbacher Kotten
(genannt Manuelskotten), Kaltenbacher Kotten 1, 42349 Wuppertal, Tel. (02 02) 5 14 17 60, Apr.–Okt. am 2. und 4. So. im Monat (den Fahrttagen der Bergischen Museumsbahn) 10.30–17 Uhr und auf Anfrage
www.manuelskotten.de

❷ GELPETAL
6 km vom Straßenbahnmuseum

Im Gelpetal wurde bereits im 10. Jahrhundert Erz abgebaut und verhüttet. Bevor Dampfmaschinen und Elektromotor für sichere Energiegewinnung vorhanden waren, lieferte der Gelpebach die benötigte Wasserkraft. Insgesamt 21 kleine Hämmer und Kotten sind am Lauf des Bachs bekannt, von denen aber nur der restaurierte Käshammer und der Steffenshammer erhalten sind.

Der von einem oberschlächtigen Wasserrad betriebene Steffenshammer aus dem Jahr 1746 gilt als einziger funktionstüchtiger Wasserhammer aus dem 18. Jahrhundert. Das Herzstück ist ein Schwanzhammer mit „Viergespann", wie man das hölzerne Tragegerüst des Hammers nennt. Der Förderverein Steffenshammer, Förderverein für historische Schmiedetechnik e. V., betreibt die Anlage seit 2009 und bietet Führungen und Aktionen an. Durch das Tal verläuft zudem ein Industrie-Geschichtslehrpfad, der auf Tafeln die Geschichte und Funktion der Betriebe im Gelpetal erläutert.

Info
Naherholungsgebiet zwischen Remscheid und Wuppertal, Steffenshammer
Clemenshammer 3, 42857 Remscheid
Öffnungszeiten auf Anfrage
www.steffenshammer.de

WÜLFING MUSEUM Stoffe für die Welt

GESCHICHTE

Am oberen Lauf der Wupper entstand eine Reihe von Textilfabriken, die durch die Familie Hardt eng miteinander verbunden waren. Die Tuchfabrik Peter Schürmann & Schröder (Vogelsmühle) oder die Kammgarnspinnerei Hardt, Pocorny & Co. (Hardtstraße) etwa sind baulich erhalten geblieben. Die Textilstadt Wülfing dagegen ist heute noch als Museum erlebbar. 1674 gründete Gottfried Wülfing ein Tuchunternehmen in Lennep. Ein Wappenstein am Hauptgebäude nennt noch diese Zahl. Zwischen 1816 und 1833 übernahm die Familie Wülfing die „Buschhämmer" bei Dahlerau, die nun zur Tuchfabrikation genutzt wurden. Da Johann Wülfing ohne leiblichen Sohn blieb, nahm er seinen Schwiegersohn Johann Arnold Hardt als „Sohn" in das Unternehmen auf, so kam es zu Johann Wülfing & Sohn. Als 1836 bei einem Brand die alte Anlage zerstört wurde, entstand das heutige Hauptgebäude aus Bruchstein. In den folgenden Jahrzehnten wuchs in der Nähe Dahleraus eine eigene kleine Stadt, die „Textilstadt Wülfing".

Das Unternehmen wurde zu einer Volltuchfabrik, die von der Rohwolle über Garn bis hin zum fertigen Tuch alles selbst produzierte. Bereits 1847 eröffnete Wülfing eine Handelsniederlassung in New York und war damit die erste Tuchfabrik in Deutschland, die ihre Erzeugnisse direkt in den USA absetzte. 1890 erweiterte Hardt seine Weberei durch einen Neubau mit 171 Webstühlen. Die Qualität der Stoffe war so hoch, dass sie nur für langlebige und belastbare Produkte wie Uniformen verwendet wurden. Für die schneller wechselnde Damenmode galten sie als zu langlebig.

Nachdem das Unternehmen auch die beiden Weltkriege überstanden hatte, traten ab den 1950er-Jahren erste wirtschaftliche Schwierigkeiten auf. 1963 gingen die Maschinen der stillgelegten Streichgarnspinnerei als Entwicklungshilfe nach Afghanistan. Zwar konnte 1990 mit 3,4 Millionen Metern Stoff noch der höchste Jahresausstoß aller Zeiten gefeiert werden – zu den Kunden gehörten Topmarken wie BOSS –, doch die Konkurrenz aus Billiglohnländern führte, trotz der Verlagerung der Produktion nach Osteuropa, letztendlich 1996 zum Konkurs von Wülfing.

ANLAGE

Kern der Anlage ist das Bruchsteingebäude, das auf das Jahr 1836 zurückgeht und 1872 erweitert wurde, ein Werk der Architekten Christian Schmidt und Christian Heyden (siehe Mannesmann Erfinderhalle, S. 111, und Textilfabrik Ermen & Engels,

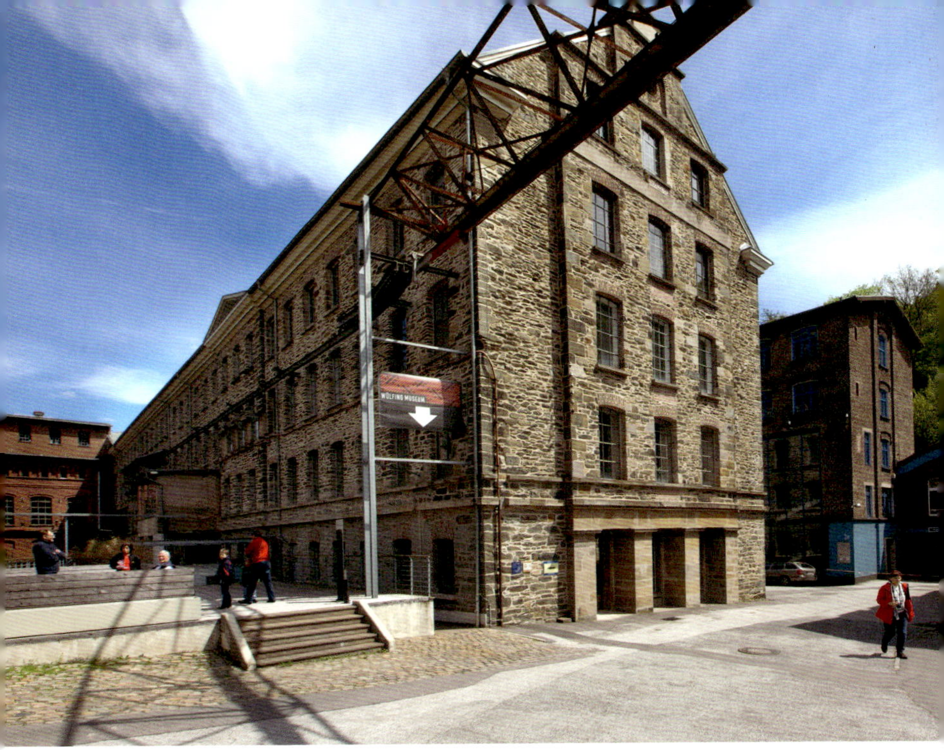
WÜLFING MUSEUM

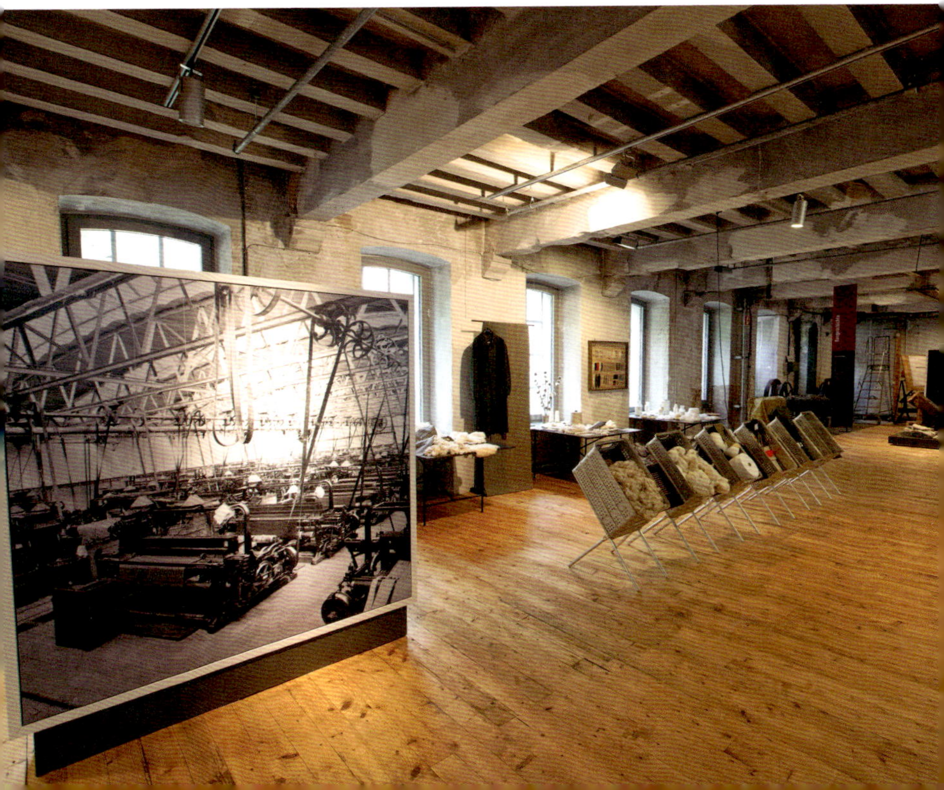

S. 178). Mit der stetig wachsenden Produktion wuchsen auch die Werksanlagen. Zwischen 1840 und 1850 entstand das „Herrenhaus in Dahlerau" als Wohnsitz der Familie Hardt. 1891 nahm Wülfing eine 500 PS starke Dampfmaschine in Betrieb, die heute noch voll funktionsfähig und ein Highlight der Ausstellung ist. Nachdem die Hauptverwaltung 1903 von Lennep an die Wupper verlegt worden war, hatte die Anlage in Dahlerau mit der neuen Streichgarnspinnerei 1907 nahezu ihre heutige Ausdehnung erreicht. Hinzu kam lediglich 1950 das neue Kesselhaus.

Zur „Textilstadt Wülfing" gehören aber auch der eigene Bahnhof, eine Poststelle, eine Konsumanstalt und die Arbeiterwohnhäuser, die für ihre Zeit mustergültig waren. Standen den Textilarbeitern in Elberfeld und Barmen im Schnitt pro Person 2 bis 3 Quadratmeter zur Verfügung, waren es in Dahlerau 9 bis 12. Zu jeder Wohnung gehörte zudem ein Garten für die Selbstversorgung. Dies war aber auch nötig, um qualifizierte Facharbeiter in das abseits gelegene Dahlerau zu locken und dort zu halten. Selbst am Bau der Kirche in Keilbeck oberhalb der Wupper nach den Plänen von Albert Schmidt war Wülfing zusammen mit den benachbarten zwei Tuchfabriken beteiligt.

Heutige Nutzung

Ein Jahr nach dem Ende der Produktion setzten sich ehemalige Mitarbeiter im Verein Johann Wülfing & Sohn e. V. für den Erhalt der Anlage ein. Das Wülfing Museum steht in engem Zusammenhang mit dem Tuchmuseum Lennep (siehe S. 102), wo die Geschichte der bergischen Textilindustrie erzählt wird. Besonderes Augenmerk richteten die Gründer auf den Erhalt der technischen Anlagen. So konnte nicht nur die Dampfmaschine von 1891 betriebsbereit gehalten werden, die zu den größten ihrer Art im Bergischen Land gehört. Das Labor zur Qualitätssicherung (Dessinatur) ist ebenfalls noch erhalten. Auch das 1922 in Betrieb genommene Laufwasserkraftwerk kann besichtigt werden. Die ehemalige Musterweberei mit zwei über 80 Jahre alten Jacquard-Webstühlen mit Lochkartensteuerung produziert heute Tuche für den Museumsshop. Abgesehen vom Museum mit einem kleinen Café haben sich auf dem ehemaligen Firmenareal verschiedene kleine Gewerbe niedergelassen, darunter eine Spinnerei für Spezialtextilien. Das Museum liegt an der Route des Bergischen Rings, der mit historischen Wagen industriekulturelle Orte im Bergischen Land anfährt.

ADRESSE
Wülfing Museum
Am Graben 4, 42477 Radevormwald
Tel. (01 73) 5 89 15 98
So. 11–17 Uhr und nach Absprache
Erw. 4 €, Kinder 3 €
www.wuelfing-museum.de

ANFAHRT PKW
A 1, AS 95b Remscheid,
links auf B 229 bis Ortseingang
Radevormwald, 1. Ampel links Richtung
Beyenburg, auf der L 414 bis Ortsteil
Dahlerau, links in Wülfingstraße
(GPS 51.220846, 7.316047)

ANFAHRT ÖPNV
Von Wuppertal-Oberbarmen Bf.
mit Bus 626 Richtung Radevormwald
bis Haltestelle Dahlerau Bahnhof

ESSEN + TRINKEN
Landhaus Önkfeld
Önkfeld 6, 42477 Radevormwald
Tel. (0 21 95) 75 78
Mo. 11.30–15,
Mi., Do. 11.30–15 und 18–1,
Fr., Sa. 11.30–1, So. 11–1 Uhr
www.oenkfeld.de

Außerdem sehenswert
❶ Bahnhof Dahlerau
❷ Wuppertalsperre

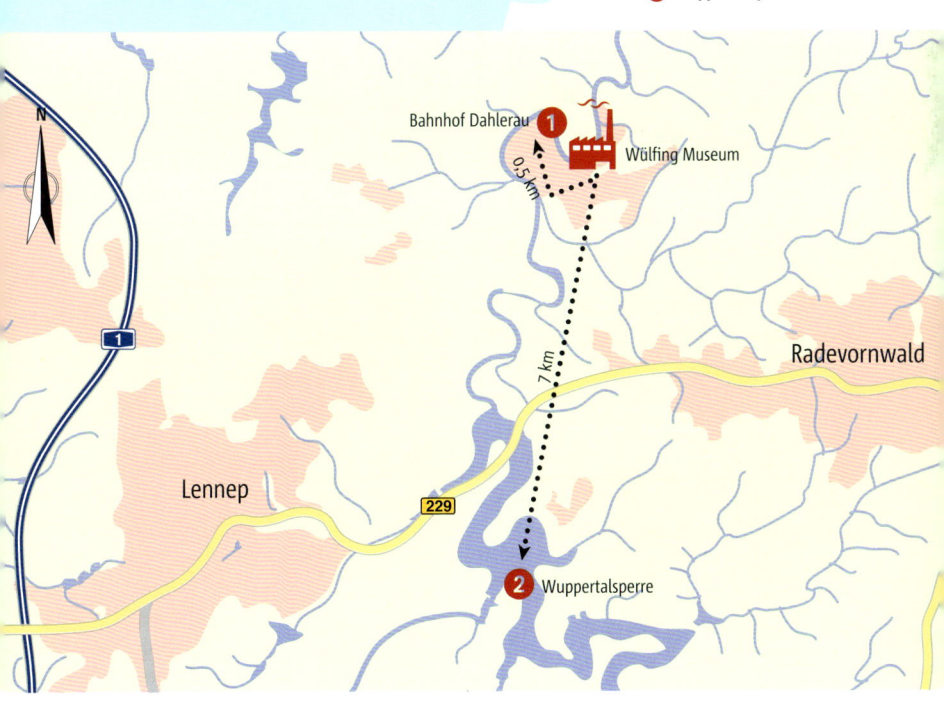

Stoffe für die Welt

Außerdem sehenswert:

❶ BAHNHOF DAHLERAU
0,5 km vom Wülfing Museum

Zwischen 1885 und 1889 entstand eine Eisenbahnstrecke von Wuppertal-Beyenburg über Radevormwald und Dahlerau nach Krebsöge und Brügge. Aufgrund des Charakters dieser Landschaft war ihr Bau eine anspruchsvolle Aufgabe, eine Reihe von Brücken und Tunneln musste realisiert werden. Der Eisenbahnbau förderte die Textilindustrie im oberen Wuppertal maßgeblich. Alle Tuchfabriken im Tal verfügten dadurch über eigene Bahnanschlüsse.

Nach dem Zweiten Weltkrieg verlor die Strecke zusehends an Bedeutung. 1953 endete der Verkehr zwischen Lennep und Krebsöge. Der Bau der L 414 im Jahr 1967 und der Durchbruch des Autos als Massenverkehrsmittel machten den Betrieb zunehmend unrentabel. 1979 wurde der Betrieb auf der Gesamtstrecke eingestellt. Zuvor war es 1971 zu einem der schwersten Eisenbahnunglücke der Bundesrepublik gekommen, als ein mit Schülern besetzter Zug bei Dahlerau mit einem Güterzug zusammenstieß. 46 Menschen kamen zu Tode, darunter 41 Schüler.

Seit 1994 besitzt der Verein Wupperschiene die 8,5 Kilometer lange Strecke zwischen Beyenburg und Radevormwald-Wilhelmsthal. Der Verein hat sich zur Aufgabe gemacht, die Strecke zu erhalten und sie mit historischen Zügen touristisch zu beleben. Unterstützt wird er dabei seit 2005 durch den Verein Wuppertrail e. V., der auf der Strecke Draisinenfahrten anbietet.

Technik + Architektur
Bahnhof Dahlerau
Bahnhof Dahlerau 3, Radevormwald 42477, Gebäude in Privatbesitz
Wupperschiene e. V, Bergische Bahnen Förderverein Wupperschiene e. V.
Postfach 13 22 35, 42049 Wuppertal, Tel. (01 76) 29 39 79 27
Draisinenfahrten: Wuppertrail e. V., Bahnhof Dahlhausen
42477 Radevormwald, Tel. (01 76) 47 54 60 82
www.wuppertrail.de

❷ WUPPERTALSPERRE
7 km vom Wülfing Museum

Die 1989 in Betrieb genommene Wuppertalsperre bei Radevormwald erfüllt neben der Aufgabe der Stromgewinnung auch die der Wasserregulierung. Der See mit einer Fläche von 225 Hektar und einem Speichervolumen von 25,9 Millionen Kubikmetern erzeugt 2,4 Megawatt Strom. Dem großen See und seinen fünf Vorsperren ist eine Reihe von industriekulturellen Anlagen zum Opfer gefallen. So ist mit dem größten Teil der Ortschaft Krähwinklerbrücke auch die Brücke selbst, die als älteste Steinbrücke an der Wupper gilt, im See versunken, ebenso wie zum Beispiel die Stahlwerke Enneper und Urbach & Co., die Carolinegrube oder das Viadukt der Eisenbahnlinie Beyenburg–Brügge.

Rund um den Stausee bieten sich zahlreiche Freizeitmöglichkeiten wie etwa das Ausleihen von Booten, aber auch Tauchmöglichkeiten zu den genannten Relikten.

Info
Freizeitanlage Kräwinklerbrücke
Kräwinklerbrücke 1, 42897 Remscheid
Tel. (0 21 91) 9 33 06 71, mobil (01 60) 90 13 38 09
www.freizeitpark-kraewi.de

EXTRA

STRUKTURWANDEL IM BERGISCHEN
Vom Ende der alten Industrie zur Entdeckung der Industriekultur

Wird von Strukturwandel gesprochen, tauchen schnell Bilder von Werksschließungen und verrotteten Fabrikanlagen vor dem geistigen Auge auf. Diese Sicht der Dinge besitzt auch für das Bergische Land ihre Berechtigung, doch hat der Strukturwandel in der Region seit der Nachkriegszeit noch ganz andere Aspekte.

Schon die Industrialisierung an sich war ein erheblicher Strukturwandel, der die Lebenssituation der Menschen nachhaltig veränderte. Aus Dörfern wurden Industrieorte, an die Stelle kleiner Werkstätten traten Fabrikanlagen. Die Eisenbahn zerschnitt die Landschaft und sorgte zusammen mit der Stechuhr für eine neue Wahrnehmung von Zeit, um nur einige wenige Gesichtspunkte zu benennen.

Nach dem Zweiten Weltkrieg war das Bergische Land wirtschaftlich geteilt. Neben den industriellen Zentren wie dem Städtedreieck Wuppertal, Solingen und Remscheid gab es, im südlichen Bergischen Land, noch weitgehend landwirtschaftlich geprägte Gegenden. Vonseiten der Politik galt dies als Zeichen von Armut und Rückständigkeit, das man mit einer Industrialisierungspolitik beantwortete. Zwischen 1950 und 1970 ging die Zahl der in der Landwirtschaft als Haupterwerb beschäftigten Menschen von 60.000 auf 23.000 zurück. 1970 konnte die Politik stolz vermelden, dass nun im südlichen Bergischen Land die Zahl der industriellen Arbeitsplätze fast genauso hoch wie in Wuppertal oder Remscheid war. Aber auch die verbliebene Landwirtschaft hatte sich massiv verändert, Maschinen spielten eine immer größere Rolle. Gab es 1950 im Oberbergischen Kreis erst 70 Traktoren, stieg ihre Zahl innerhalb von 12 Jahren auf 1500 Stück.

Das sogenannte Wirtschaftswunder erfasste auch das Bergische Land. Der Nachholbedarf war groß und die Rahmenbedingungen somit optimal. Obwohl die Bevölkerung zunahm, herrschte ab Mitte der 1950er-Jahre Vollbeschäftigung. Dazu trug erheblich die Industrie bei. Zum größten Arbeitgeber des Bergischen Landes wurde Bayer. Jeder 17. Arbeitnehmer arbeitete entweder in Leverkusen oder im Bayer-Stammwerk in Wuppertal. In Leverkusen selbst waren sogar zwei Drittel direkt bei Bayer beschäftigt. Der Wohlstand nahm in einem nicht gekannten Ausmaß zu. Die Kommunen investierten in Infrastruktur, Schwimmbäder, Theater, Stadthallen und Museen. Viele Orte wurden, nicht immer ganz glücklich, saniert. So entstand in Leichlingen im Bereich Alter Hammer das neue Schulzentrum.

Aber schon in dieser Phase veränderte sich die Industrie. Besonders in der Textil- und der Metall verarbeitenden Branche kündigte sich ein Wandel an. Der Anteil der Erwerbstätigen in der Textilbranche ging von 21 auf 8 Prozent zurück. Auch der Bergbau im Bensberger Revier kämpfte bereits mit Problemen. Erste Unternehmen schlossen ihre Tore. 1966/67 gab es erstmals einen spürbaren Rückgang der regionalen Wirtschaftsleistung. Nach einer kurzen Erholung ging es ab 1974 weiter bergab. Der Industrieumsatz im Städtedreieck brach um 10 Prozent ein. Es begann die „Entindustrialisierung" im Bergischen Städtedreieck. Viele Unternehmen reagierten nicht auf die veränderten Marktbedingungen. Die Arbeitslosigkeit stieg spürbar an. Zwischen 1970 und 2000 schloss über die Hälfte aller Metall verarbeitenden Betriebe. Die Solinger Schneidwarenindustrie geriet international unter Druck und verlagerte den Großteil ihrer Produktion ins billigere Ausland. Selbst bei Bayer gingen in den 1980er-Jahren 15.000 Arbeitsplätze verloren. Zwar ging es ab den 1990er-Jahren wieder bergauf, aber die alten Strukturen waren aufgebrochen. Wirtschaftsbereiche wie Dienstleistung, Handel und Verkehr hatten an Bedeutung gewonnen.

2009 waren im Bergischen Land 285.000 Menschen in der Industrie tätig, das sind genauso viele, wie es 1950 alleine in Wuppertal waren. Mag das zunächst nach einem großen Verlust aussehen, so muss auch gesehen werden, dass durch die fortschreitende **Rationalisierung** bei steigender Produktivität der Arbeitskräftebedarf zurückgegangen ist. Insgesamt verlief der Strukturwandel im Bergischen weniger heftig als im Ruhrgebiet. Die Arbeitslosenquote liegt im Schnitt 5 Prozent unter der des Ruhrgebiets. Als einer der Gründe wird unter anderem die Kleinteiligkeit der hiesigen Industrie angeführt. Sie wurde in früheren Zeiten oft kritisiert, sorgte aber dafür, dass die Wirtschaft flexibler auf Veränderungen reagieren konnte. So traf es die durch große Unternehmen gekennzeichneten Städte wie Wuppertal und Leverkusen schwerer als Solingen und Remscheid.

Die Politik versuchte noch lange, die Industrie zu subventionieren. Nur langsam setzte sich ein Bewusstseinswandel durch. Der Tourismus als Antwort hatte es sehr schwer. Zwar gründete sich 1965 der Fremdenverkehrsverein im Oberbergischen Kreis, aber manche Mitgliedskommunen opferten lieber ihren Titel als Luftkurort, bevor sie auf eine Industrieansiedlung verzichteten. Der Verein löste sich 1982 auf. Erst 1996 entstand mit der Bergisches Land Touristik GmbH & Co. KG ein breiter gefasster Ansatz, den Tourismus professionell zu vermarkten. Mitglieder sind neben dem Städtedreieck der Oberbergische und der Rheinisch-Bergische Kreis. Mittlerweile ist auch zunehmend die Industriekultur als Tourismusfaktor entdeckt worden. Dafür stehen die vielfältigen Angebote der Industriemuseen und des Netzwerks Industriekultur Bergisches Land (siehe S. 140) und auch die vielen als Radrouten reaktivierten ehemaligen Eisenbahntrassen. Die lebendige Industriekultur des Bergischen Landes ist auch ein Ergebnis des Strukturwandels.

DEUTSCHES RÖNTGEN MUSEUM REMSCHEID
Strahlen verändern die Medizin

GESCHICHTE

Die Entdeckung von unsichtbaren Strahlen, die den Körper durchdringen und dabei Knochen sichtbar machen, war ein Meilenstein in der Medizin: die Röntgenstrahlen. Zwar wurde diese Entdeckung nicht in Lennep gemacht, aber trotzdem ist sie eng mit der Stadt verbunden. Ihr Entdecker, Wilhelm Conrad Röntgen, wurde am 27. März 1845 in Lennep, heute ein Stadtteil von Remscheid, als Sohn eines Tuchhändlers geboren. Bereits 3 Jahre später, 1848, verließ die Familie das Bergische und zog nach Apeldoorn in die Niederlande, wohin seine Mutter familiäre Beziehungen hatte. Aus disziplinarischen Gründen verließ Röntgen die Schule in den Niederlanden ohne Abschluss, konnte aber durch eine Aufnahmeprüfung in Zürich studieren und wurde Maschinenbauingenieur. Dort promovierte er auch zum Doktor der Physik. Über Zwischenstationen kam er nach Würzburg, wo er nicht nur Rektor der Universität wurde, sondern auch seine wichtigste Entdeckung machte. Sie war genau genommen ein Zufallsergebnis eines Experiments. Am Abend des 8. November 1895 stellte er bei Versuchen mit einer Kathodenröhre fest, dass trotz lichtundurchlässiger Hülle Dinge fluoreszierten und Fotoplatten belichtet wurden.

Die Bedeutung dieser Strahlen wurde selbst Laien verständlich, als das erste „Röntgenbild" der Hand seiner Frau veröffentlicht wurde, auf dem die Handknochen und der Ehering gut zu erkennen waren. Kaum eine wissenschaftliche Neuigkeit verbreitete sich so schnell wie die von den neuen Strahlen, die Röntgen X-Strahlen nannte. Die deutsche Bezeichnung Röntgenstrahlen setzte sich gegen seinen ausdrücklichen Willen durch.

Generell war Röntgen, der nach dem Tode seines Vaters Millionär war, sehr bescheiden. Die Erhebung in den Adelsstand lehnte er ebenso ab wie die Patentierung seiner Entdeckung. Er war der Meinung, seine Entdeckung gehöre der Allgemeinheit und nicht einem Unternehmen oder einer Institution. Thomas Edison verspottete ihn dafür. Die Röntgenstrahlen, für die er 1901 den ersten Nobelpreis in Physik überhaupt erhielt, befeuerten die Forschung, was letztendlich zur Entdeckung der Radioaktivität führte. Heute finden Röntgenstrahlen nicht nur in der Medizin Verwendung. Auch in der Weltraumforschung und in der Werkstoffprüfung leisten sie wertvolle Dienste.

1920 wurde Röntgen emeritiert und starb am 10. Februar 1923 an Darmkrebs. Er bestimmte testamentarisch, seine Unterlagen zu vernichten, und vermachte sein Vermögen wohltätigen Zwecken.

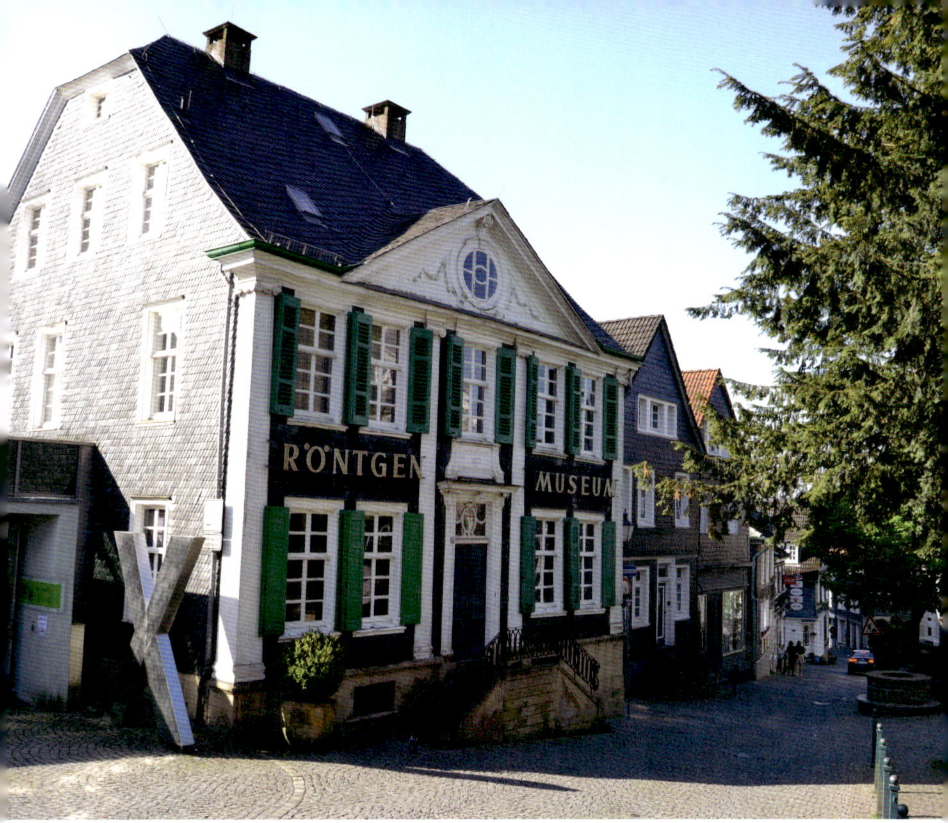
RÖNTGEN
MUSEUM

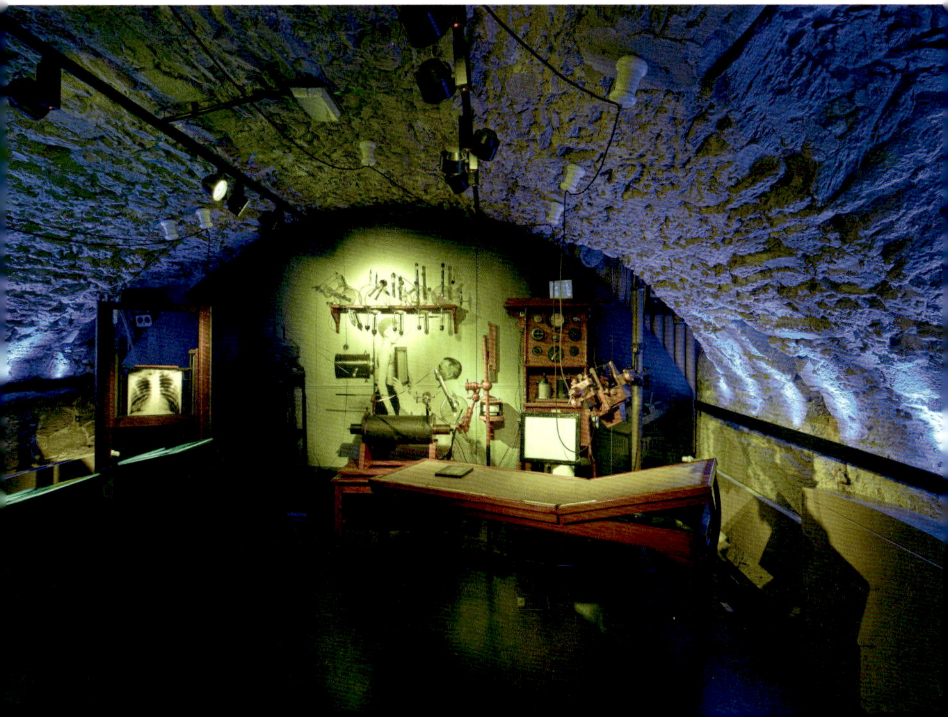

ANLAGE

Röntgens Geburtshaus steht heute noch am Gänsemarkt 1. Es ist ein typisches, eher schlichtes schiefergedecktes Wohnhaus, das um 1785 errichtet worden ist. Nachdem die Familie Lennep verlassen hatte, befand sich im Haus bis 1963 eine Metzgerei. Nicht weit entfernt in einem ehemaligen vornehmen Bürgerhaus ist heute das Deutsche Röntgen Museum untergebracht.

Heutige Nutzung

Das Museum wurde 1932 eingerichtet und mehrfach erweitert. Auf 2100 Quadratmetern präsentiert es das Leben und das Werk Röntgens. Der Besucher kann einen Zeittunnel und eine gläserne Dame erleben. Neben einem Nachbau von Röntgens Laboratorium ist auch ein Feldlazarett ausgestellt, um die vielseitigen Anwendungen der Röntgenstrahlen zu verdeutlichen. Eine Röntgenshow im Keller zeigt skurrile Auswüchse der Strahlennutzung wie zum Beispiel auf Jahrmärkten. Seit 1980 gehört auch Röntgens Geburtshaus zum Museum. Es wird als Ausstellungsraum, Bibliothek und Begegnungsstätte genutzt.

ADRESSE
Deutsches Röntgen Museum
Schwelmer Straße 41
42897 Remscheid
Tel. (0 21 91) 16 33 84
Di.–So. 10–17 Uhr, 5 €
unter 18 Jahren frei
www.roentgenmuseum.de

ANFAHRT PKW
A 1, AS 95a Remscheid-Lennep,
auf Lüttringhauser Straße bis
Schwelmer Straße; Parkmöglichkeiten
hinter dem Museum
(GPS 51.193803, 7.259762)

ANFAHRT ÖPNV
Ab Wuppertal-Oberbarmen Bf. mit Bus
626 Richtung Radevormwald bis Halte-
stelle Herbeck, ab dort mit Bus 671
Richtung Remscheid bis
Bismarckplatz, dann zu Fuß

ESSEN + TRINKEN
Klosterschänke
Cross-over-Küche, neben dem
alten Minoritenkloster
Klostergasse 8, 42897 Remscheid
Tel. (0 21 91) 66 63 26,
Mo., Mi.–Sa. 18–24, So. 11.30–14:30
und 18–22 Uhr
www.klosterschaenke-rs.de

Außerdem sehenswert
1. Tuchmuseum Lennep
2. Feilenfabrik Ernst Ehlis

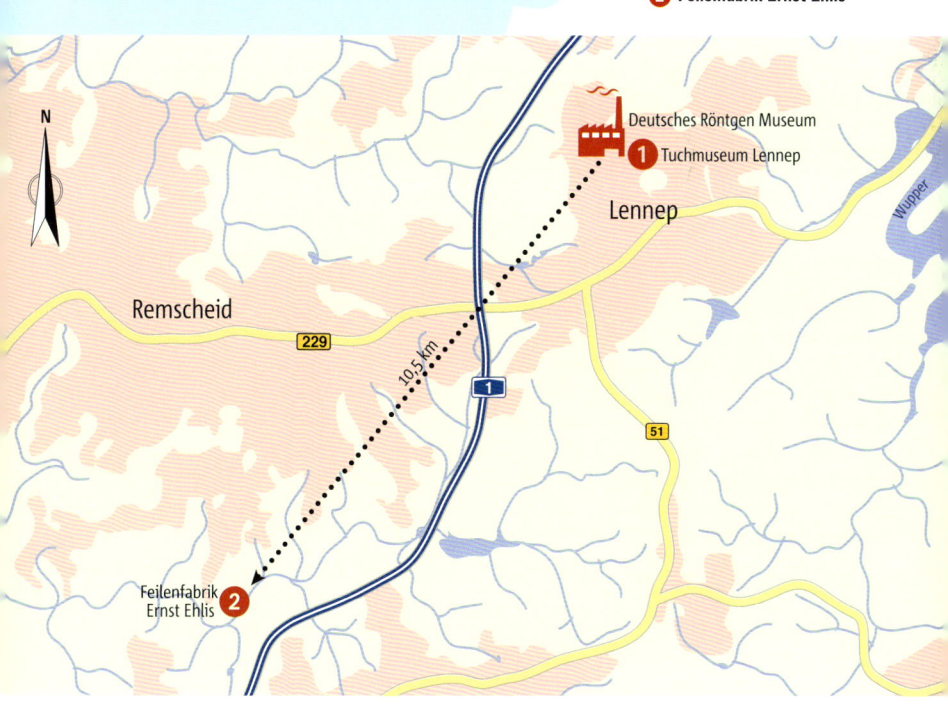

Außerdem sehenswert:

① TUCHMUSEUM LENNEP
Unmittelbare Umgebung

Die Region um Lennep hat eine große Tradition in der Tuchherstellung. Schräg gegenüber dem Röntgen Museum erfährt man mehr zu diesem Thema: im Tuchmuseum. Es steht in engem Zusammenhang mit der Tuchfabrik Johann Wülfing & Sohn (siehe Wülfing Museum, S. 90). 1987 richtete die Geschäftsführung ein Werkmuseum im Herrenhaus der Fabrik in Dahlerau ein, das bis zur Werksschließung 1997 bestand, danach zog es in das ehemalige Schulgebäude in Lennep. Während die Technik im heutigen Wülfing Museum im Vordergrund steht, will das Tuchmuseum die Geschichte der Tuchindustrie im Bergischen Land erzählen. Dazu ist das Museum in sechs Räume unterteilt. Im ersten Raum wird die Bedeutung der Handelshäuser beleuchtet, das Tuchmacherhandwerk steht im Mittelpunkt des zweiten Raums, die Wupper als wichtiges Element der Industrie wird im dritten Raum vorgestellt, während die Stadtgeschichte Lenneps im vierten Raum behandelt wird. Die soziale Frage und Tuchmoden folgen in den nächsten beiden Räumen.

Getragen wird das Museum von der Anna-Hardt-Stiftung. Die Familie Hardt war fast an allen Tuchfabriken im Tal beteiligt. Die Ausstellung ist multimedial mit QR-basierten Videos ausgestattet. Im Anschluss an einen Museumsbesuch besteht die Möglichkeit, im Museum eine Bergische Kaffeetafel zu genießen.

Lebenswelt + Arbeit
Tuchmuseum Lennep
– Museum zur Stadtgeschichte Lenneps, Hardtstraße 2,
im 2. Obergeschoss der Freiherr-vom-Stein-Grundschule
42897 Remscheid, Tel. (0 21 91) 66 92 64
Di. 12–16, So. 14–17 Uhr und nach Vereinbarung
3 €, erm. 1 €
www.tuchmuseum-lennep.de

❷ FEILENFABRIK ERNST EHLIS
9,5 km vom Deutschen Röntgen Museum

Remscheid ist die Stadt der Werkzeugherstellung. Dazu gehören auch Feilen. Im Jahr 1825 waren im Bereich Remscheid und Wermelskirchen 33 Feilenfabriken tätig. Auch die Ursprünge der Firma Mannesmann (siehe Mannesmann, S. 111) liegen in der Feilenherstellung. Sie gehörte aber auch zu den Ersten, die von der handwerklichen zur industriellen Feilenherstellung übergingen. Die Feilenhauer, die die einzelnen Feilenhiebe mit der Hand schlugen, waren begehrte Fachkräfte. Mit dem Aufkommen von Maschinen und Federhämmern verloren die Fähigkeiten der Feilenhauer an Bedeutung. Ernst Ehlis war der letzte Feilenmacher dieser Art. Die Anfänge des Unternehmens reichen zurück ins Jahr 1830, als Peter Ehlis hier eine Feilenfabrik aufbaute. Das denkmalgeschützte Firmenareal mit Fabrik, Wohnhaus und Jugendstil-Villa samt Teich umfasst 30.000 Quadratmeter. Seit den 1950er-Jahren hatte die Feilenproduktion hier durch die günstigere Konkurrenz keine Zukunft mehr. Trotzdem hielt Ernst Ehlig in vierter Generation das Unternehmen bis zu seinem Tod 2015 am Leben. Neben dem erhaltenen Maschinenpark und einer großen Fülle von Exponaten stellt sich nun die Frage nach der zukünftigen Nutzung. 2016 wurde die Anlage von einer Investorengruppe gekauft, die in der alten Fabrik eine Manufaktur und ein Industriemuseum plant.

Info
Ehemalige Feilenfabrik Ernst Ehlis
Schlepenpohl 5, 42859 Remscheid
Anlage wird zurzeit umgebaut
www.stadtfuehrung-remscheid.de
(für Führungen am Areal)

DEUTSCHES WERKZEUGMUSEUM REMSCHEID
Von Werkzeugen und Nahtlosrohren

GESCHICHTE

Eisenerzvorkommen, Holz und Wasser waren die idealen Voraussetzungen, um im Remscheider Raum schon im Mittelalter Kleineisen herzustellen. Doch im 17. Jahrhundert war der Erzabbau unrentabel geworden, auch Holz stand aufgrund des Raubbaus der vielen Schmieden und Eisenbetriebe nicht mehr ausreichend zur Verfügung. So spezialisierte man sich um Remscheid herum auf die Veredelung von Roheisen, das man in erster Linie aus dem Siegerland bezog. Dieser „Raffinierstahl", eine frühindustrielle Form des Edelstahls, wurde dann in den vielen Hämmern zu Werkzeugen weiterverarbeitet. Um 1760 sind im Remscheider Raum ungefähr 300 Schmiedebetriebe nachweisbar. Wasserläufe bildeten noch bis ins 20. Jahrhundert hinein die hauptsächliche Energiequelle. Erst dann wurde der Wasserantrieb durch Dampfmaschinen und kleine, leistungsfähige Elektromotoren ersetzt. 1925 waren in den unzähligen kleinen Werkstätten 1480 solcher Motoren im Einsatz.

Remscheider Werkzeuge erlangten Weltruhm und wurden international vertrieben, doch blieb die Werkzeugindustrie mittelständisch geprägt. Für den Vertrieb gab es Handelsniederlassungen in Übersee und Handelsreisen mit Musterkoffern bis nach Afrika, Mittel- und Südamerika.

Das Anwesen an der Cleffstraße geht auf die Familie Hilger zurück, die schon um 1700 im Kleinschmiedehandel erfolgreich war. Sie exportierte damals bereits Werkzeuge nach Holland und Russland. Die Wappen der beiden Länder über dem Eingangsportal verweisen auf die Handelsbeziehungen. Versuche der Kleinschmiede, sich in Zünften zusammenzuschließen und damit eine stärkere Position gegenüber den Kaufleuten zu bekommen, wurden von der Familie Hilger energisch bekämpft. Nachdem die Familie Ende des 18. Jahrhunderts in wirtschaftliche Schwierigkeiten geraten war, kam die Anlage über Zwischenschritte an die Familie Cleff. Die Brüder Fritz und Carl Cleff übernahmen 1847 den Besitz der Familie Hilger. Sie zogen mit ihrem Exportgeschäft von Solingen nach Remscheid. 1881 errichteten sie angrenzend an das Wohnhaus eine mit einer Dampfmaschine betriebenene Werkzeugfabrik. Richard Lindenberg kaufte 1900 die Anlage und stellte dort Elektrostahl her. 1927 ging dieses Edelstahlwerk in den Deutschen Edelstahlwerken auf, die wiederum zu den Vereinigten Stahlwerken gehörten, dem damals größten europäischen Stahltrust. Sie legten das Werk still und die Anlage ging im gleichen Jahr an die Stadt Remscheid über.

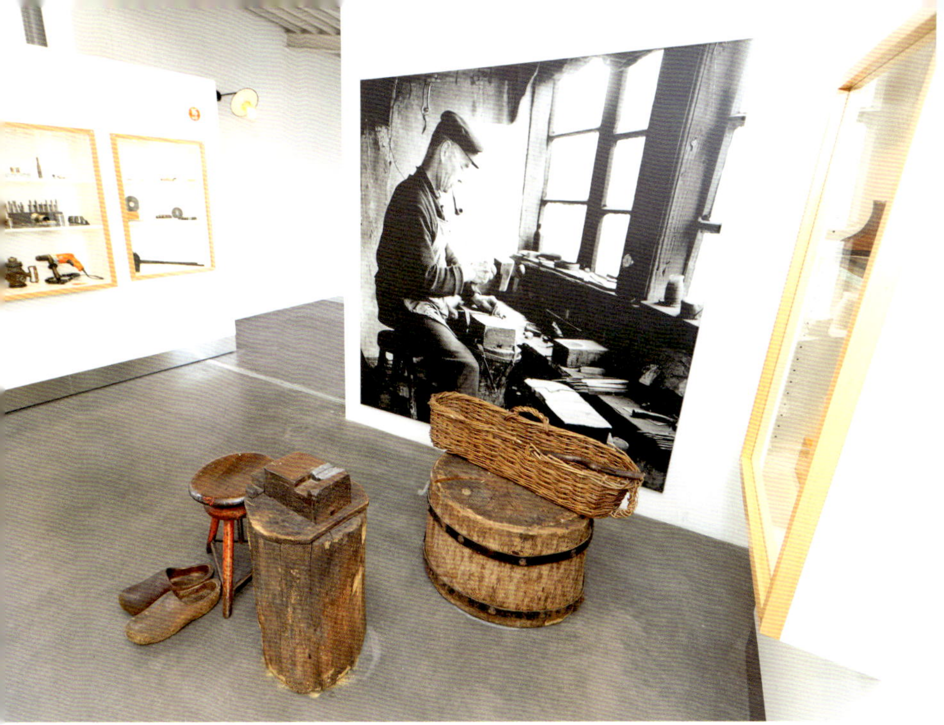

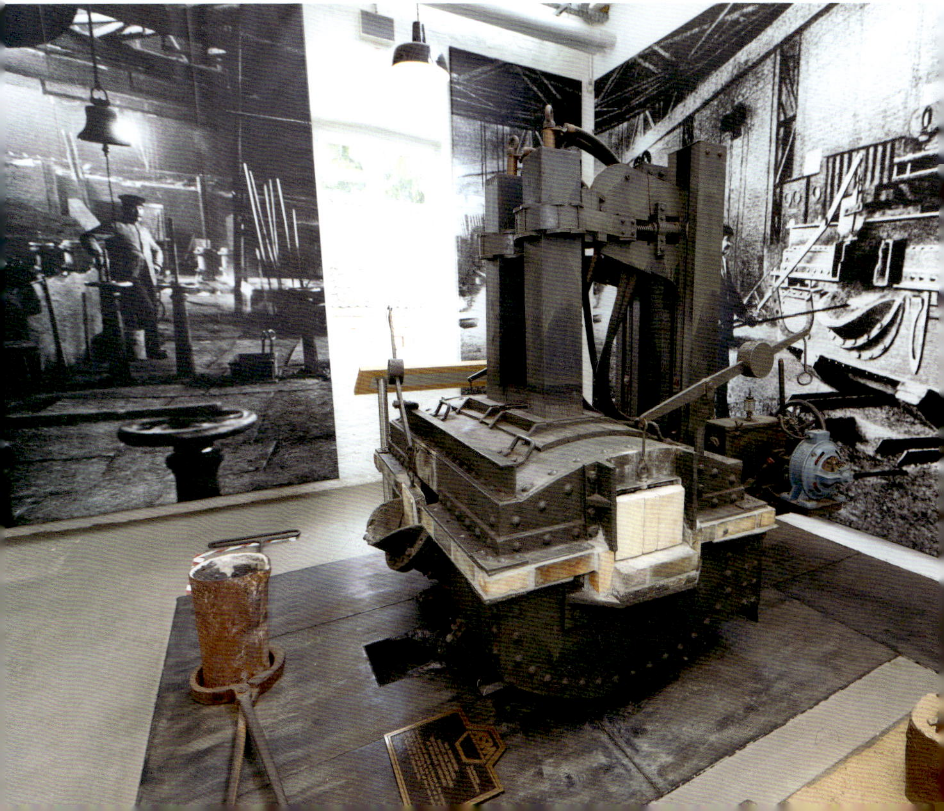

ANLAGE

Das Deutsche Werkzeugmuseum bildet zusammen mit dem Haus Cleff das Historische Zentrum Remscheid. Das Wohnhaus der Familie Hilger/Cleff wurde 1778/79 als repräsentatives Doppelhaus errichtet. Auffällig sind die beiden reich geschmückten Eingänge mit doppelläufigen Freitreppen. Das Haus gilt als herausragendes Beispiel des bürgerlichen bergischen Barocks. Es hat eine reiche Ausstattung, die allerdings in der Zeit als Heimatmuseum zusammengetragen wurde. Authentisch ist das Kachelzimmer im Erdgeschoss, das aufwendig mit Delfter Kacheln ausgekleidet ist. Von den Parkanlagen, die einst zum Gebäude gehörten, ist heute kaum noch etwas erkennbar. Teil des Museums ist auch das Kontorgebäude aus dem Jahr 1873, das von Cleff errichtet wurde. Die Fabrikhalle mit Sheddach aus dem Jahr 1897 ist ebenfalls heute Teil des Werkzeugmuseums.

Heutige Nutzung

Nachdem die Stadt Remscheid das Cleff'sche Anwesen 1927 übernommen hatte, richtete sie im Wohnhaus ein Heimatmuseum ein, das 1937 erweitert wurde. 1959 translozierte man einen Schleifkotten auf das Gelände. 1967 wandelte man das Heimatmuseum in ein Werkzeugmuseum um, das seit 1970 den Namen Deutsches Werkzeugmuseum trägt. Es ist das einzige seiner Art in Deutschland. Neben der Sozialgeschichte der arbeitenden Bevölkerung Remscheids steht natürlich die Geschichte der Werkzeugproduktion, angefangen von der Bronzezeit bis in die Gegenwart, im Mittelpunkt. Neben dem Schwungrad der Dampfmaschine von 1907 ist ein besonderes Ausstellungsstück der Lichtbogen-Schmelzofen für die Stahlherstellung, den Richard Lindenberg 1906 als ersten seiner Art im Bergischen aufstellen ließ.

Da sich das Museum als Deutsches Werkzeugmuseum versteht, wird nicht nur die Entwicklung in Remscheid, sondern auch in Schmalkalden und Esslingen dargestellt. Dinge auszuprobieren, gehört ausdrücklich zum Konzept der Ausstellung. Im Haus Cleff kann man neben einer Sammlung von Gemälden des Künstlers Johann Peter Hasenclever (1810–1853) und des Grafikers Gerd Arntz (1900–1988) großbürgerliche Wohnkultur um 1800 erleben.

Das Haus Cleff ist seit 2013 geschlossen und wird umfänglich saniert, soweit möglich in den Originalzustand zurückversetzt und mit einer neuen Dauerausstellung versehen. Dadurch wird es Teil des Werkzeugmuseums, wobei es zukünftig die Sozialgeschichte des Werkzeughandels und die Produktion darstellt.

14

ADRESSE
**Deutsches Werkzeugmuseum
der Stadt Remscheid**
Cleffstraße 2–6, 42855 Remscheid
Tel. (0 21 91) 16 25 19
Di.–So. 10–17 Uhr
3,50 €, erm. 2,50 €
www.werkzeugmuseum.org

ANFAHRT PKW
A 46, AS 31 Sonnborner Kreuz
Richtung Cronenberg, Ronsdorf auf
L 418, AS Küllenhahn, Beschilderung
Richtung Remscheid über Theishahner
Straße folgen, rechts auf Hahnenbergs
Straße, links auf Hastener Straße
bis Cleffstraße, über die A 1 der
Beschriftung folgen; Parkmöglichkeit
unmittelbar am Museum
(GPS 51.196640, 7.165689)

ANFAHRT ÖPNV
Ab Wuppertal Hbf. oder
Remscheid Hbf. mit Bus 615,
653 oder 657 bis Hasten Museum

ESSEN + TRINKEN
Villa Paulus
mediterran-regionale Küche
in der Villa der Handelsfamilie Böker
Schüttendelle 30, 42857 Remscheid
Tel. (0 21 91) 4 61 94 30
Mo.–Fr. 12–14.30 und 18–22,
Sa., So. 11–15 und 18–22 Uhr
www.villapaulus.de

Außerdem sehenswert
① Wasserturm Hochstraße
② Mannesmann Erfinderhalle

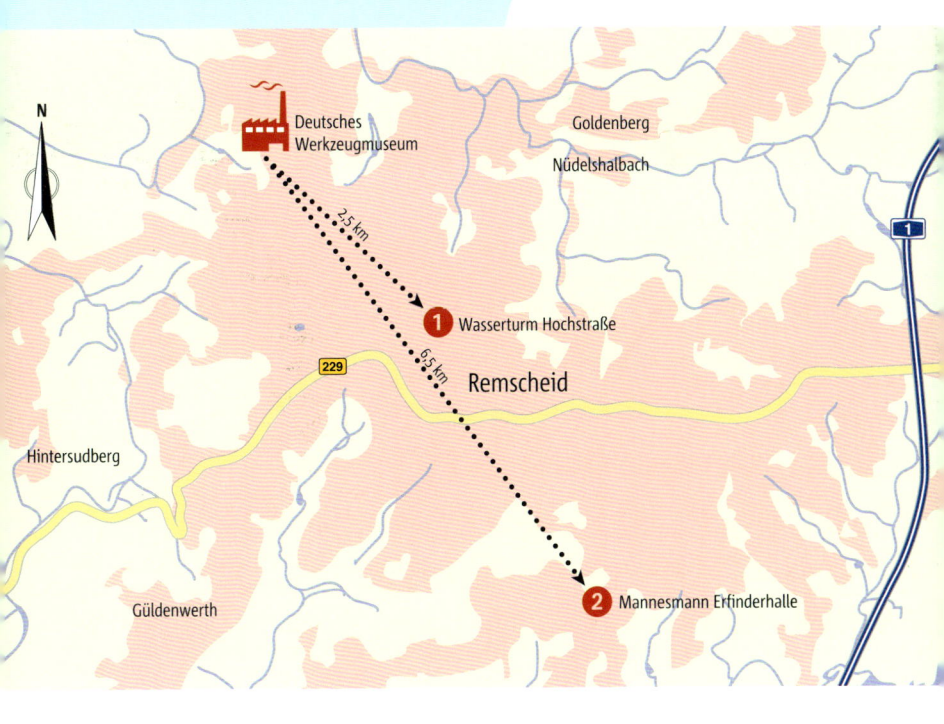

Von Werkzeugen und Nahtlosrohren

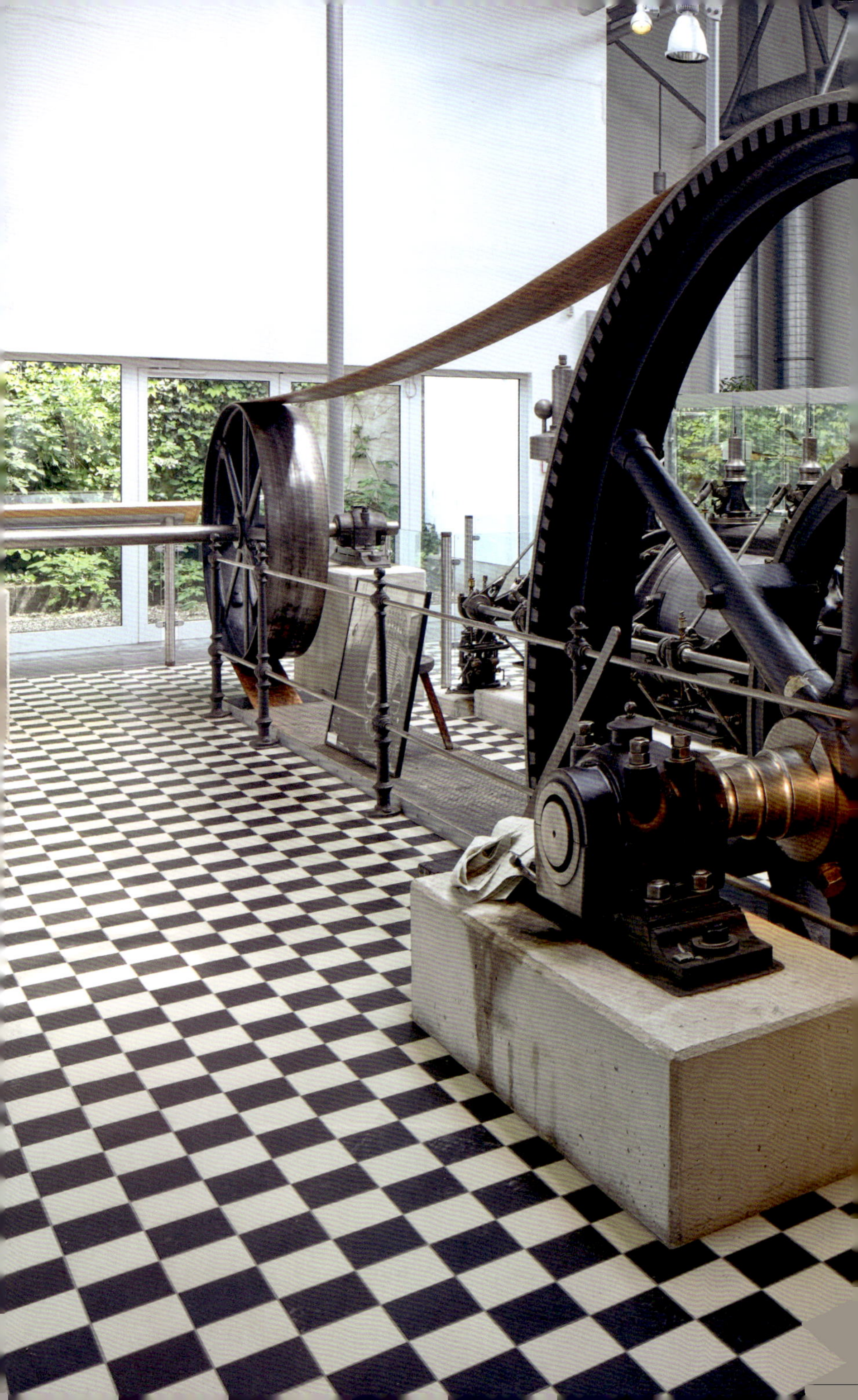

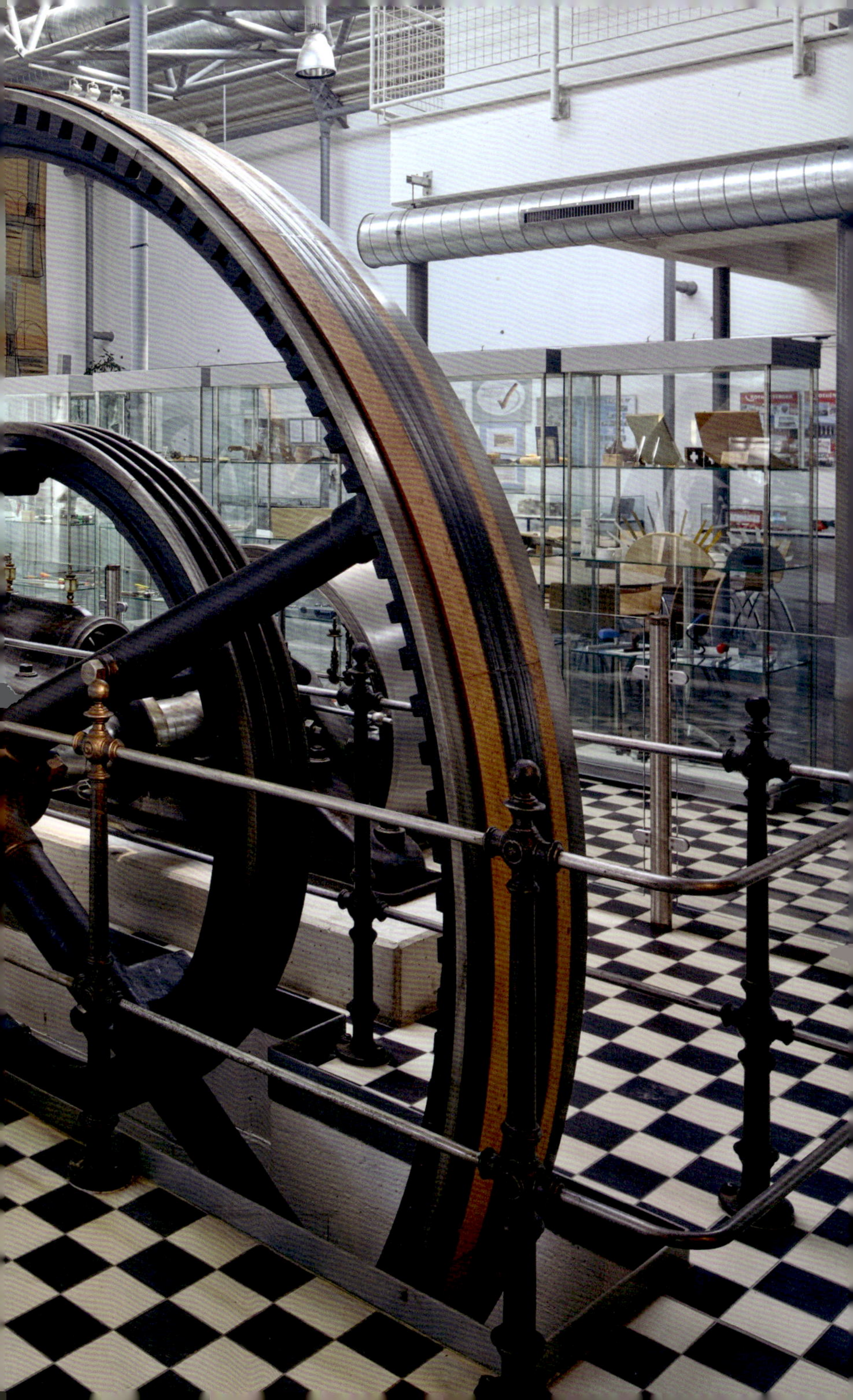

Außerdem sehenswert:

① WASSERTURM HOCHSTRASSE
3 km vom Deutschen Werkzeugmuseum Remscheid

Der Wasserturm, der im Volksmund auch „Waterbölles" genannt wird, gehört mit zu den prägendsten historischen Bauten Remscheids. Mit dem schnellen Wachstum Remscheids als Industriestadt wurde ab **1881 ein Wasserleitungsnetz** aufgebaut. Versorgt wurde es durch die 1889 bis 1891 errichtete **Eschbachtalsperre,** die als erste Talsperre aus Mauerwerk in Deutschland gilt. Der Wasserturm nach dem **Intze-Prinzip** (siehe Lichtturm, S. 128) wurde 1884 eingeweiht, zusammen mit dem Rathaus steht er an der mit **365 Metern höchsten Stelle** Remscheids. Zunächst war er für **400 Kubikmeter** Wasserspeicher ausgelegt, doch dies reichte bald schon nicht mehr aus, sodass er 1906 bis 1908 auf **1500 Kubikmeter** vergrößert wurde. Dazu wurde um den ersten

Turm herum der neue errichtet, um eine ununterbrochene Wasserversorgung sicherzustellen. Nach dem Umbau wurde der alte Turm abgetragen. Im unteren Bereich ist der Turm weiß verputzt, darüber befindet sich der Wassertank in einem zwölfeckigen Turmsegment mit Backsteinmauerwerk. Der Turm steht unter Denkmalschutz.

Technik + Architektur
Wasserturm
Hochstraße, 42853 Remscheid
Der Turm kann nur von außen besichtigt werden

❷ MANNESMANN ERFINDERHALLE
6,5 km vom Deutschen Werkzeugmuseum

Auch wenn man Mannesmann und nahtlose Stahlrohre immer mit Düsseldorf in Verbindung bringt, war trotzdem Remscheid der Geburtsort der Nahtlosrohre. In der Nacht vom 21. auf den 22. August 1886 walzten Reinhard und Max Mannesmann das erste Nahtlosrohr der Welt (siehe S. 112).

Ort der Pioniertat war die historische Werkshalle aus den 1840er-Jahren. Die Halle wurde erbaut von Christian Schmidt und Christian Heyden, die auch den Kern der Textilfabrik Wülfing (siehe Wülfing Museum, S. 90) und Ermen & Engels (siehe Textilfabrik Ermen & Engels, S. 178) errichten haben dürften. Unter der Halle sind zwei Gewölbe erhalten, die Fragmente des Tiegelstahlofens von 1858 sind. Sie sind deutschland- und wahrscheinlich weltweit einzigartig. Auch wenn sie während des Zweiten Weltkrieges zu Luftschutzzwecken umgebaut wurden, lassen sie ihre ursprüngliche Funktion noch gut erkennen.

2 Jahre nach der Erfindung des Nahtlosrohrs nahm Mannesmann nordwestlich der alten Halle ein Stahl- und Stahlwalzwerk in Betrieb. Damit ging die Epoche der Tiegelstahlherstellung hier zu Ende und die Halle wurde als mechanische Werkstatt genutzt. Ein Verein um den ehemaligen Mannesmann-Konzernarchivar Prof. Dr. Horst A. Wessel macht Gebäude und Umgebung im Rahmen von Führungen erlebbar.

Info
Mannesmann Erfinderhalle
Bliedinghauser Straße 21-23
42859 Remscheid
Tel. (0 21 91) 4 89 55 77
Gelände nicht öffentlich, Besichtigung
des Inneren nur auf Anfrage
und mit Genehmigung durch die
Werksleitung, Führungen im
Außenbereich durch den
Förderverein Mannesmannhaus e. V.,
Prof. Dr. Horst A. Wessel
Tel. (0 21 03) 4 43 94)
www.foerderverein-mannesmannhaus.com

EXTRA

MANNESMANN
Eine Familie – vier Hightech-Unternehmen

Der Name Mannesmann steht für einen Meilenstein der Stahlverarbeitung, nämlich die Herstellung nahtloser Stahlrohre. Die wirtschaftsgeschichtliche Bedeutung der Familie ist indes facettenreicher.

Die Familie Mannesmann zog 1772 aus dem Märkischen nach Remscheid, wo Heinrich Mannesmann als Schmied arbeitete. Schon 1796 wurde die Firma A. & P. Mannesmann gegründet, die Feilenrohlinge selbst schmiedete und härtete. Gleichzeitig war Mannesmann als sogenannter Verleger tätig und reichte die Rohlinge zur Weiterverarbeitung an Ausglüher, Schleifer und Hauer weiter, um dann das fertige Produkt mit Griffen zu versehen und zu vertreiben. Seine Abnehmer fand Mannesmann zum Teil auch in Frankreich. 1833 änderte das Unternehmen unter Arnold Mannesmann seinen Namen in A. Mannesmann, den Namen, den es heute noch führt. Arnold Mannesmann baute einen europaweiten Direktvertrieb auf. Neben Werkzeugen und Beschlägen vertrieb er auch Haushaltsgeräte und Heiligenbilder sogar bis nach Großbritannien und Südamerika. Sein Bruder Reinhard zentralisierte derweil die Produktion. Anstatt in Heimarbeit erfolgte die Fertigung auf dem Firmenareal an der Bliedinghauser Straße. Dadurch konnte er bei besserer Qualität schneller und günstiger produzieren lassen.

Ab 1858 war Mannesmann als drittes deutsches Unternehmen in der Lage, Tiegelstahl herzustellen. Dieses Verfahren war damals hochmodern. 1886 gelang es den Söhnen von Reinhard Mannesmann, Max und Reinhard (jun.) Mannesmann, erstmals, Stahlrohre nahtlos zu walzen – ein Meilenstein in der Geschichte der Stahlproduktion. Die bis dahin gebräuchlichen Stahlrohre waren gegossen oder geschweißt, sehr schwer und nicht allen Belastungen gewachsen. Gerade bei anspruchsvollen Verwendungen bedeuteten Nahtlosrohre einen großen Fortschritt.

Die neuen robusten und zugleich leichten Stahlrohre wurden überall dringend benötigt. Die Entwickler schieden daraufhin aus dem familiären Unternehmen aus und gründeten 1887 die Mannesmannröhren-Werke. Die Firma A. Mannesmann zog sich aus dem Stahlgeschäft zurück und spezialisierte sich auf die Herstellung hochwertiger technischer Bauteile. Heute gehört das Remscheider Unternehmen zu den führenden Anbietern hochpräziser Maschinenelemente.

Die Mannesmannröhren-Werke starteten indes holprig. Zwar gab es starke Investoren wie Poensgen, Siemens und von der Heydt, die den Bau mehrerer Fabriken, unter anderem in Wales, ermöglichten. Doch das Verfahren war noch nicht ausgereift. Den Erfordernissen angepasste Walzanlagen mussten erst noch konstruiert und Arbeiter angelernt werden. Mit der Entwicklung des sogenannten Pilgerschrittverfahrens zur Reduzierung der Wandstärke von Rohren konnten die grundsätzlichen Probleme beseitigt werden. 1890 wurden bis auf das Werk in Wales alle Mannesmannröhren-Werke zur Deutsch-Österreichischen Mannesmannröhren-Werke AG mit Sitz in Berlin zusammengefasst. Schon beim Start gehörte das Unternehmen zu den zehn größten deutschen Firmen. Aber Streit über Entwicklungsfragen führte dazu, dass 1893 alle Familienmitglieder aus der operativen Leitung ausgeschlossen wurden.

Im gleichen Jahr verlagerte man die Konzernzentrale nach Düsseldorf, dem führenden Zentrum der Stahlrohrproduktion. In Rath und Reisholz, heute Stadtteile Düsseldorfs, besaß Mannesmann zwei große Stahlwerke. 1912 konnte als Firmensitz der sogenannte Behrens-Bau am Rheinufer bezogen werden, der als einer der wichtigsten Bauten der Industrieverwaltungsbauarchitektur gilt. Neben Peter Behrens waren am Bau auch Walter Gropius, Le Corbusier und Mies van der Rohe beteiligt. Das Unternehmen avancierte zu einem der weltführenden Montanunternehmen.

Nach dem Zweiten Weltkrieg wurde das Unternehmen aufgelöst, aber 1952 als Mannesmann AG neu gegründet. Es erreichte wieder seine alte Stärke, zumal die Unternehmensführung konsequent auf neue Technologien setzte. Für die Modernität steht auch das Mannesmann-Hochhaus in Düsseldorf, das als **erstes konsequent modernes Hochhaus Europas** gilt. Der Architekt Paul Schneider-Esleben verwendete Mannesmannstahlrohre als tragende Konstruktionsbestandteile.

1990 nahm Mannesmann ein eigenes **Mobilfunknetz** in Betrieb, dem auch ein **Festnetz** folgte. 1999 wurde das Unternehmen in die bis dato größte **Übernahmeschlacht** der deutschen Wirtschaftsgeschichte verwickelt. An deren Ende übernahm die britische **Vodafone** Mannesmann. Die Briten waren aber nur an der lukrativen Telekommunikationssparte interessiert und **verkauften die traditionsreiche Stahlsparte an die Salzgitter AG,** die bis heute die Mannesmannstahlrohr-Produktion unter anderem auch am Standort Remscheid weiterführt.

1931 gründeten Alfred und Carl Mannesmann die Firma **Geb. Mannesmann AG,** die Maschinen für die Holz- und Eisenverarbeitung herstellt. Zudem spezialisierte man sich ab den 1970er-Jahren auf den Vertrieb von Werkzeugen. Unternehmenssitz ist ebenfalls Remscheid.

1946/47 entwickelte Dr. Ing. Dieter Mannesmann einen wiederverwendbaren Elektronenblitz. Weil er das Potenzial erkannte, gründete er 1948 in Porz, heute Köln, die **Dr. Ing. Mannesmann Apparatebau.** Sie baute sein Mehrfachblitzgerät, das er 1951 auf der Photokina in Köln vorstellte. Der „Multiblitz" machte das Unternehmen zu einem der weltgrößten Hersteller professioneller **Lichtlösungen für Fotografie,** auch nach dem Tod des Gründers bei einem Sportunfall.

Eine Familie – vier Hightech-Unternehmen

MÜNGSTENER BRÜCKE
Deutschlands höchste Eisenbahnbrücke

GESCHICHTE

Die Erschließung der Industrieregion Bergisches Land mit den Zentren um Elberfeld, Solingen und Remscheid durch die Eisenbahn war von enormer Wichtigkeit für ihre wirtschaftliche Entwicklung. Dabei war diese Gegend alles andere als verkehrstechnisch ideal. Die von Tälern und Wasserläufen geprägte Landschaft stellte die Eisenbahnplaner immer wieder vor erhebliche Herausforderungen. Sie beantworteten sie mit mehreren Superlativen. Neben der ältesten und zugleich lange Zeit steilsten Eisenbahnstrecke Westdeutschlands (Düsseldorf–Wuppertal) entstand mit der Müngstener Brücke die höchste Eisenbahnbrücke Deutschlands.

Eine direkte Verbindung über das Tal der Wupper zwischen Solingen und Remscheid war schon seit den 1880er-Jahren im Gespräch. 1890 bewilligte der Staat Preußen dafür Mittel in Höhe von 5 Millionen Mark. Tatsächlich betrugen die Baukosten nur 2,64 Millionen Mark. Im Juli 1897 wurde die Brücke nach rund dreieinhalbjähriger Bauzeit feierlich dem Verkehr übergeben. Mit ihr verringerte sich der Transportweg zwischen den beiden Städten von 44 auf 8 Kilometer. Ursprünglich trug sie in Erinnerung an Kaiser Wilhelm I. den Namen Kaiser-Wilhelm-Brücke. Sein Sohn Kaiser Wilhelm II. kam erst 1899 nach Solingen, um die Brücke zu begutachten, die als Zeichen deutscher Ingenieurskunst galt. Nach dem Sturz der Monarchie erhielt sie ihren heutigen Namen.

Gegen Ende des Zweiten Weltkrieges entging die Brücke knapp der Sprengung. Um 2010 zeigte sie Alterserscheinungen. Die Schäden waren so groß, dass zunächst eine Geschwindigkeits- und Gewichtsbegrenzung eingeführt wurde. Im November des Jahres entschied das Eisenbahnbundesamt, die Brücke komplett zu sperren. Die Sanierung verzögerte sich immer wieder, bis sie im Dezember 2014 unter Auflagen wieder für den Personenverkehr freigegeben werden konnte. Alle Maßnahmen zur Ertüchtigung der Brücke sollen 2018 abgeschlossen sein.

ANLAGE

Die Konstruktion der Brücke entwarf der Ingenieur Anton von Rieppel (1852–1926, siehe Wuppertaler Schwebebahn, S. 74). Sie ähnelt optisch sehr stark dem von Gustave Eiffel gebauten noch größeren Viaduc de Garabit in der Auvergne in Frankreich aus dem Jahr 1884. Die bergische Brücke steht auf sechs Gerüstpfeilern und überspannt das Tal auf 465 Metern in einer Höhe von 107 Metern. Der größte Abstand zwischen zwei Stützpfeilern direkt über

Rätsel 3
Daheim hat man
es nicht. Aber fe
rn von zu Hause
ist es schlimmer
als Durst. Wer nie
sein Haus verläs
st, kennt es nicht.

der Wupper beträgt 170 Meter. Beim Bau wurde erstmals der freie Vorbau angewandt, das heißt, es wurde von beiden Seiten aus gleichzeitig gearbeitet und die beiden Brückenteile wuchsen tragfrei millimetergenau aufeinander zu. Die statischen Berechnungen waren sehr anspruchsvoll, aber anders als oft kolportiert von Beginn an richtig. Am 21. März 1897 erreichten sich die beiden Brückenteile, einen Tag später wurde der letzte der 934.456 Nieten gesetzt. Der Legende nach soll sich darunter ein goldener Niet befinden, der allerdings nie gefunden wurde. Insgesamt wurden über 5000 Tonnen Stahl verbaut.

Heutige Nutzung

Die Brücke selbst wird heute nur noch vom Nahverkehr zwischen Solingen und Remscheid genutzt. Die Anlage an der Wupper unterhalb der Brücke entwickelte sich schnell zu einem Naherholungsgebiet. Sehr in die Jahre gekommen, wurde es 2006 im Zusammenhang mit der Regionale 2006 nach Plänen des Ateliers Loidl umgestaltet. Es entstand eine naturnahe Freizeitanlage für Familien. Der Schaltkotten, der seinen Ursprung im Jahr 1574 hat und in dem bis 1967 Sägeblätter aus Remscheider Produktion geschliffen wurden, wird heute als Kunstschmiede genutzt. Im Park sind zehn Rätselstationen der Künstlerin Ulrike Böhme angelegt, die zum Rätselraten animieren und im Park versteckt auch die Antworten liefern. Ein Blickfang ist seit 2010 Haus Müngsten, ein Neubau aus Cortenstahl, mit seiner Terrasse direkt an der Wupper gelegen. Neben einer klassischen Minigolfanlage findet man die Schwebefähre, eine attraktive Möglichkeit, das Wupperufer zu wechseln. Vergleichbar einer Draisine, schwebt diese Fähre von Muskelkraft betrieben wenige Meter über der Wupper.

Vom Brückenpark aus kann man mit dem Fahrrad bequem die beiden anderen Ziele unseres Ausflugs erreichen.

ADRESSE

Brückenpark Müngsten
Müngstener Brückenweg 71
42659 Solingen
Gelände jederzeit frei zugänglich

ANFAHRT PKW

A 46, AS 31 Sonnborner Kreuz,
auf L 74/B 229 Richtung Solingen bis
Müngstener Brückenweg; bzw. A 3,
AS 20 Solingen, auf B 229 Richtung
Solingen bis Müngstener Brückenweg;
Parkplätze sind ausgeschildert
(GPS 51.161579, 7.135576)

ANFAHRT ÖPNV

Mit S Bahn S 7 bis Solingen-Schaberg,
dann zu Fuß, Weg ist ausgeschildert

ESSEN + TRINKEN

Haus Müngsten
Panoramablick über Wupper und Brücke
Müngstener Brückenweg 71
42659 Solingen
Tel. (02 12) 23 39 32 00
So.–Do. 10–19, Fr.,
Sa. 10–21 Uhr
www.haus-muengsten.de

Außerdem sehenswert
1. Balkhauser Kotten
2. Wipperkotten

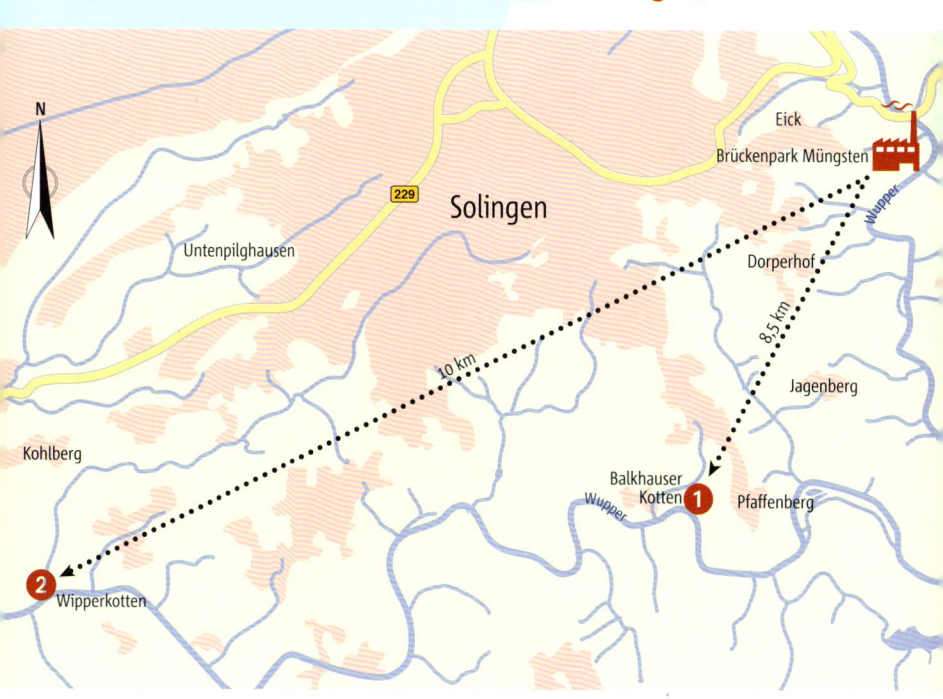

Außerdem sehenswert:

❶ BALKHAUSER KOTTEN
8,5 km von der Müngstener Brücke

Zwischen Balkhausen und Glüder liegt der Balkhauser Kotten an der Wupper. Die erste derartige Anlage an dieser Stelle dürfte vor 1600 entstanden sein, bereits 1612 wurde sie zu einem Doppelkotten erweitert. Zwei Brände zwischen 1830 und 1854 führten zu einer Neuanlage mit 70 Schleifstellen, an denen 56 Schleifer Schwerter, Dolche, Messer und Scheren schliffen. 1950 musste der Außenkotten einer Straßenerweiterung weichen. Teile von ihm wurden im nahen Ort wiederverwendet. Seit 1962 beherbergt der ehemalige Innenkotten ein Schleifermuseum, in dem noch bis in die 1980er-Jahre Schleifer tätig waren. Heute arbeitet noch ein Schleifer im Schaubetrieb. Herzstück bildet das 4 Meter breite Wasserrad, angetrieben von 32 Schaufeln, das im Innenraum über eine Welle aus einem 60 Zentimeter starken und 6,50 Meter langen Eichenstamm ein Kammrad betreibt, von dem die einzelnen Schleifstationen mit Energie versorgt wurden. Im museumseigenen Shop werden unter anderem Solinger Messer mit dem Logo des Balkhauser Kotten verkauft. Besonders begehrt sind Küchenmesser der Firma Güde, bei denen man Holz aus dem alten Wasserrad und der Achse für die Griffschalen verwendet hat.

Technik + Architektur
Balkhauser Kotten e. V.
Balkhauser Kotten 2
42659 Solingen
Tel. (02 12) 3 83 54 53
Di.–So. 10–17 Uhr
Eintritt frei
www.balkhauser-kotten.de

❷ WIPPERKOTTEN
10 km von der Müngstener Brücke

Dieser Doppelkotten wird erstmals 1605 erwähnt. Seit 1673 gab es einen weiteren Kotten, den Schaafenkotten, betrieben von einem eigenen Wasserrad, direkt am Weinsberger Bach gelegen, der hier in die Wupper mündet. Da sich der Unterlauf dieses Baches Wipper nannte, leitet sich von ihm auch der Name für die gesamte Anlage ab. Sie brannte 1783 ab, wurde aber schnell wiederaufgebaut. Seine heutige Form erhielt der Kotten nach einem abermaligen Brand 1858. Er ist heute die letzte von ehemals 24 Doppelkotten-Anlagen am Solinger Abschnitt der Wupper.

Nach 1954 wurde der wupperseitige (Innen-)Kotten zum Wohnhaus umgebaut, im kleineren Außenkotten arbeiten bis heute selbstständige Schleifer. Sie retteten den Außenkotten vor dem Verfall, sodass die Anlage samt ihren Maschinen unter Denkmalschutz gestellt wurde. Der Wipperkotten ist der einzige auch in der technischen Ausstattung im Originalzustand erhaltene Solinger Kotten. Die Schleiferei Wipperkotten ist die letzte noch aktive Schleiferei in Solingen, die durch Wasserkraft betrieben wird. Hier kann man seine Messer schleifen lassen. Ein Förderverein unterhält den Kotten zusammen mit dem LVR-Industriemuseum, Außenstelle Solingen.

Info
Schleiferei Wipperkotten
Wipperkotten 2, 42699 Solingen
Tel. (02 12) 6 45 71 66
Apr.–Okt. 1. und 3. So. im Monat 14–16 Uhr
sowie nach Vereinbarung, 1 €
www.wipperkotten.com
Schleiferei Wipperkotten:
www.schnitt-kultur.de

GESENKSCHMIEDE HENDRICHS Industrielle Scherenherstellung

GESCHICHTE

Solingen gilt schon früh als das deutsche Zentrum der Messer- und Klingenindustrie. Dabei war diese Herstellung noch bis weit in das 20. Jahrhundert hinein eher handwerklich und arbeitsteilig organisiert. Die flexible Arbeitsteilung war eine der Stärken dieses Produktionszweiges.

Im Jahr 1886 gründeten Peter und Friedrich-Wilhelm Hendrichs eine Gesenkschmiede, die innerhalb weniger Jahrzehnte zur größten in Solingen wurde. Die Technik der Gesenkschmiede war damals relativ neu: Das Material wird dabei durch Druck, in der Regel auf Fallhämmern, geschmiedet. Zwei gegeneinanderschlagende Formwerkzeuge, die „Gesenke", bringen den in einem Ofen erhitzten Stahl in Form. Die im Akkord arbeitenden Schmiede (Schläger) konnten pro Tag bis zu 2500 Rohlinge herstellen. Die Firma mit dem offiziellen Namen „F. & W. Hendrichs – Scherenschlägerei und Gesenkschmiede – gegründet 1886" in dem Haus mit der markanten Eckfassade schmiedete vor allem Scherenrohlinge und stand zu Beginn an der Schwelle zwischen handwerklicher und industrieller Herstellung, da auch noch Schleifstellen vermietet wurden. Einer der Kapitalgeber, der Maschinenbauer Theodor Kieserling, drängte darauf, neben der Gesenkschmiede eine Dampfschleiferei mit 80 bis 90 Mietschleifplätzen einzurichten.

Die Entwicklung des Unternehmens verlief so erfolgreich, dass Kieserling bereits 1906 ausgezahlt, aber zugleich auch intensiv investiert werden konnte. Über 1300 unterschiedliche Scherenmodelle in jeweils bis zu sechs verschiedenen Größen wurden hier als Rohlinge produziert, wie das Musterbuch der Firma nachweist. Während des Ersten und Zweiten Weltkrieges produzierte Hendrichs für die Rüstung. In den 1960er-Jahren kam der Niedergang und das Unternehmen hatte keine ausreichenden Mittel zur notwendigen Modernisierung. Der Betrieb wurde zunehmend unrentabel, bis letztendlich 1986 die Produktion eingestellt wurde. Damals waren nur noch acht Personen bei Hendrichs beschäftigt.

ANLAGE

Die Anlage besteht aus dem schlichten Ziegelsteinbau der Fabrik und dem repräsentativen Herrenhaus. Zunächst war die dreigeschossige Dampfschleiferei, in der sich selbstständige Schleifer einmieten konnten, größer als die Schmiede. Zwischen beiden Bereichen befand sich die erste Dampfmaschine. Durch kontinuierlichen Ausbau erreichte das Werk bis zum Ersten Weltkrieg fast die heutige Gestalt. Es

Die Dampfmaschine der Gesenkschmiede

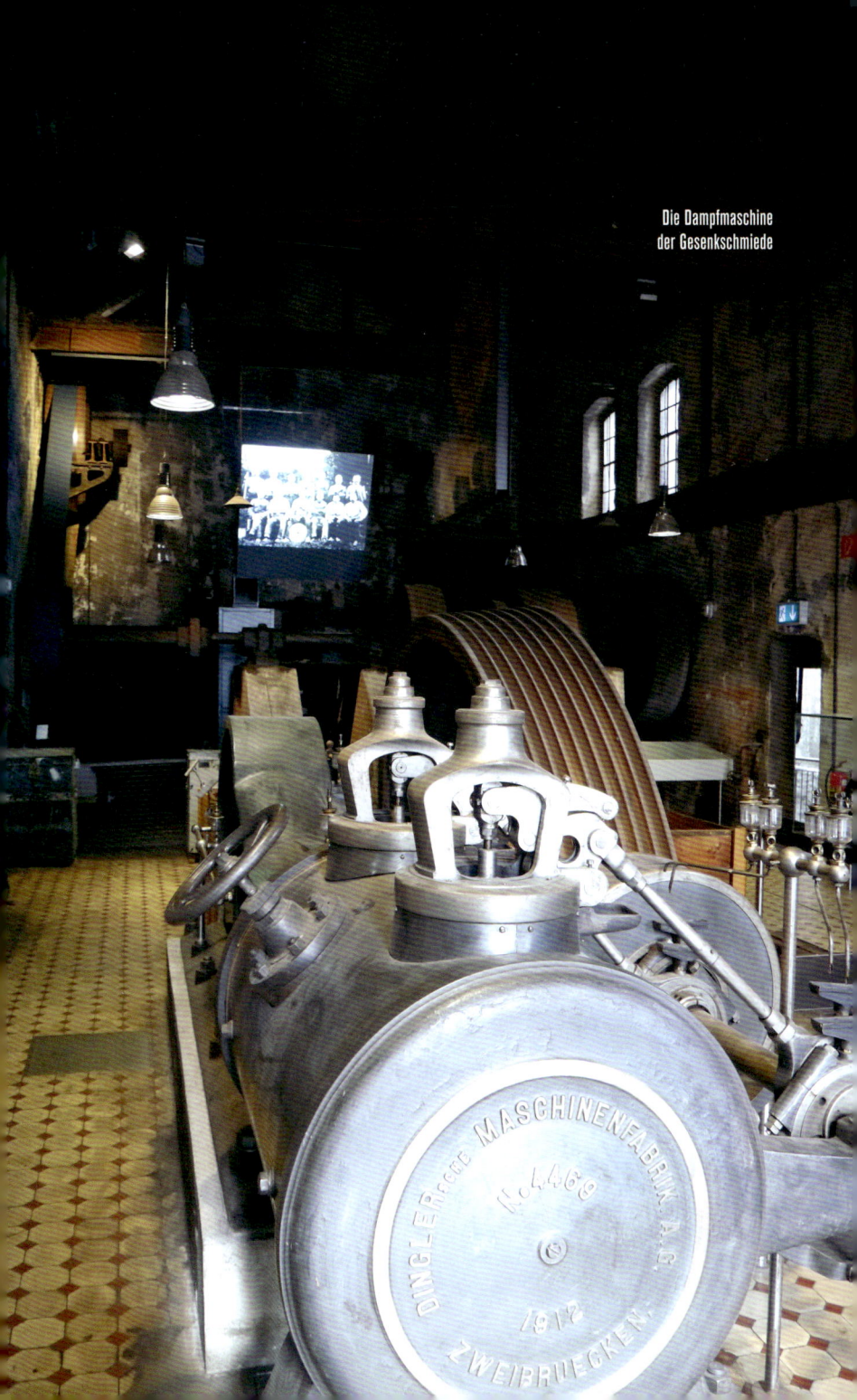

umfasst vier Abteilungen: die Spalterei, in der Stahlruten auf die nötige Abmessung gebracht wurden, die Schmiede, in der die Rohlinge im Gesenk ihre Form erhielten, die Schneiderei, die überflüssiges Material vom Rohling entfernte, und die Werkzeugmacherei zur Herstellung der Gesenk- und Schnittwerkzeuge. 1896 bezog die Familie die vornehme Villa auf dem Firmenareal. 1939 wurde ein neues Kesselhaus errichtet und Hendrichs erreichte mit 4000 Quadratmetern Fläche und 33 Hämmern seine größte Ausdehnung. Bis auf die Ecksituation und die Villa wirkt die Anlage sehr schlicht. Eine besondere Repräsentanz war aber auch nicht vonnöten, da Hendrichs nicht in unmittelbaren Kontakt mit auswärtigen Kunden kam.

Nach der Stilllegung wurde das Innere der Fabrik kaum verändert. Da größere Investitionen in der Zeit nach dem Zweiten Weltkrieg ausblieben, hat sich die historische Situation weitgehend erhalten.

Heutige Nutzung

Die Witwe des letzten Geschäftsführers versuchte das Unternehmen in Ehren abzuwickeln. In dieser Situation bot der LVR an, die Fabrik als Museum zu übernehmen. Mit den letzten acht Mitarbeitern wurde der Schaubetrieb aufgenommen. Da die Anlage vom Fertigungs- in den Museumsbetrieb nahtlos überging, strahlt das Museum eine besondere Authentizität aus. Heute noch werden hier Scherenrohlinge produziert. Die Ausstellung dokumentiert am Beispiel Hendrichs die Entwicklung und Besonderheiten der Solinger Fabrikation. In der Villa kann die Lebenswelt der bürgerlichen Fabrikbesitzer erlebt werden, zudem ist dort ein Restaurant untergebracht. Vielseitige Sonderveranstaltungen machen das Museum zu einem beliebten Ausflugsziel. Von hier aus werden auch die übrigen Standorte Solinger Industriekultur wie das Waschhaus Weegerhof, das Lieferkontor der Firma Herder, der Wipperkotten (siehe Müngstener Brücke, S. 119) sowie die Loosen Maschinn und die Taschenmesserreiderei Lauterjung betreut. Zudem ist das Museum federführend aktiv im Netzwerk Industriekultur Bergisches Land e. V.

ADRESSE

LVR-Industriemuseum Solingen Gesenkschmiede Hendrichs
Merscheider Straße 289–297, 42699 Solingen, Tel. (02 12) 23 24 10, Di.–Fr. 10–17, Sa., So. 11–18 Uhr (Hammerbetrieb Di.–Sa.), 4,90 €, erm. 4 €, bis 18 Jahre Eintritt frei
www.industriemuseum.lvr.de/de/solingen/solingen_1.html

ANFAHRT PKW

A 46, AS 29 Haan West in Richtung Haan Flurstraße bis Haan-Zentrum, Richtung Solingen-Merscheid bis zur Merscheider Straße; Parkplatz direkt am Museum
(GPS 51.171003,7.036841)

ANFAHRT ÖPNV

Ab Solingen Hbf. mit Bus 681 bis Industriemuseum

ESSEN + TRINKEN

Villa Zefyros
griechische Küche jenseits von Gyros und Fleischplatten in der alten Fabrikantenvilla
Merscheider Straße 289
42699 Solingen
Tel. (02 12) 28 95 91 96, Di.–So. 12–15 und 17.30–23 Uhr
www.villa-solingen.de

Außerdem sehenswert
❶ Loosen Maschinn
❷ Taschenmesserreiderei Lauterjung

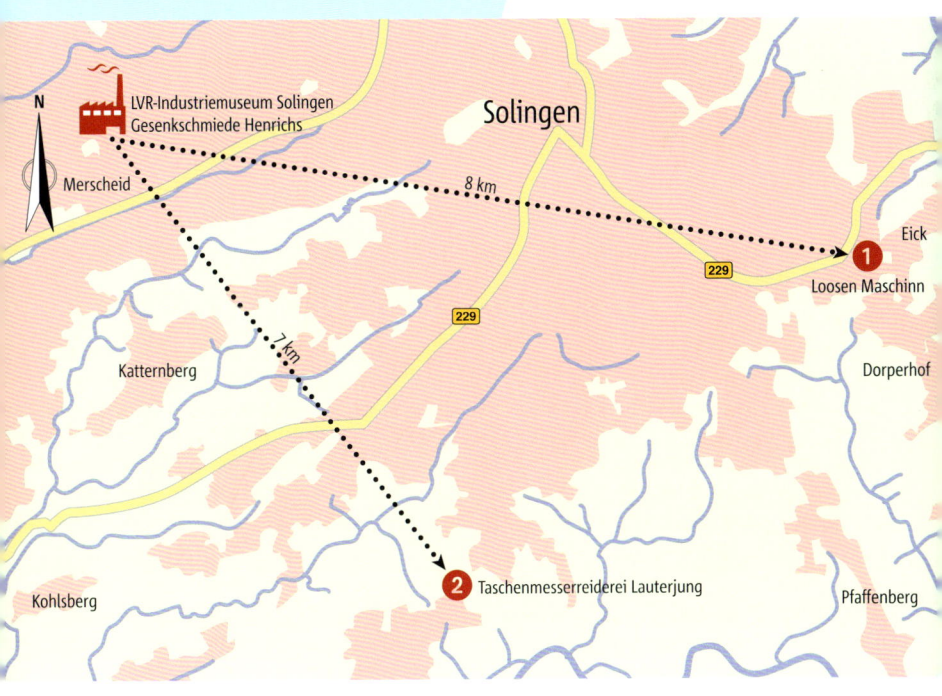

Industrielle Scherenherstellung

❶ LOOSEN MASCHINN
8 km von der Gesenkschmiede Hendrichs

Schleifereien waren noch bis ins 20. Jahrhundert hinein häufig im Tal gelegen, um dort die Wasserkraft zu nutzen. Mit der Einführung der Dampfmaschine wurde die Standortfrage nachrangig.

1888 ließ der Landwirt Ernst Loos auf dem Widderter Höhenrücken eine Dampfschleiferei in einem dreigeschossigen Backsteinbau errichten. Sie war keine Fabrik im klassischen Sinne, sondern Loos vermietete Schleifstellen an selbstständige Schleifer. Insgesamt konnten sich 183 Schleifer in der Loosen Maschinn, also bei der Dampfmaschine von Loos, einmieten. Sie war damit eine der größten in Solingen. Zwar kamen ab 1910 vermehrt Elektromotoren auf den Markt, die den Handwerkern auch einen Schleifbetrieb in heimischer Werkstatt erlaubt haben, trotzdem nutzten Schleifer die Maschinn noch bis 1989. Das Gebäude wurde danach saniert und in Wohn- und Gewerberäume umgebaut. Ein originalgetreuer Schleifarbeitsplatz ist erhalten, außerdem werden im Treppenhaus regelmäßig zweimal im Jahr Fotoausstellungen gezeigt.

Technik + Architektur
Dampfschleiferei Loosen Maschinn
Börsenstraße 87, 42657 Solingen
Tel. (02 12) 23 24 10
(LVR-Industriemuseum Gesenkschmiede Hendrichs)
Öffnungszeiten an ausgewählten Sonntagen und auf Anfrage beim LVR-Industriemuseum Gesenkschmiede Hendrichs, 1 €

❷ TASCHENMESSERREIDEREI LAUTERJUNG
7 km von der Gesenkschmiede Hendrichs

Auf dem Höhenrücken oberhalb der Müngstener Brücke (siehe Müngstener Brücke, S. 114) liegt in einem kleinen Fachwerkbau eine Taschenmesserreiderei. In Solingen werden als Reider die Heimarbeiter bezeichnet, die in ihren Werkstätten, vereinfacht gesagt, Klinge und Heft zusammenbrachten, also die Messer endmontierten. Sie waren spezialisiert auf die verschiedenen Messertypen wie Küchenmesser, Rasiermesser oder Taschenmesser.

Die Werkstatt wurde 1906 zum Preis von 139 Goldmark eingerichtet und ist noch im Originalzustand erhalten, in dem der Sohn des Gründers 1969 den Betrieb einstellte. So hängt noch der Kalender aus diesem Jahr mit persönlichen Notizen an der Wand, wie auch noch eine Tabaksdose aus dem Jahr vorhanden ist. Neben der Reiderei vertrieb Arthur Lauterjung Tabak. In speziellen Workshops werden in der Werkstatt heute noch Taschenmesser montiert.

Info
Taschenmesserreiderei Lauterjung
Schabeger Straße 16, 42659 Solingen
Tel. (02 12) 23 24 10 (LVR-Industriemuseum Gesenkschmiede Hendrichs)
Apr.-Okt. 1. Mi. im Monat 15-17 Uhr, 1 €

DEUTSCHES KLINGENMUSEUM
Von Schwertern und Türmen

GESCHICHTE

Solingen gilt als die deutsche Klingenstadt. „Made in Solingen" ist nach wie vor ein weltweit bekanntes Qualitätszeichen und entsprechend geschützt. Die Ursprünge der Solinger Schneidwarenherstellung liegen jedoch im Dunkeln. Sicherlich waren der Wasserreichtum, Erzvorkommen und die holzreichen Wälder, die nicht einem Landesherrn oder der Kirche gehörten, wichtige Gründe. Die gern erzählte Geschichte, die Grafen von Berg hätten von den Kreuzzügen die Technik des Damaststahls, einer frühen, nach der Stadt Damaskus benannten Art der Schmiedetechnik, nach Solingen geholt, lässt sich nicht belegen. Graf Engelbert I. starb schon 1198 auf dem Weg ins Heilige Land in Serbien und Adolf III. fiel 1218 vor Damiette in Ägypten. Seit dem 15. Jahrhundert sind Privilegien und Zünfte von Schmieden und Schwertmachern belegt. Es entwickelte sich in Solingen früh eine Arbeitsteilung. Der Schwertschmied schmiedete das Eisen für das Schwert als Rohling, der Härter bearbeitete die Klinge durch Erhitzen weiter. Dabei musste sie an der Oberfläche hart werden, aber im Kern zäh bleiben. Danach war der Schleifer an der Reihe, der der Klinge nicht nur die notwendige Schärfe verlieh, sondern auch die Hohlbahnen in der Mitte einarbeitete, die für Elastizität und geringeres Gewicht sorgten. Da die Klinge durch das Schleifen sehr beansprucht wurde, war nun nochmals der Härter an der Reihe, bevor der Schwertfeger die Klinge polierte, die Scheide herstellte und das fertige Schwert vertrieb. Aus den Schwertfegern gingen später die Fabrikanten hervor.

Spätestens seit dem 16. Jahrhundert war „Me fecit Solingen", lateinisch für „Mich schuf Solingen", ein europaweit bekanntes Qualitätszeichen. Mit der Industrialisierung setzte auch in dieser Stadt langsam der Wandel hin zur industriellen Fertigung ein. Die Dampfmaschine und der vermehrte kostenintensive Maschineneinsatz verdrängten nach und nach die handwerkliche Produktion. Heute noch bekannte Firmen wie Henckels, Herder, Martor oder Güde gehören zu den traditionsreichen Solinger Unternehmen mit Weltruhm. Auch wenn die Qualität weiterhin hoch blieb, geriet auch Solingen ab den 1960er-Jahren zunehmend unter internationalen Druck. Aber noch heute sind 90 Prozent der deutschen Schneidwarenindustrie in Solingen zu Hause. Mit 21 Prozent stellt sie nach wie vor den wichtigsten Wirtschaftszweig der Stadt dar.

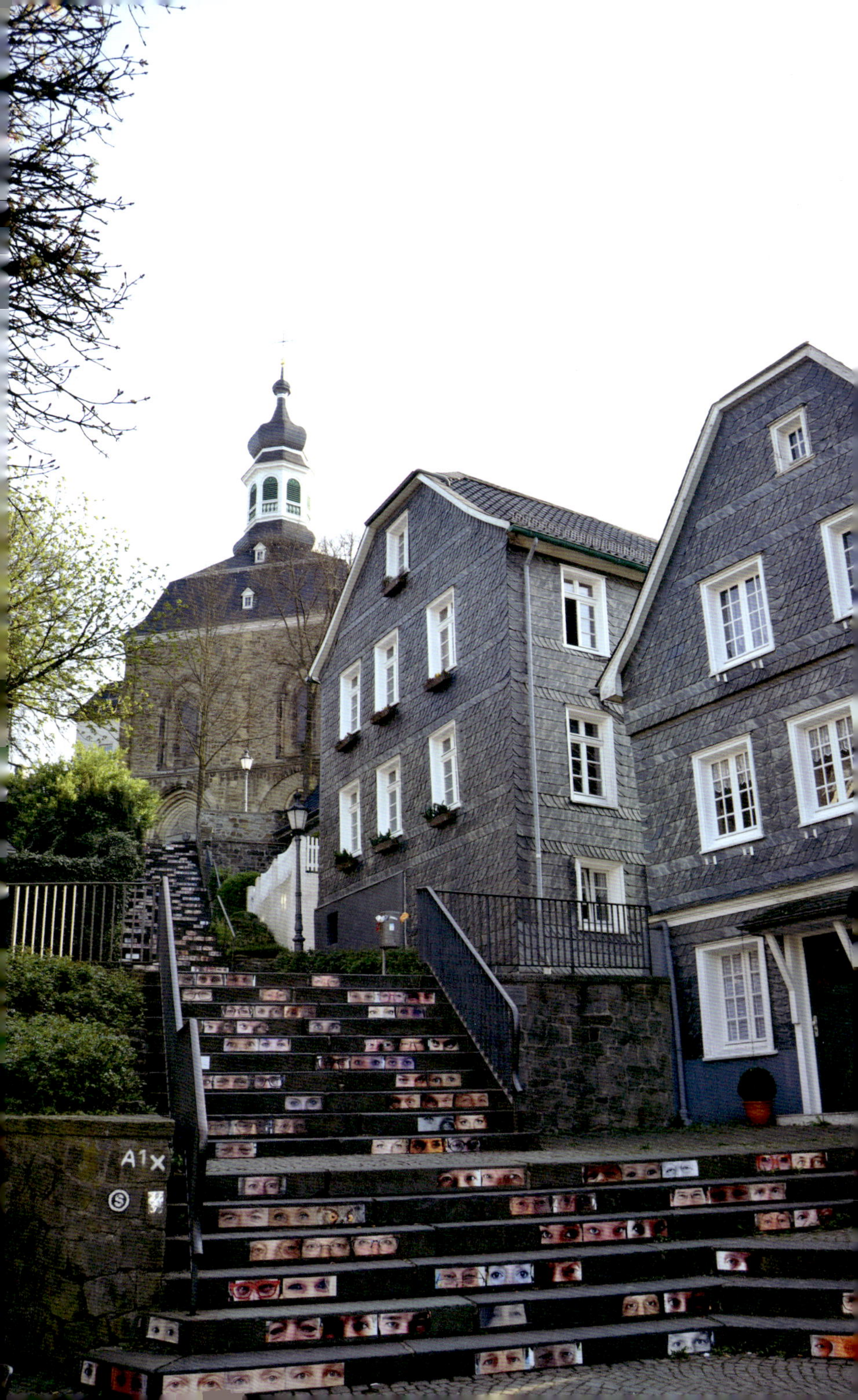
A1x

ANLAGE

Das Deutsche Klingenmuseum ist an einem der großen historischen Plätze Solingens untergebracht: im ehemaligen Kloster Gräfrath. 1185 von dem berühmten Stift Vilich bei Bonn aus gegründet, gehörte es zu den bedeutendsten Klöstern des Bergisches Landes. Anlass soll eine Marienerscheinung im Quellgebiet des Baches Itter gewesen sein. Graf Adolf V., der 1288 in der Schlacht von Worringen gegen den Kölner Erzbischof, einer der größten Schlachten des Mittelalters, zu den Siegern gehörte und Düsseldorf dafür die Stadtrechte verlieh, ist hier bestattet. Seine Frau, Elisabeth von Geldern, trat nach seinem Tod ins Kloster ein und fand ebenfalls hier ihre letzte Ruhe. Am 27. Dezember 1686 brannte Gräfrath völlig nieder, nur der Turm der Klosterkirche und die Katharinenkapelle blieben erhalten. Die wiederaufgebaute Kirche fiel 1717 einem Blitzeinschlag zum Opfer. 1727 war der barocke Neubau abgeschlossen. Die heutige Kirche entstammt dieser Bauphase, mit Ausnahme des Westwerks von 1250 und der Kapelle aus dem 15. Jahrhundert.

1803 wurde das Gräfrather Kloster aufgelöst und danach als Kaserne, Erziehungsheimschule und von 1941 bis 1987 als Stadtarchiv genutzt. Die heutige Pfarrkirche St. Mariä Himmelfahrt verfügt über einen bedeuten Kirchenschatz, der nach dem Kölner Domschatz zu den wichtigsten des Erzbistums gehört. Er ist im Klingenmuseum dauerhaft ausgestellt.

Heutige Nutzung

Die Ursprünge des Klingenmuseums reichen ins Jahr 1904 zurück, als die Fachschule für die Stahlwaren-Industrie in Solingen gegründet wurde. Von Beginn an gab es eine Sammlung alter Solinger Schneidwaren als historisch-didaktisches Material. Daraus ging 1929 ein Industriemuseum hervor, das 1954 in Deutsches Klingenmuseum umbenannt wurde. Die thematische Ausrichtung dieses kunsthistorischen Museums ging weit über den reinen Solingen-Bezug hinaus. Der Raum im ehemaligen Gräfrather Rathaus war so beengt, dass es 1991 in die ehemaligen Klostergebäude umzog. Das Museum präsentiert heute die Geschichte der Blankwaffen und Tafelkultur, angefangen vom Bronzeschwert aus dem Iran bis weit ins 21. Jahrhundert hinein. Ergänzt wird die Ausstellung durch den Gräfrather Kirchenschatz und die Arrenberg'sche Zinngießerei, die unter anderem die berühmte bergische Dröppelminna, eine bauchige Kaffeekanne, herstellte.

ADRESSE

Deutsches Klingenmuseum
Klosterhof 4, 42653 Solingen
Tel. (02 12) 25 83 60
Di.–Do., Sa., So. 10–17,
Fr. 14–17 Uhr, Erw. 4,50 €,
Kinder 2 €
www.klingenmuseum.de

ANFAHRT PKW

A 46, AS 30 Haan-Ost, L 357
Richtung Solingen-Gräfrath, dort
der Beschilderung „Deutsches
Klingenmuseum" folgen; Parkplätze
direkt vor Ort vorhanden
(GPS 51.209740, 7.072420)

ANFAHRT ÖPNV

Ab Vohwinkel Bf. bzw. Solingen
Mitte (S) Bus 683 bis Deutsches
Klingenmuseum

ESSEN + TRINKEN

Gräfrather Klosterbräu
uriges Brauhaus im Ortskern
In der Freiheit 24
42653 Solingen
Tel. (02 12) 2 57 19 00
Mo.–Sa. 11.30–0.45,
So. 11.30–22.30 Uhr
www.graefratherklosterbraeu.de

Außerdem sehenswert

1. Lichtturm
2. Tierpark Fauna

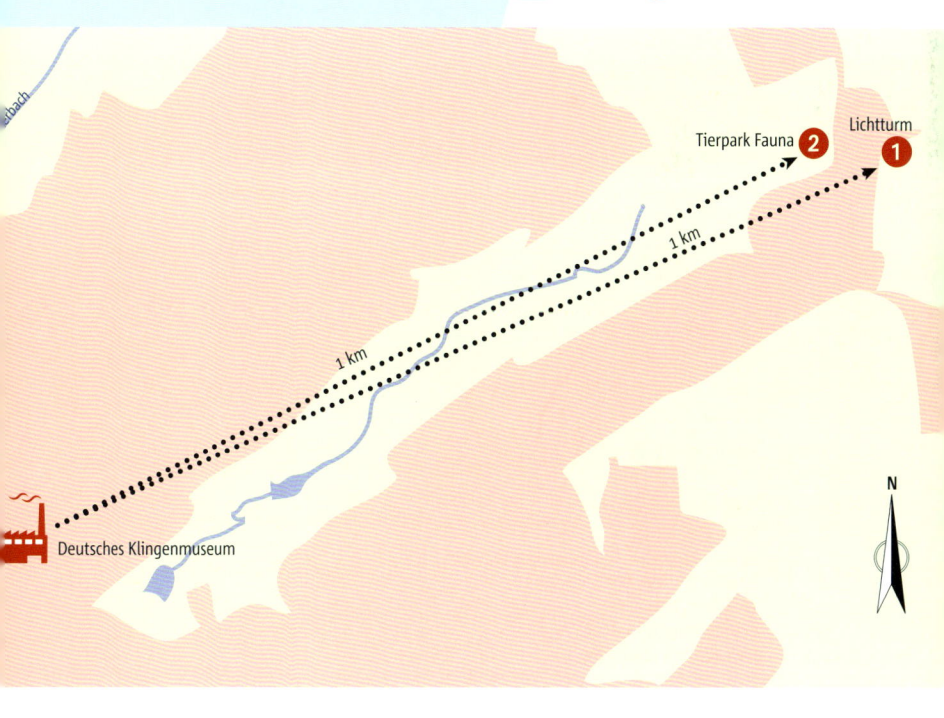

Von Schwertern und Türmen

Außerdem sehenswert:

❶ LICHTTURM
1 km vom Deutschen Klingenmuseum

Das rapide Bevölkerungswachstum der Städte während der Industrialisierung warf das Problem der Wasserversorgung auf, auch unter hygienischen Gesichtspunkten. Um die Bevölkerung mit ausreichend frischem Wasser zu versorgen und genügend Druck in den Leitungen zu haben, wurden Wassertürme angelegt. Der Gräfrather Turm entstand 1904 nach dem Konzept des Wasserbauingenieurs Otto Intze (1843–1904) und befindet sich fast an der höchsten Stelle Solingens. Ein nach dem Intze-Prinzip gebauter Wasserturm hat einen Wasserbehälter mit einem Boden, der außen nach unten abgeschrägt und mittig nach oben gewölbt ist: Dadurch ist eine besonders schlanke Stützkonstruktion des Turmbaus möglich. Diese Bauart wurde in Deutschland zwischen 1885 und 1905 angewandt.

Wurde das Wasser für den Gräfrather Turm zunächst aus Elberfeld bezogen, versorgten sich die 1929 mit Solingen zu einer einzigen Stadt zusammengeschlossenen Orte ab den 1930er-Jahren aus der Sengbachtalsperre. 1983 wurde der Turm aufgegeben. 10 Jahre später legte der Lichtplaner Johannes Dinnebier Pläne vor, den Turm umzubauen und ihn für Lichtinszenierungen und Veranstaltungen zu nutzen. Dafür wurde der Wasserbehälter abgerissen und durch eine transparente Kuppel aus Glas und Stahl ersetzt. Die Firmengruppe des Lichtplaners nutzt den Turm für Präsentationen, aber er steht auch für Kulturveranstaltungen zur Verfügung, wie für die Turmspiele. In der Glaskuppel finden dabei experimentelle Kulturveranstaltungen von Film, Lyrik, Musik bis hin zu Lesungen statt.

Technik + Architektur
Lichtturm
Veranstaltungsraum der Lichtdesigner Dinnebier
Lützowstraße 340, 42653 Solingen
Tel. (02 12) 3 83 79 47
Öffnungszeiten auf Anfrage
www.lichtturm-solingen.de

❷ TIERPARK FAUNA
1 km vom Deutschen Klingenmuseum

1932 eröffnete der Ziergeflügelverein Fauna einen Heimattiergarten bei Gräfrath. Es entstand ein 3,5 Hektar großer Tierpark, der zunächst nur die heimische Tierwelt präsentieren wollte. Mittlerweile leben hier mehr als 400 einheimische wie auch exotische Tiere aus 100 Arten. Es existieren eine Papageienanlage, eine Fasanerie und ein Nasenbärgehege. Im Warmhaus werden Schildkröten, Schlangen und Echsen präsentiert, während im Park auch Alpakas und Kängurus erlebt werden können. In dem Park, der zu den beliebtesten Freizeiteinrichtungen Solingens gehört, befindet sich auch ein Gartencafé.

Info
Tierpark Fauna
Lützowstraße 347, 42653 Solingen
Tel. (02 12) 59 12 56, tägl. 9–18 Uhr
Erwachsene 4,50 €, Kinder 2,50 €
www.tierpark-fauna.de

EXTRA

DAS BERGISCHE STÄDTEDREIECK
Ein Kind der Industrialisierung

Die Verstädterung ist eines der typischen Merkmale der Industrialisierung. Dies gilt auch für das Bergische Land, das heute zu den Regionen Deutschlands mit der größten Stadtdichte zählt. Dabei ist aber eine Besonderheit dieser Region zu beachten. Schon zu Beginn der Industrialisierung gab es eine klare Unterscheidung zwischen dem wirtschaftlich starken Norden und dem weiterhin größtenteils agrarisch geprägten Süden des Bergischen Landes.

Als das Bergische Land 1815/16 an Preußen fiel, gab es in ganz Preußen nur 26 Städte mit mehr als 10.000 Einwohnern. Allein im Bergischen lagen davon drei: In Düsseldorf lebten 22.000, in Elberfeld 21.000 und in Barmen 19.000 Menschen, dabei hatten die beiden Letztgenannten eine Einwohnerdichte von 741 beziehungsweise 875 Menschen pro Quadratkilometer. Heute sind es zum Vergleich dazu in Gesamt-Wuppertal 2079 Einwohner pro Quadratkilometer. Während Düsseldorf als Beamten- und Verwaltungssitz gesehen wurde, galten Barmen und Elberfeld damals schon als Industriestädte. In Gesamtpreußen wohnten noch 92 Prozent der Bevölkerung auf dem Land, dagegen zählte der Norden des Bergischen Landes schon 20 Prozent Städter.

Allerdings darf man sich diese Städte auch nicht allzu urban vorstellen. So schrieb der Schriftsteller Vincenz von Zuccalmaglio zu jener Zeit über die Bürgermeisterei Gladbach, heute Bergisch Gladbach: „Kein einzig Dorf ist in der Bürgermeisterei. Um die Kirchen liegen nur wenige Häuser, meistens Schänken." Dies galt auch für die ehemaligen mittelalterlichen wichtigen Städte des Landes wie Wermelskirchen, Hückeswagen oder Ratingen.

Die Armut und Abgeschiedenheit Ratingens machte den Ort für Brügelmanns Textilfabrik interessant (siehe Haus Cromford, S. 14). Mit der allmählich durchstartenden Industrialisierung ging ein deutlicher Bevölkerungszuwachs einher, der sich besonders in den Städten bemerkbar machte.

Zwischen 1849 und 1880 nahm die Bevölkerung des Bergischen Landes um 300.000 Menschen zu, ein Plus von 57 Prozent. Der Schwerpunkt bei dieser Entwicklung war wiederum der industrialisierte Norden mit seinen Städten, aus denen sich das Bergische Städtedreieck mit den heutigen Städten Remscheid, Solingen und Wuppertal entwickelte. Hier entstanden die Fabriken, die vielen Menschen, die in die Städte strömten, Arbeit gaben. Schon Mitte des 19. Jahrhunderts hatten Elberfeld und Barmen Düsseldorf als größte Stadt des Bergischen verdrängt. Dort gewann die Industrialisierung erst mit dem Eisenbahnbau wieder an Fahrt. Interessant ist ein Blick auf das Jahr 1880. Düsseldorf hatte in diesem Jahr 95.000 Einwohner, Elberfeld mit 93.000 etwas weniger, während Barmen mit knapp 96.000 sogar darüber lag. Solingen zählte in diesem Jahr zwar nur bescheidene 17.000 Einwohner, der wirtschaftsstarke Landkreis Solingen dagegen schon über 100.000. Daraus entwickelte sich eine große Dynamik, die die Stadt völlig veränderte. Seit den 1850er-Jahren wurde der nördliche Stadtbereich systematisch ausgebaut, die lockere Bebauung wich einer immer stärkeren Verdichtung. Es entstanden nun auch ein Krankenhaus und sonstige öffentliche Einrichtungen. 1875 sah man sich dann gezwungen, Straßennamen einzuführen. 1889 wurde die selbstständige Stadt Dorp mit ihren 12.000 Bürgern eingemeindet. Mit dem „Gesetz über die kommunale Neugliederung des rheinisch-westfälischen Industriegebiets" 1929 kamen dann Gräfrath, Höhscheid, Ohligs und Wald hinzu.

Anders verlief die Entwicklung von Lennep. Die Stadt gehörte schon im Mittelalter zu den wichtigsten Städten des Landes und war seit 1815 Kreisstadt. Zwar ging die Entwicklung auch hier industriebedingt aufwärts, aber das wesentlich jüngere und kleinere Remscheid nahm durch seine Werkzeugindustrie einen solchen Aufschwung, dass es die Kreisstadt bald überflügelte, während Lennep an Bedeutung verlor. 1880 schied Remscheid aus dem Kreis Lennep als kreisfreie Stadt aus. 1929 löste man mit der oben genannten Neugliederung den Kreis Lennep auf und die ehemalige Kreisstadt wurde ein Teil Remscheids.

Im Wuppertal konkurrierten **Barmen** und **Elberfeld** um den Titel der größeren und bedeutenderen Stadt. Während Barmen, das erst 1808 Stadtrechte verliehen bekommen hatte, die meiste Zeit vorne lag, aber immer als die proletarischere Stadt galt, besaß Elberfeld den Ruf der Vornehmheit. Es hatte bereits 1610 Stadtrechte erhalten und genoss seit 1527 das herzogliche Privileg der Garnnahrung, also der Garnherstellung – die Grundlage des Elberfelder Wohlstands. Gepaart war dies mit einer pietistischen Grundhaltung der Bürger. Als 1830 von Adolf von Vages das neue Elberfelder Rathaus errichtet wurde, wollte er einen großen, repräsentativen Platz anlegen. Der Stadtrat lehnte mit der Begründung ab, Elberfeld sei eine „Fabrick-Stadt, keine Provinzial-Residenz oder Garnisons-Stadt".

Aber das massive Wachstum beider Städte im 19. Jahrhundert ließ die Stadtgrenzen fast verschwimmen. Auch im Hinblick auf Stadtentwicklung und Verkehrsfragen mussten die beide Städte zunehmend gemeinsam entscheiden, so schon bei der Schwebebahn (siehe Wuppertaler Schwebebahn, S. 74). Zudem entstanden in ihrer Nähe weiter aufstrebende Industriestädte wie Ronsdorf. Wie auch im Falle Solingens kam die grundlegende Neuordnung aber erst **1929** zustande, als **Barmen, Cronenberg, Elberfeld, Ronsdorf und Vohwinkel** zu „Barmen-Elberfeld" zusammengeschlossen wurden. Dieser Name stieß aber bei den Menschen auf wenig Gegenliebe, sodass eine **Bürgerbefragung 1930** den **Namen Wuppertal** festlegte.

Die Entwicklung des Städtedreiecks lässt sich noch heute gut in den Stadtbildern feststellen. Der **eigene Charakter der ehemals selbstständigen Städte** ist in der Architektur und im Stadtgrundriss immer noch präsent.

Ein Kind der Industrialisierung

FREUDENTHALER SENSENHAMMER
Älteste Industrie Leverkusens

GESCHICHTE

1778 erhielt der aus Köln-Mülheim stammende Kaufmann Derick van Hees die Erlaubnis des Landesherrn, bei Schlebusch in verkehrstechnisch sehr guter Lage einen Reckhammer zu errichten. Mit Wasserantrieb fertigte er Roheisenknüppel, die im Bergischen Land weiterverarbeitet wurden. 1815 übernahm der aus Hagen stammende Sensenfabrikant Caspar Lange den Hammer und baute ihn aus. Dann kaufte die Familie Kuhlmann 1835 den Hammer Freudenthal. Unter ihr ging es stetig bergauf. Bis zu elf Schmiedehämmer waren im Einsatz. Der nahe Eisenbahnanschluss ab 1847 begünstigte diese Entwicklung. 1859 ließ die Firma Kuhlmann ein Herz als Markenzeichen eintragen. In den 1880er-Jahren wurden Turbinen und eine Dampfmaschine in Betrieb genommen. Um die Jahrhundertwende waren hier 76 Mitarbeiter beschäftigt, die vor dem Ersten Weltkrieg pro Jahr 200.000 Sensen und Strohmesser fertigten. Ab 1906 kam ein wichtiges zweites Standbein hinzu. Kuhlmann schloss einen Vertrag mit dem Bergischen Electrizitäts-Werk in Solingen und speiste selbst produzierten Strom ins Netz. Auch wenn das Unternehmen sich weiter modernisierte – so nahm 1967 eine neue Turbine den Betrieb auf –, musste 1987 der Sensenhammer seine Arbeit einstellen. Die Mechanisierung der Landwirtschaft und günstigere Konkurrenz hatten ihn unrentabel gemacht. Der Sensenhammer war der letzte seiner Art im Bergischen Land.

ANLAGE

Auch wenn der Sensenhammer stetig erweitert und modernisiert wurde, ist die alte Bausubstanz weitestgehend erhalten. Seit den 1880er-Jahren wurden die einzelnen Gebäudeteile zunehmend baulich zusammengefasst und ein zentraler Schornstein errichtet. Der heute noch vorhandene durchgängige Fabriktrakt entstand um 1900, indem der Hof zwischen Maschinen- und Kesselhaus überdacht wurde. Insgesamt stellt sich der Hammer als geschlossene Industrieanlage des ausgehenden 19. Jahrhunderts dar. Neben den Schmiede- und Hammerwerksgebäuden gehört auch die historische Wasserkraft- und Stromerzeugungsanlage mit Stauteich, Wasserturbinen, Kraftwerk und Transmission dazu. Ferner sind noch die Fabrikantenvilla mit Landschaftsgarten und Arbeiterwohnhäuser erhalten.

Heutige Nutzung

1991 übernahm der Förderverein Freudenthaler Sensenhammer e. V. die Anlage und betreibt dort ein Industriemuseum. Seit 2005 zeigt eine Ausstellung die Bedeutung

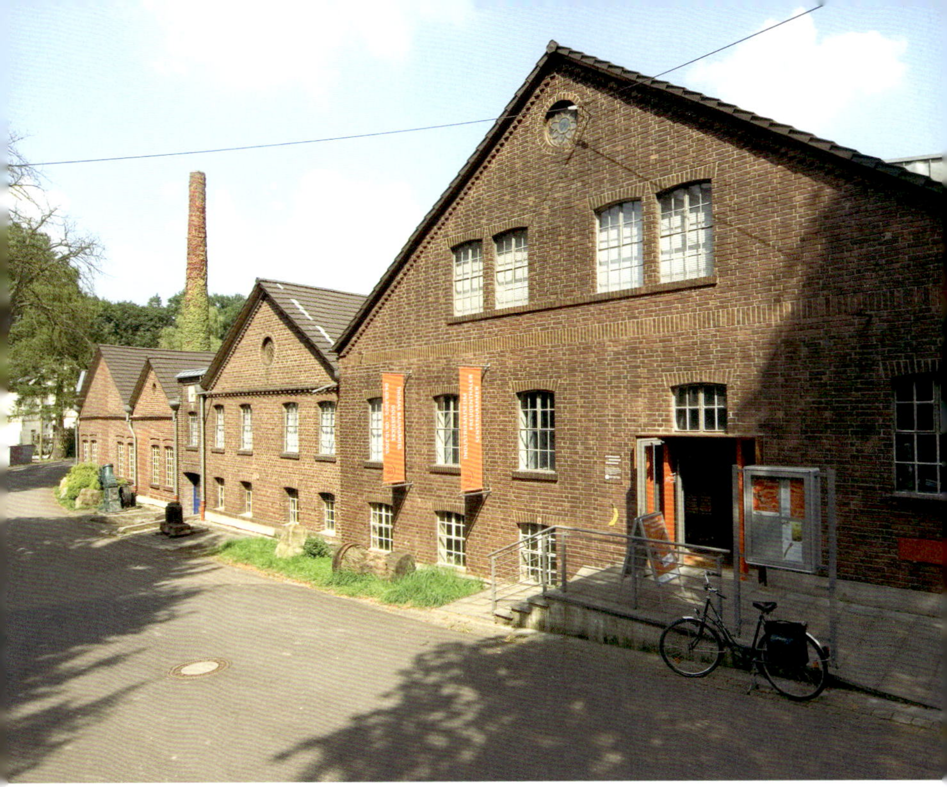

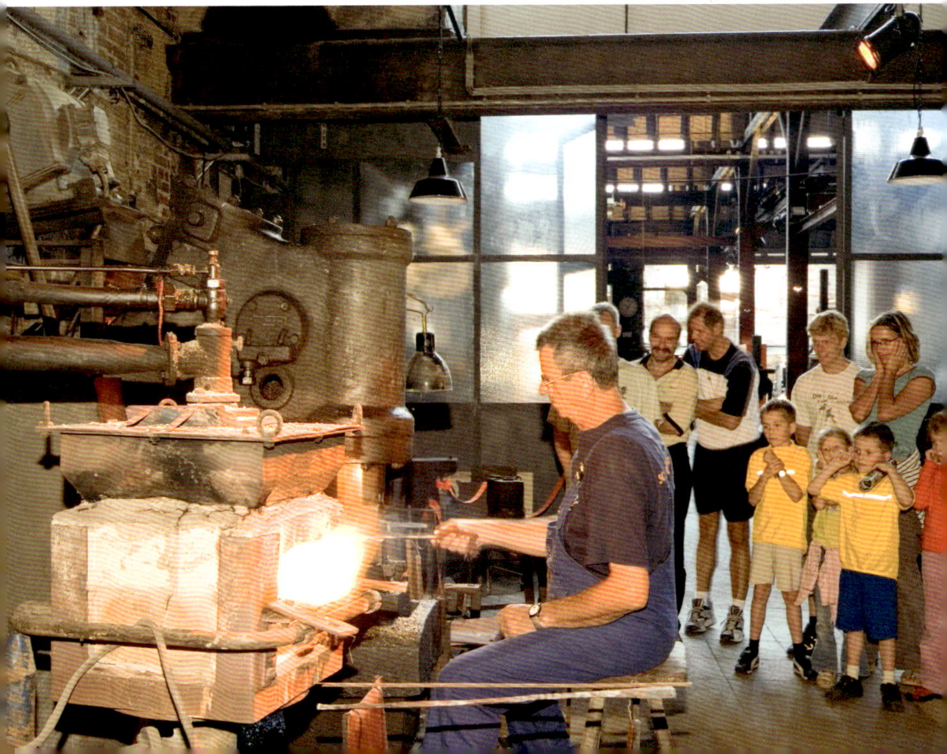

der Sense als Kulturgut, ihre Produktion an authentischen Maschinen sowie die Unternehmensgeschichte. An Vorführtagen (über die man sich im Internet oder per Telefon informieren kann) erlebt man die Schmiedehämmer und Schmiedeöfen in Betrieb. Im museumseigenen Shop kann man Sensen, Sicheln und Wetzsteine für die Gartenarbeit erstehen.

ADRESSE
Industriemuseum Freudenthaler Sensenhammer
Freudenthal 68, 51375 Leverkusen
Tel. (02 14) 5 00 72 68
Di.–Do. 10–13, Sa., So. 12–17 Uhr Erw. 4,50 €, Kinder 2,50 €
www.sensenhammer.de

ANFAHRT PKW
A 3, AS 24 Leverkusen-Mitte, über Willy-Brandt-Ring in Richtung Leverkusen-Schlebusch; Parkmöglichkeiten direkt vor Ort (GPS 51.030963, 7.054924)

ANFAHRT ÖPNV
Ab Leverkusen-Mitte (S) Bus 208 Richtung Leverkusen-Mathildenhof bis v.-Diergardt-Straße, ab dort ca. 5 Minuten Fußweg

ESSEN + TRINKEN
Herkenrath Hof
anspruchsvolle rheinische Küche seit 1860
Bergische Landstraße 74–76
51375 Leverkusen
Tel. (02 14) 5 00 67 31
tägl. 11–1 Uhr
www.herkenrath-hof.de

Außerdem sehenswert
① Erbslöh-Denkmal Leichlingen
② Kultur Badehaus Burscheid

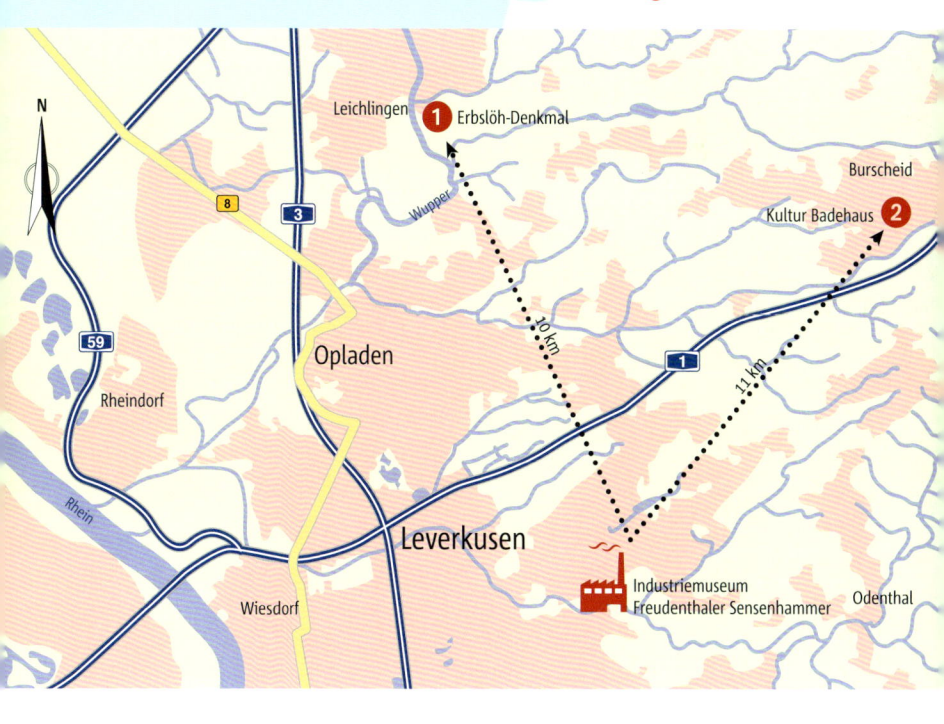

Älteste Industrie Leverkusens

Außerdem sehenswert:

❶ ERBSLÖH-DENKMAL LEICHLINGEN
10 km vom Freudenthaler Sensenhammer

Oskar Erbslöh (1871–1910) gilt als ein Pionier der deutschen Luftschifffahrt. Der Sohn einer Elberfelder Kaufmannsfamilie begeisterte sich schon früh für den noch jungen Luftsport und war bekannt als Sieger verschiedener internationaler Luftrennen. 1909 gründete er die Rheinisch-Westfälische Motorluftschiff Gesellschaft mit Sitz in Balken bei Leichlingen. Die 80 Meter lange, 23 Meter breite und 24 Meter hohe Luftschiffhalle sollte Keimzelle einer ganzen Luftschiffindustrie werden. Hier entstand auch die Erbslöh, ein 53 Meter langes Luftschiff. Im Dezember 1909 fand ihr Jungfernflug statt. Starker Sturm trieb das Schiff nach Zwischenlandung in Reusrath bis nach Mönchengladbach. Am 13. Juli 1910 startete Erbslöh mit seinem Schiff und einer fünfköpfigen Besatzung trotz Nebels zu einem weiteren Flug. Schon ungefähr 20 Minuten später explodierte das Luftschiff zwischen Neuenkamp und Pattscheid nur wenige Hundert Meter Luftlinie entfernt in der Luft. Alle Besatzungsmitglieder kamen ums Leben. In etwa gegenüber der Luftschiffhalle, die nach dem Ersten Weltkrieg abgerissen wurde, errichtete die Stadt Leichlingen ein Denkmal für Erbslöh. Die Pläne der Stadt, ein Luftschiff in ihr Wappen aufzunehmen, lehnte der preußische König 1913 ab.

Technik + Architektur
Erbslöh-Denkmal
Oskar-Erbslöh-Straße
42799 Leichlingen

Essen + Trinken
Restaurant Zur Kutsche
authentisch bergische Küche
Balken 5, 42799 Leichlingen
Tel. (0 21 75) 35 43
Mi.–Mo. 18–22,
So. außerdem 12–15 Uhr

❷ KULTUR BADEHAUS BURSCHEID
11 km vom Freudenthaler Sensenhammer

Die Götze-Werke sind heute noch im Raum Burscheid ein Begriff. 1887 hatte Friedrich Wilhelm Götze, der durch seine Eisenbahntätigkeit nach Burscheid kam, hier einen Betrieb zur Herstellung von Kolbenringen gegründet. Aus bescheidenen Anfängen wurde die international bekannte Götze AG. Seit 1998 gehört Götze zur US-amerikanischen Federal-Mogul-Holding, von vielen Burscheidern augenzwinkernd „föderaler Mogul" genannt.

Mit dem Aufschwung Götzes entwickelte sich auch Burscheid, sodass die Hygienefrage an Bedeutung gewann. So wurde 1914 ein öffentliches Badehaus eröffnet, in dem die Fabrikarbeiter mangels eigener Bademöglichkeiten 20 Minuten lang baden konnten. Angeschlossen war ein Freibad. 1976 zugunsten des neuen Stadtbads geschlossen, nutzte die Stadt es unter anderem als Asylunterkunft, bis 2006 der Kulturverein Burscheid das Haus übernahm und es seitdem als bürgernahes Kulturzentrum nutzt.

Info
Kultur Badehaus Burscheid
Bürgermeister-Schmidt-Straße 7c
51399 Burscheid
www.kulturverein-burscheid.de

NETZWERK INDUSTRIE-KULTUR BERGISCHES LAND E. V.

Ein wertvolles regionales Erbe – neu ins Bewusstsein gerückt

Lange Zeit gehörten Industrieanlagen einfach zum Alltag der Menschen im Bergischen Land. Der Rauch, der Lärm und der Dreck wurden als störend empfunden und als die ersten Werke schlossen, wurde zwar der Verlust von Arbeitsplätzen beklagt, zugleich waren die Menschen vielfach erleichtert, die „Dreckschleudern" los zu sein. Dass diese Industrieanlagen zugleich auch zur Kultur des Bergischen Landes gehörten, drang lange Zeit kaum ins öffentliche Bewusstsein.

Doch gab es auch die Menschen, die in ihrem Arbeitsplatz mehr sahen als nur einen Ort, an dem man sich für acht, neun Stunden aufhielt, um Geld zu verdienen. Für sie war ihr Beruf in Bandwirkereien, Tuchfabriken oder Gesenkschmieden ein Teil ihrer persönlichen Identität. Sie engagierten sich, um der heutigen Generation die Technik ihrer Zeit und die durch sie bedingte Lebensweise nahezubringen. In der Regel waren es langjährige Mitarbeiter eines Unternehmens. Vieles wurde in Eigenregie als bürgerschaftliches Engagement bewegt.

Mit der Eröffnung der ersten Ausstellung des Historischen Zentrums Wuppertal 1983 wurde das Thema Industriekultur von der Öffentlichkeit zunehmend stärker aufgegriffen. Doch nach wie vor stand dieser Bereich im Schatten der klassischen Ausflugsziele und Kulturhighlights wie Schloss Burg oder des Von der Heydt-Museums. Um eine bessere und breitere Aufmerksamkeit zu bekommen, aber auch um die vielen Museen und Initiativen zu vernetzen, trat 1997 eine Arbeitsgruppe zusammen, die sich im Folgejahr unter dem Namen „Netzwerk Industriekultur Bergisches Land e. V." als Verein konstituierte.

Der Verein sieht sich als die zentrale Einrichtung, wenn es um Industriekultur im Bergischen Land geht. Einerseits fördert das Netzwerk die Erforschung der bergischen Industriekultur, andererseits unterstützt es gerade kleinere Einrichtungen bei der Arbeit. Das Hauptaugenmerk ist auf die Vernetzung und Präsentation gerichtet. Seit 2009 wandert daher die Ausstellung „Mit Feuer & Wasser" durch die Region. Sie stellt anhand von zwölf Industriemuseen die Bandbreite dieser Kultur im Bergischen Land vor. Zudem organisiert das Netzwerk Touren und Führungen und entwickelt industriekulturelle Fahrradrouten. Der Verein steht auch Privatpersonen offen.

Info

Netzwerk Industriekultur Bergisches Land e. V.
Geschäftsstelle Historisches Zentrum Wuppertal
Engelsstraße 10–18, 42283 Wuppertal
Tel. (02 02) 5 63 43 75
www.bergnetz.net

Zum Netzwerk gehören:

- Bandwirkermuseum Ronsdorf e. V. (siehe S. 71)
- Bergisches Museum für Bergbau, Handwerk und Gewerbe (siehe S. 164)
- Bergische Museumsbahnen e. V. (siehe S. 84)
- Deutsches Klingenmuseum (siehe S. 126)
- Historisches Zentrum Wuppertal (siehe S. 64)
- Industriemuseum Freudenthaler Sensenhammer (siehe S. 134)
- Wülfing Museum (siehe S. 90)
- LVR-Industriemuseum Papiermühle Alte Dombach (siehe S. 158)
- LVR-Industriemuseum Textilfabrik Ermen & Engels (siehe S. 178)
- LVR-Industriemuseum Textilfabrik Cromford (siehe S. 14)
- LVR-Industriemuseum Gesenkschmiede Hendrichs (siehe S. 120)
- Schleiferei Wipperkotten e. V. (siehe S. 119)

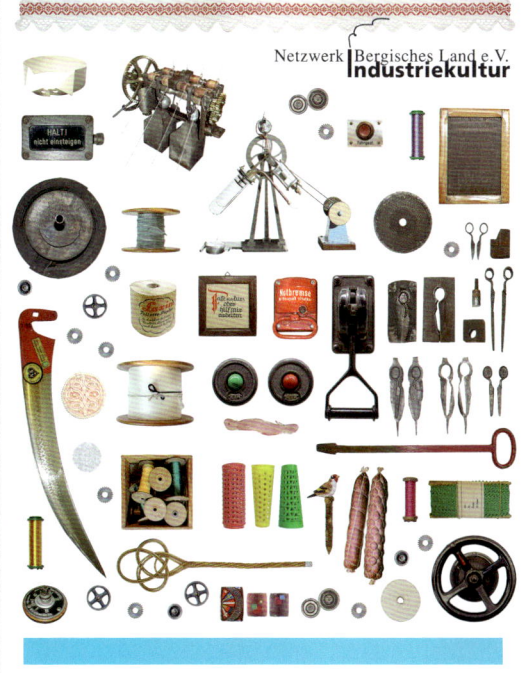

Ein wertvolles regionales Erbe – neu ins Bewusstsein gerückt | 141

NEUE BAHNSTADT OPLADEN
Eisenbahn auf neuen Wegen

GESCHICHTE

Die Eisenbahn war für die Entwicklung Opladens von zentraler Bedeutung. 1867 eröffnete die Bergisch-Märkische Eisenbahn-Gesellschaft den ersten Bahnhof. 1874 folgte ein weiterer Bahnhof an der Strecke der fast parallel laufenden, ebenfalls privaten Rheinischen Eisenbahngesellschaft. Um diesen Bahnhof herum entstanden schon erste Anlagen, wie die nötigen Einrichtungen zum Rangieren. In den 1880er-Jahren setzte die Verstaatlichung der Eisenbahn ein und die Königliche Eisenbahndirektion Elberfeld entschied, in Opladen ihre zentralen Eisenbahn-Hauptwerkstätten einzurichten, die 1903 in Betrieb gingen. Sie entwickelten sich mit im Schnitt über 2000 Beschäftigten zur zentralen Reparaturstelle für Dampflokomotiven, Wagen und Gerät der beiden Eisenbahndirektionen Köln und Elberfeld. Nach dem Ersten Weltkrieg erfolgte die Umbenennung in Reichsbahn-Ausbesserungswerk. Der Standort litt unter den Folgen des Krieges und der Rheinlandbesetzung. Während des Zweiten Weltkrieges wurden in Opladen Großfahrzeuge und Motoren der Wehrmacht repariert. Zwei Luftangriffe gegen Ende des Krieges beschädigten das Werk schwer, viele der hier eingesetzten Kriegsgefangenen und Zwangsarbeiter kamen dabei ums Leben. Ab den 1960er-Jahren war Opladen zusammen mit München-Freimann zuständig für die Ausbesserung der Elektrolokomotiven der damaligen Deutschen Bundesbahn. Auch die ersten ICEs wurden hier zwischen 1989 und 1993 abgenommen.

Aufgrund der konzerninternen Umstrukturierungen der DB verlor Opladen zusehends an Bedeutung und die Schließung wurde beschlossen. Die Hoffnung, das Unternehmen Bombardier würde das Werk übernehmen, zerschlug sich, sodass das Ausbesserungswerk 100 Jahre nach Gründung 2003 geschlossen wurde.

ANLAGE

Schon im ersten Bauabschnitt hatte das Opladener Werk eine Kapazität von 500 Lokomotiven. Es galt als Musteranlage und Pläne und Modelle gingen an das Deutsche Technikmuseum in Berlin. Nach der Stilllegung sind weite Teile niedergelegt worden. Erhalten geblieben sind die beiden Lokreparaturhallen 1 und 2. Zudem stehen noch das Kesselhaus von 1948, das Oberbauhauptlager und der Wasserturm von 1903. Der 25 Meter hohe Turm diente in seinen unteren drei Geschossen als Badeanstalt für die Arbeiter. Ein zentraler Kessel im Keller versorgte die Duschen und Wannenbäder mit warmem Wasser. Ebenfalls erhalten ist die Werksfeuerwehr von 1905.

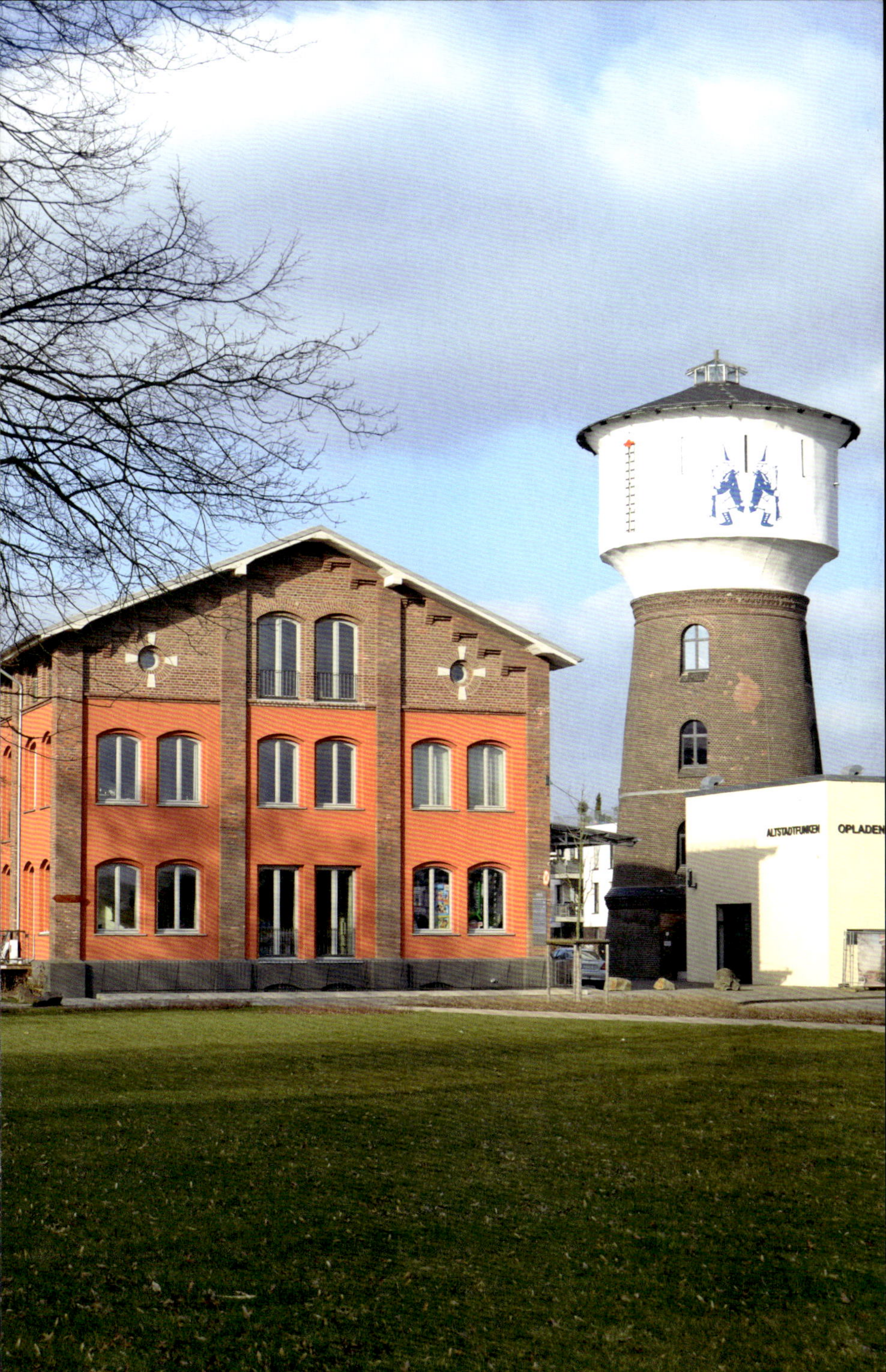
ALTSTADTFUNKEN
OPLADEN

Das Werk hat die Entwicklung Opladens massiv beeinflusst. Dies macht sich besonders im Siedlungsbau bemerkbar. Große Teile der einstigen Werkswohnungen wie Werkstättenstraße 9 bis 17 oder das Ledigenheim von 1907 auf der gleichen Straße zeugen noch davon.

Heutige Nutzung

Nachdem die Übernahme durch Bombardier gescheitert war, entstand im Rahmen der Regionale 2010 das Projekt Neue Bahnstadt Opladen in Zusammenarbeit mit der Stadt Leverkusen und der Deutschen Bahn AG. Ziel war es, die Opladener Innenstadt neu zu beleben und Arbeitsplätze zu schaffen. Dazu wurde das Areal des Ausbesserungswerks und des Bahnhofsbereichs überplant. Das alte Bahnhofsgebäude wurde abgerissen und zwei neue Brücken über die Gleise angelegt. Der Bereich des Werks wurde bis auf wenige Gebäude abgerissen und durch eine kreuzförmige Parkanlage, das „Grüne Kreuz", gegliedert. Den Wasserturm übernahm die Karnevalsgesellschaft Altstadtfunken. Für Studierende der Technischen Hochschule Köln entsteht der „Campus Leverkusen". Hinzu kommen Wohnungen und Büros auf dem Gelände. Industriekulturelle Hinweistafeln erläutern die Aufgaben der bestehenden Gebäude.

ADRESSE

Neue Bahnstadt Opladen
Bahnstadtchaussee 4
51379 Leverkusen
Gelände jederzeit frei zugänglich

ANFAHRT PKW

A 3, AS 22 Leverkusen-Opladen, Bonner Straße folgen, dann über Fixheider Straße, Borsigstraße, Quettinger Straße zu Campusallee; Parkplätze vor Ort ausreichend vorhanden
(GPS 51.063319, 7.010925)

ANFAHRT ÖPNV

Ab Solingen oder Köln mit RB 48 und RE 7 bis Leverkusen, Opladen Bf.; bzw. mit Bus 222, 239, 240 oder 258 bis Opladen Bf.; von dort nur wenige Meter

ESSEN + TRINKEN

Casa Portuguesa
sehr gute portugiesische Küche
Werkstättenstraße 20
51379 Leverkusen
Tel. (0 21 71) 3 66 81 45
Mo.–Do. 18–22, Fr.,
Sa. 18–24 Uhr
www.casa-portuguesa-lev.de

Außerdem sehenswert

1. Schiffsbrücke alte Wuppermündung
2. Bahnhof Pattscheid

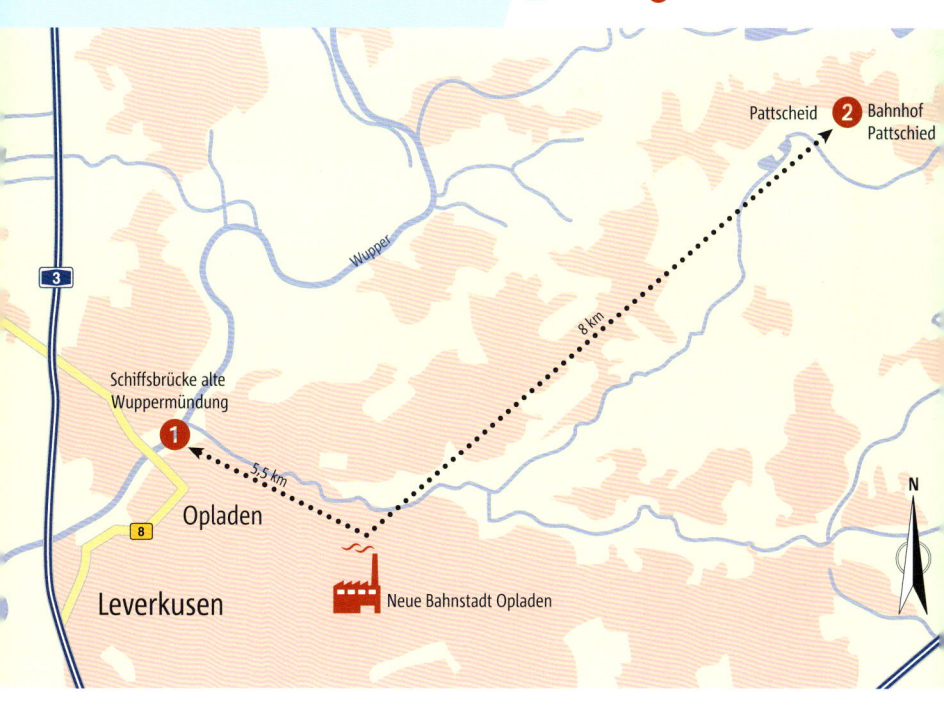

Eisenbahn auf neuen Wegen

Außerdem sehenswert:

❶ SCHIFFSBRÜCKE ALTE WUPPERMÜNDUNG
8 km von der Neuen Bahnstadt Opladen

Eine Brücke, getragen von drei Schiffen, mit einem Café ist eine Besonderheit, erst recht wenn sie an einer ehemaligen Flussmündung liegt. Bereits 1777 ist hier an der historischen Mündung der Wupper in den Rhein eine Flussquerung belegt. Seit den 1920er-Jahren gab es einen provisorischen Steg, den Fabrikarbeiter für den Weg von Rheindorf nach Leverkusen nutzten. 1929 ersetzte Heinrich Gless, der auch die Fähre nach Rheinkassel betrieb, das Provisorium durch eine dauerhafte Brücke, für die er Brückengeld erhob. 1938 wurde es durch einen städtischen Zuschuss ersetzt. Nachdem die Brücke im Zweiten Weltkrieg zerstört worden war, baute Gless an ihre Stelle eine neue Pontonbrücke, das Hochwasser 1956/57 trieb sie aber ab. Gless errichtete daraufhin eine Schiffsbrücke, indem er einen Klipper und eine Tjalk sowie später einen Aalschokker zu Schwimmpontons des neuen Stegs machte und die drei Schiffe Einigkeit, Recht und Freiheit nannte. In den 1970er-Jahren wurde die Wuppermündung aufgrund des Autobahnbaus verlegt und die Brücke verlor ihre Bedeutung. 1992 zerstörte ein Brand sie in großen Teilen. Gerettet wurde sie erst 1995 mit der Gründung des Fördervereins Schiffsbrücke Wuppermündung e. V., der sich zur Aufgabe gesetzt hat, die deutschlandweit einzigartige Brücke zu erhalten und zu betreiben. Das zugehörige Café bietet sich als Rast für Fahrradtouren entlang der Wupper an.

Technik + Architektur
Schiffsbrücke alte Wuppermündung
Reinuferweg 100, 51371 Leverkusen
Tel. (01 73) 2 65 07 69
Apr.-Okt. Do., Fr. 10-18, Sa., So. 10-20 Uhr
www.schiffsbruecke.com

Essen und Trinken
Café Schiffsbrücke
Rheinuferweg 100, 51371 Leverkusen
Tel. (01 73) 2 65 07 69
Apr.- Okt. Do., Fr. 14-18, Sa., So. 12-20 Uhr
www.schiffsbruecke.com

❷ BAHNHOF PATTSCHEID
5,5 km von der Neuen Bahnstadt Opladen

Wo man heute bei sanfter Steigung von Opladen nach Lennep radeln kann, verkehrten seit 1881 regelmäßig Züge. Sie verbanden das Bergische mit dem Rhein und damit auch Leverkusen und Köln. Ihren Namen „Balkantrasse" bekam die Strecke in den 1970er-Jahren, als viele Gastarbeiter aus dem ehemaligen Jugoslawien sie nutzten, um zwischen ihren Wohnungen im Bergischen und ihren Arbeitsplätzen zu pendeln. 1991 wurde der Betrieb eingestellt, aber schon bald gab es Planungen, ihren Verlauf als Fahrradroute zu nutzen. Getragen wird die Strecke durch den Verein der Freunde und Förderer der Balkantrasse e. V. Seit 2013 kann man auf ihr steigungsarm das Bergische Land erkunden.

Das ehemalige Bahnhofsgebäude der Station Pattscheid stammt aus dem Jahr 1902. Es wird heute privat genutzt und kann daher nicht betreten werden. Von hier führte zwischen 1910 und 1928 eine Drahtseilbahn zum Sanatorium Roderbirken. Nach den Plänen von Julius Pohlig überspannte sie mit knapp 2200 Metern das Murbachtal. Die Seilbahn transportierte Baumaterial und später Kohle nach Roderbirken. Da oft Kohlen aus den voll beladenen Gondeln fielen, waren an den Straßenquerungen Schutzgitter angebracht.

Info
Balkantrasse
Panoramafahrradroute von der Wuppermündung
nach Remscheid-Lennep (32 km)
www.balkantrasse.de

JULIUS POHLIG
Drahtseilbahnen für die Welt

Am 17. November 1842 wurde in Leichlingen, genauer gesagt im Haus Leysiefer in Oberschmitte, Julius Pohlig geboren. Seine Eltern waren dort Bäcker. Er studierte in Karlsruhe an der Technischen Hochschule Maschinenbau und fand 1865 Anstellung bei der Friedrich-Wilhelm-Hütte in Troisdorf. Gleichzeitig als Lehrer tätig, wurde er Teilhaber eines Ingenieurbüros. Dabei hatte er erste Kontakte zur Montanindustrie des Siegerlandes. 1874 machte er sich in Siegen mit einer Firma zur Herstellung von Bergwerks- und Hüttenanlagen selbstständig, die sich auf Seilbahnen zum Kohle- und Erztransport spezialisierte.

Seine erste Seilbahn baute Pohlig 1879 für ein Siegerländer Bergwerk. Sie verband die Grube „Alte Deisbach" mit dem Bahnhof Eiseflied bei Siegen. Es folgten weitere Anlagen für Luxemburger und rheinische Industrieanlagen. Seine Geschäftstüchtigkeit ließ Pohlig in vielen europäischen Ländern erfolgreich werden. Durch die Übernahme einer österreichischen Seilbahnfabrik sowie einen Lizenzvertrag mit einem US-amerikanischen Hersteller baute er sein Geschäft aus. Er gilt heute als einer der Pioniere der Drahtseilbahnen.

1890 siedelte Pohlig mit seinem Unternehmen nach Köln-Zollstock über. Ab 1900 arbeitete er eng mit dem Kölner Unternehmen Carlswerk Felten & Guilleaume zusammen, von dem er die Drahtseile bezog. Zu dieser Zeit lieferte er auch den ersten Schrägaufzug zur vollautomatischen Begichtung von Hochöfen in Europa an das Stahlwerk Hoesch in Dortmund.

1903 schied Pohlig aus seinem mittlerweile als J. Pohlig AG firmierenden Unternehmen aus. Anlass war ein missglücktes Auslandsgeschäft. Die Firma ging über Zwischenschritte in den 1920er-Jahren an Felten & Guilleaume. 1962 fusionierte Pohlig mit dem Kölner Konkurrenten Bleichert und war als Pohlig-Heckel-Bleichert der weltgrößte Seilbahnhersteller. Nach weiteren Fusionen und Konkursen endete die Firmengeschichte schließlich 1989.

Zu den größten Erfolgen neben der Seilbahn von Pattscheid nach Roderbirken gehörten 1908 die Inbetriebnahme der ersten Kabinenseilbahn für den öffentlichen Personenverkehr in Hongkong, die Seilbahn auf den Zuckerhut in Rio de Janeiro 1913 und die Bahn auf den Tafelberg von Kapstadt 1929. Die Kölner Seilbahn zum Zoo war 1957 die erste flussüberquerende. Julius Pohlig starb am 30. Januar 1916 in Köln. Im Stadtpark von Leichlingen erinnert ein Denkmal an ihn.

Julius Pohlig

geb. 17.11.1842 in Leichlingen-Unterschmitte
gest. 30.1.1916 in Köln, begraben auf dem
Ev. Friedhof Uferstraße in Leichlingen

Ingenieur, Konstrukteur und Unternehmer
1874 Firma J. Pohlig, Siegen
1879 Bau von Drahtseilbahnen
1890 Umzug nach Köln
1894 Bau einer Maschinenfabrik in Köln-Zollstock
1899 J. Pohlig AG

Durch Übernahme von Seilbahnpatenten entwickelte
sich die Pohlig AG zu einem international bedeutenden
Unternehmen der Fördertechnik. Bekannt ist die
Personendrahtseilbahn Rio de Janeiro (Zuckerhut).

gestiftet von der Volksbank Rhein-Wupper eG
anlässlich des 75jährigen Bestehens
September 2002

Bronze gestiftet von

KOLONIE-MUSEUM LEVERKUSEN
Eine Fabrik lässt eine Stadt entstehen

GESCHICHTE

Leverkusen und Bayer, das ist heute noch fast synonym. Mit gutem Grund: So eindeutig wie kaum ein anderer Ort im Bergischen und am Rhein ist Leverkusen das Ergebnis einer Industrieansiedlung. 1861 verlagerte der Chemiker Carl Leverkus aus verkehrstechnischen Gründen seine Ultramarinfabrik von Wermelskirchen auf ein Grundstück zwischen Flittard und Wiesdorf, dem heutigen Stadtzentrum von Leverkusen. 1874 kam eine weitere Farbenfabrik hinzu, in der Alizarin hergestellt wurde. Das Werk erhielt seinen Namen nach dem Weiler Leverkusen bei Lennep, von wo auch die Familie stammte.

1891 erwarben die Farbenfabriken vorm. Friedrich Bayer & Comp. die Ultramarinfabrik am Rhein. Friedrich Bayer und Johann Friedrich Weskott hatten 1863 in Barmen und Elberfeld eine Fabrik gegründet, die ab den 1880er-Jahren unter Platzproblemen litt. Sie übernahmen das Werk am Rhein und zogen nach Leverkusen. Lediglich ihre eigene Ultramarinfabrik blieb in Elberfeld. Unter der vorausschauenden Planung von Carl Duisberg entstand ab 1895 ein riesiges, hochmodernes Werksareal mit angeschlossenen Werkssiedlungen.

1925 schlossen sich die führenden deutschen Chemieunternehmen, darunter auch Bayer, unter dem Dach der IG Farben zusammen. Nach der Entflechtung 1950 kam es 1951 zur Neugründung der Farbenfabriken Bayer AG. Die das Werk umgebenden Siedlungen wuchsen mit dem Unternehmen. 1930 wurden die Gemeinden Steinbüchel, Rheindorf und Schlebusch mit Wiesdorf unter dem Namen Leverkusen zusammengefasst.

Das Leben der Stadt und die Bayer AG sind bis heute eng verflochten, auch wenn es in den letzten Jahren starke Veränderungen gegeben hat, bedingt durch eine neue Unternehmenskultur. Fast jeder Leverkusener hat oder hatte berufliche Beziehungen zu Bayer. Auch im Sport schlägt sich mit der „Werkself" von Bayer Leverkusen die besondere Rolle des weltweit agierenden Industrieunternehmens nieder.

ANLAGE

Duisberg gliederte das Gebiet in sieben Abteilungen mit einer Größe von je 600 Morgen (150 Hektar), womit er den Abteilungen langfristig Erweiterungsmöglichkeiten sicherte. Erschlossen wurde das Werksgelände durch ein rechtwinkliges Straßenraster in Nord-Süd- und West-Ost-Ausrichtung. Die Hauptstraßen hatten eine Breite von 30 Metern, die Nebenstraßen von 15 Metern. Die Anordnung der Abteilungen auf dem Gesamtgelände folgte einem ebenso strikten

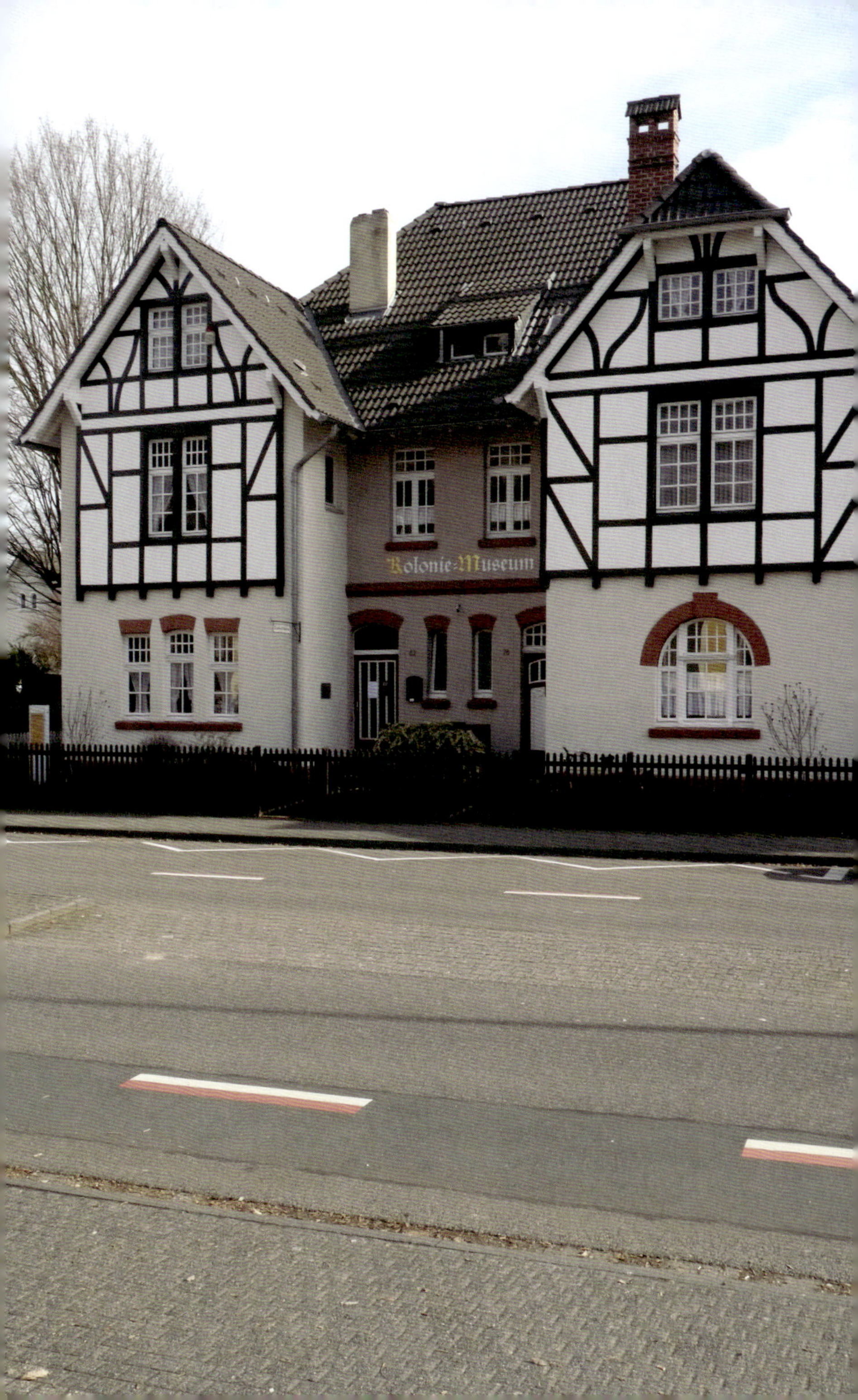
Kolonie-Museum

Aufbau. Die rohstoffabhängigen Betriebe lagen zum Rhein hin orientiert, es folgten die Zwischenproduktionsfabriken, dann die Endproduktion. Nach Osten, hin zur Eisenbahn, befanden sich Versand und Lagerung. Die Schauseite des Werks lag im Süden mit den Zugängen für Beamte, Kunden und Gäste. Die Fabrikarbeiter mussten das Tor im Osten benutzen.

Rund um die Werksanlagen mit Schwerpunkt um Wiesdorf und nach Osten entstanden ab 1895 die ersten Arbeiter- und Beamtensiedlungen. Sie wurden zur Keimzelle der Stadt Leverkusen. In diesen Kontext gehört auch das Gebäude des Kolonie-Museums. Es wurde 1902 als Teil der Siedlung „Kolonie II" erbaut.

Heutige Nutzung

Nach wie vor ist Leverkusen ein zentraler Industriestandort. Nach verschiedenen Aufspaltungen und Neuorientierungen wird das gesamte Bayer-Areal heute als ChemPark vermarktet, auf dem neben dem Chemieriesen nun auch andere Firmen ihren Sitz haben. In den 1970er-Jahren gab es weitreichende Planungen, die Kolonie II vollständig abzureißen und ein neues, verdichtetes Wohnquartier unter der Bezeichnung „Lindwurm" zu errichten. Massiver Bürgerprotest verhinderte dies. Heute stehen die Siedlungen unter Schutz.

Die Tradition der Arbeiter- und Beamtenkolonie hält heute das Kolonie-Museum wach. Seit 2005 befindet es sich auf der Nobelstraße. 3 Jahre lang hatten zuvor Ehrenämtler das Haus aufwendig renoviert und als Museum nutzbar gemacht. Die Dauerausstellung zeigt nun die Lebenswelt der Leverkusener in den 1920er- und 30er-Jahren. Träger des Museums ist der Freundes- und Förderkreis des Kolonie-Museums Leverkusen e. V.

ADRESSE

Kolonie-Museum Leverkusen
Nobelstraße 78, 51373 Leverkusen
Tel. (02 14) 73 48 87 23, Sa. 15–18,
So. 11–13 und 15–18 Uhr, Führungen
außerhalb der Öffnungszeiten auf
Anfrage, Eintritt frei
www.kolonie-museum.de

ANFAHRT PKW

A 59 AS Leverkusen in Richtung
Leverkusen, rechts abbiegen auf die
Rheinallee, am nächsten Kreisverkehr
auf die Dhünnstraße bis zur Nobelstraße; Parkplätze befinden sich
gegenüber dem Museum
(GPS 51.034074,6.981327)

ANFAHRT ÖPNV

Mit Bus 203, 208, 210, 211 oder 233
bis Haltestelle Bayer Erholungshaus

ESSEN + TRINKEN

Wacht am Rhein
Restaurant mit Rheinpanorama
Rheinallee 3, 51373 Leverkusen
Tel. (02 14) 50 69 98 81
Mo.–Sa. 9–24, So. 10–23 Uhr

Außerdem sehenswert
❶ Bayer-Erholungshaus
❷ Bayer-Kreuz

Eine Fabrik lässt eine Stadt entstehen

Außerdem sehenswert:

❶ BAYER-ERHOLUNGSHAUS
Unmittelbare Umgebung

1908 wurde als Teil der Arbeiterkolonie II „Anna" auch das Arbeiter-Erholungshaus fertiggestellt. Im Winkel einer Parkanlage gelegen, sollte es ursprünglich als Turnhalle dienen, fand aber eine andere Bestimmung. Im Erdgeschoss befanden sich die Restaurationsräume, ein Billardsaal und ein öffentlicher Lesesaal mit 1500 Büchern sowie 100 Zeitungen und Zeitschriften. Die Erholungshaus-Gesellschaft hatte schon im gleichen Jahr 2400 Mitglieder, die zugleich alle Werksangehörige waren. Der Beitrag belief sich auf 5 Pfennig im Monat.

Das Erholungshaus wurde mit seinem Festsaal zum gesellschaftlichen Zentrum Leverkusens. Hier fanden Theateraufführungen, Konzerte, Ausstellungen, Vorträge und Betriebsfeste statt. Auch das städtische Theater gastierte noch lange hier. 1975 brannte das Gebäude, wurde aber saniert und 2 Jahre später wiedereröffnet. Es ist immer noch die Hauptspielstätte der Bayer-Kulturabteilung mit einem reichhaltigen Veranstaltungsprogramm.

Lebenswelt + Arbeit
Erholungshaus Leverkusen
Nobelstraße 37
51373 Leverkusen
www.kultur.bayer.de/de/erholungshaus

❷ BAYER-KREUZ
2 km vom Kolonie-Museum Leverkusen

Es gilt als die größte Leuchtreklame weltweit: das Bayer-Kreuz in Leverkusen. Das bekannte Logo des Unternehmens existiert als Warenzeichen seit 1904 und taucht auf den Verpackungen erstmals 1910 auf. Das beleuchtete Kreuz wurde 1933 aufgestellt und war zwischen zwei 126 Meter hohen Schornsteinen des Kraftwerks angebracht. Es hatte damals einen Durchmesser von 72 Metern. 1939 wurde es kriegsbedingt abgeschaltet und 1944 abgebaut. 1958 wurde dann das heutige Kreuz montiert. Es ist mit 51 Metern deutlich kleiner als das erste und hängt heute zwischen zwei 118 Meter hohen Stahlmasten. Sein Gewicht beträgt 300 Tonnen. Die Buchstaben haben eine Höhe von 7 Metern.

Zu massiven Protesten führten 2007 Pläne, das Kreuz abzumontieren und stattdessen die Medienfassade des Bayer-Hochhauses als Bayer-Kreuz erstrahlen zu lassen. Auch war angedacht, auf der BayArena ein liegendes, 200 Meter großes Kreuz zu installieren. Der Konzern nahm unter öffentlichem Druck von den Plänen Abstand. Im Frühjahr und Herbst wird das Kreuz für ein paar Wochen zwischen 22 und 4 Uhr abgeschaltet, um die Zugvögel nicht zu irritieren.

Info
Bayer-Kreuz
Friedrich-Ebert-Straße 261
51373 Leverkusen

BAYER Das Unternehmen, das eine Stadt erschuf

Bayer Leverkusen, ein Paradebeispiel für ein Ergebnis der Industrialisierung. Leverkusen wäre ohne die Bayer AG nicht denkbar, würde heute wahrscheinlich als Stadt gar nicht existieren.

Dabei hat das Unternehmen seinen Ursprung im Tal der Wupper. 1863 gründeten Friedrich Bayer (1825-1880) und Johann Friedrich Weskott (1821-1876) in Barmen die offene Handelsgesellschaft Friedr. Bayer & Comp. Der Farbenhändler Bayer und der Färbereibesitzer Weskott hatten den Vorteil synthetischer Farben erkannt, die sie aus Steinkohlenteer herstellten. Zunächst produzierten sie auf der Berliner Straße in Barmen, während die Heckinghauser Straße 162 in Rittershausen, der Wohnsitz von Friedrich Bayer, zum Firmenstammsitz wurde. Das Unternehmen lief sehr gut an, die Textilindustrie in der nahen Region war der ideale Abnehmer der synthetischen Farben. Daher nahm man im Elberfelder Westend eine weitere Produktionsstätte in Betrieb. 1878 verlagerte das Unternehmen mit seinen 200 Mitarbeitern seinen Sitz ganz nach Elberfeld. Schon zu dieser Zeit unterhielt die Firma rege Auslandskontakte bis in die USA sowie Produktionsstandorte in Moskau und im französischen Flers. Nach dem Tod der beiden Gründer wurde das Unternehmen in die Farbenfabriken vorm. Friedr. Bayer & Comp. Aktiengesellschaft umfirmiert. Neuer starker Mann wurde Carl Duisberg (1861-1935). Er baute die Forschungsabteilung ab 1891 massiv aus. So wurde die Wirkung von Diacetylmorphin, der Acetylsalicylsäure und der Sulfonamide erforscht, die unter den Markennamen Heroin, Aspirin und Prontosil wesentlich zum Erfolg von Bayer beitrugen. Während Aspirin seit 1899 bis heute einen Markenkern darstellt, ist weniger bekannt, dass der Bayer-Chemiker Gerhard Domagk für die Wirkungsweise von Sulfonamid als Breitbandantibiotikum 1939 den Nobelpreis für Medizin erhielt.

Schon 1891 war die Ultramarinfabrik Dr. Carl Leverkus in Wiesdorf gekauft worden. Dies wurde zu einem wegweisenden Schritt, denn 1912 verlagerte die Firmenleitung ihren Sitz von der Wupper an den Rhein. Schon vorher hatte das Unternehmen das Bayer-Kreuz als Markenzeichen für „Arzneimittel für Menschen und Tiere, Desinfektionsmittel, Konservierungsmittel, Teerfarbstoffe und chemische Präparate für Färberei und photographische Zwecke" eintragen lassen. Das leuchtende Bayer-Kreuz über den Werkanlagen sowohl in Leverkusen als auch über Dormagen wurde zum Signet des Unternehmens. Der Auf- und Ausbau des Standortes Leverkusen wurde zu einem der zentralen Verdienste Duisbergs. Das Raster, nach dem er die Werksanlagen auf nachhaltigen Ausbau anlegte, hatte beispielhaften Charakter. Neben der wirtschaftlichen Weiterentwicklung baute Bayer auch seine Sozialpolitik kontinuierlich aus. So startete 1895 der Bau der Werkswohnungen, die noch immer das Stadtbild Leverkusens bestimmen. Trotzdem herrschte eine hohe Mitarbeiterfluktuation und die Unzufriedenheit entlud sich 1904 in einem sechswöchigen Streik. Die Arbeitsniederlegungen protestierten „gegen die grauenhaften Zustände" im Werk. Die Antwort waren verstärkte Bemühungen im sozialen Bereich. Im gleichen Jahr wurde der Turn- und Spielverein gegründet, der heute als Bayer 04 Leverkusen das sportliche Aushängeschild ist. Auch eine Kulturabteilung entstand, die heute noch im kulturellen Leben eine wichtige Rolle spielt. Der ehrenamtliche Ausschuss für Arbeiterangelegenheiten wurde 1910 durch einen hauptamtlichen Sozialsekretär ersetzt.

Im Jubiläumsjahr 1913 beschäftigte Bayer über 10.000 Menschen und war die Nummer drei der deutschen chemischen Industrie. Der Erste Weltkrieg unterbrach die positive Entwicklung. Bayer stellte auf Kriegsproduktion um, darunter auch chemische Kampfstoffe. Das 1917 in Betrieb genommene Werk Dormagen hatte seinen Schwerpunkt in der Sprengstoffproduktion.

Die Folgen des Krieges trafen Bayer hart und mündeten 1925 im Zusammenschluss der großen deutschen Chemieunternehmen unter dem Dach der IG Farbenindustrie, kurz

Friedrich Bayer

Carl Duisberg

IG Farben. Bayer wurde als eigenständiges Unternehmen aufgelöst, bestand aber als Betriebsgemeinschaft Niederrhein mit seinen Werken in Leverkusen, Dormagen und Elberfeld sowie den chemischen Fabriken vorm. Weiler-ter Meer in Uerdingen als Einheit fort. In dieser Zeit wurde das Bayer-Kreuz zum Markenzeichen aller pharmazeutischen Produkte der IG Farben. Als Teil des Konzerns beteiligte sich Bayer an der Rüstungs- und Autarkiepolitik des NS-Staates. Die Werke gehörten zu den kriegswichtigen Betrieben und beschäftigten Tausende **Zwangsarbeiter,** die zeitweilig bis zu einem Drittel der Beschäftigten ausmachten.

Während die Alliierten die IG Farben zerschlugen, konnten die Werke der Betriebsgemeinschaft Niederrhein sofort ihre Produktion wieder aufnehmen. Ihre Produkte wie Medikamente, Pflanzenschutz- und Desinfektionsmittel galten als lebenswichtig. Ulrich Haberland (1900–1961) gelang es, die Briten zu überzeugen, aus dieser Betriebsgemeinschaft Bayer wiederauferstehen zu lassen, erweitert um Agfa. In der Bundesrepublik nahm Bayer abermals einen rasanten Aufschwung und engagierte sich sehr früh wieder im Ausland. Zu seinem 100. Geburtstag gehörte Bayer wieder zu den **weltweit führenden Chemiekonzernen.** Die 1970er-Jahre erschütterten das Unternehmen durch Ölkrise, Strukturwandel und Umweltfragen, was zu einer neuen Unternehmensstruktur und einer Betonung des Umweltschutzes führte. 2005 wurden das klassische Chemiegeschäft und Teile der Polymertätigkeiten in die **Lanxess AG** ausgegliedert.

ALTE DOMBACH, BERGISCH GLADBACH
Papierherstellung zwischen Handwerk und Industrie

GESCHICHTE

Seit 1582 wurde an der Strunde Papier hergestellt. Die 1618 gegründete Dombach-Mühle war die dritte Papiermühle an diesem Bach, der mit seinem gleichmäßigen Wasserstand ideale Voraussetzungen für dieses Gewerbe bot. Die Mühle entwickelte sich unter Gustav Müller erfolgreich, Anfang des 19. Jahrhunderts war sie für einige Jahrzehnte der führende Papierproduzent im Ort. Müller hatte den Betrieb um die Neue Dombach erweitert. 1818 plante er sogar, hier die erste Papiermaschine Deutschlands in Betrieb zu nehmen, scheiterte aber beim Versuch eines Dauerbetriebs. Er geriet in wirtschaftliche Schwierigkeiten. 1827 übernahm der Hauptgläubiger Jakob Maurenbrecher aus Düsseldorf die Alte und Neue Dombach. Unter der Familie Maurenbrecher wurde die Papiermühle zu einer Papierfabrik ausgebaut. In den 1860er-Jahren traten wirtschaftliche Probleme auf und die Dombach wurde 1869 in eine Aktiengesellschaft umgewandelt, bei der der Kölner Schaaffhausensche Bankenverein die Federführung hatte. Wilhelm Maurenbrecher leitete aber weiterhin die Geschäfte. Neue Maschinen wurden angeschafft und die Anlage erweitert, trotzdem war das Unternehmen nicht zu retten. Die Papierfabrik Zanders kaufte 1876 die Neue und Alte Dombach, damals arbeiteten hier 160 Menschen. Bereits 1900 wurde die Alte Dombach stillgelegt, 1930 dann die Neue Dombach.

ANLAGE

Weite Teile der alten Mühle sind noch erhalten. Das Ensemble des Hauptgebäudes, das Mühlengebäude, umfasst auch die ältesten Bauteile von 1618. In ihrem heutigen Bestand stellt die Mühle in etwa die Situation von 1840 dar. Auch noch erhalten sind verschiedene Wohnhäuser für die Papiermacher. Ein Haus für vier Familien ließ Gustav Müller 1809 errichten. Am Haus werden die Bewohner des Jahres 1858 vorgestellt. Das kleinere Haus für zwei Familien entstand zwischen 1795 und 1807. Das Trockenhaus der Alten Dombach wurde um 1790 errichtet. Im dritten und im Dachgeschoss wurde das Papier getrocknet. Die Jalousienläden verweisen noch darauf. Nach der Stilllegung wurden hier Wohnungen eingebaut.

Von der Neuen Dombach sind große Teile erhalten. Das Museum nutzt aber nur die Papiermaschinenhalle. Auf der Freifläche zwischen den beiden Dombachs werden verschiedene alte Maschinen der Papierherstellung gezeigt.

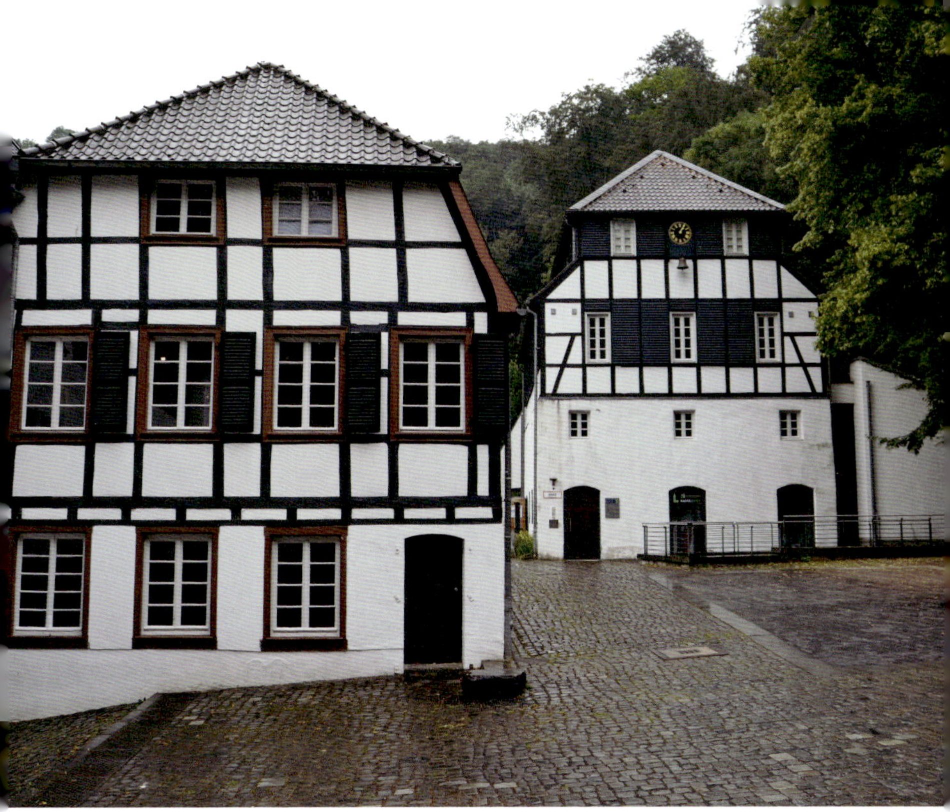

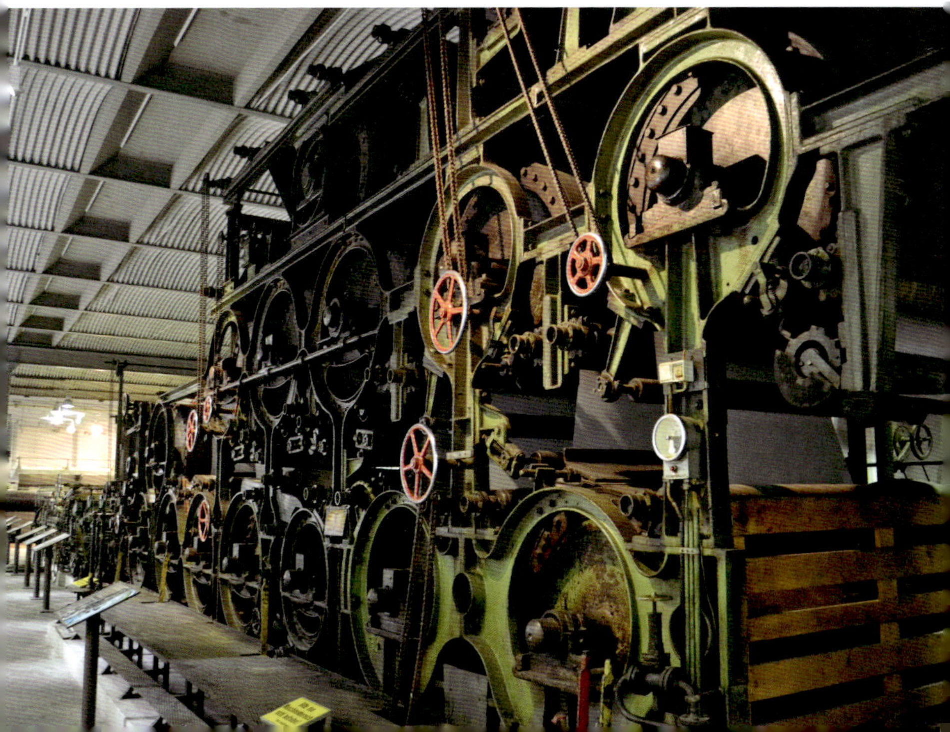

Heutige Nutzung

Die Anlagen blieben auch nach der Stilllegung im Besitz der Zanders Feinpapiere AG und der J. W. Zanders KG. Sie übertrugen die alte Papiermühle 1987 an den Landschaftsverband Rheinland, der hier seit 1999 ein Museum betreibt. Im Mühlengebäude wird die Geschichte der Mühle und der Papierherstellung gezeigt. Neben einer Laborpapiermaschine, an der die Papierproduktion praktisch vorgeführt wird, können sich die Besucher selbst im Papierschöpfen üben. Das Museumscafé befindet sich im Vierfamilienwohnhaus von 1809. In der Werkshalle der Neuen Dombach ist unter anderem die Papiermaschine PM 4 aus dem Jahr 1889 zu sehen, die noch bis 1991 bei Zanders im Werk Gohrsmühle, Bergisch-Gladbach, im Einsatz war.

ADRESSE

LVR-Industriemuseum
Papiermühle Alte Dombach
Alte Dombach 1
51465 Bergisch Gladbach
Tel. (0 22 34) 99 21-5 55
Di.–Fr. 10–17, Sa., So. 11–18 Uhr
4,50 €, Kinder und Jugendliche
bis 18 Jahre frei
www.industriemuseum.lvr.de/
de/bergisch_gladbach/bergisch_
gladbach_1.html

ANFAHRT PKW

A 1, AS 97 Burscheid, A 3, AS 24 Leverkusen, oder A 4, AS 18 Refrath, jeweils Richtung Bergisch Gladbach, dann Beschilderung „Rheinisches Industriemuseum" folgen; Parkplatz am Museum (GPS 50.995119, 7.153601)

ANFAHRT ÖPNV

Ab Bergisch Gladbach (S) mit
Bus 426 Richtung Wipperfürth
oder Kürten bis Dombach

ESSEN + TRINKEN

Museums-Café Alte Dombach
bei schönem Wetter auf
schöner Terrasse
Tel. (0 22 02) 2 51 53 09
Di.–So. 11–18.30 Uhr,
bei warmem Wetter auch länger
www.industriemuseum.lvr.de/
de/bergisch_gladbach/bergisch_
gladbach_1.html

Außerdem sehenswert
1. Grube Cox
2. Kalkofen Cox

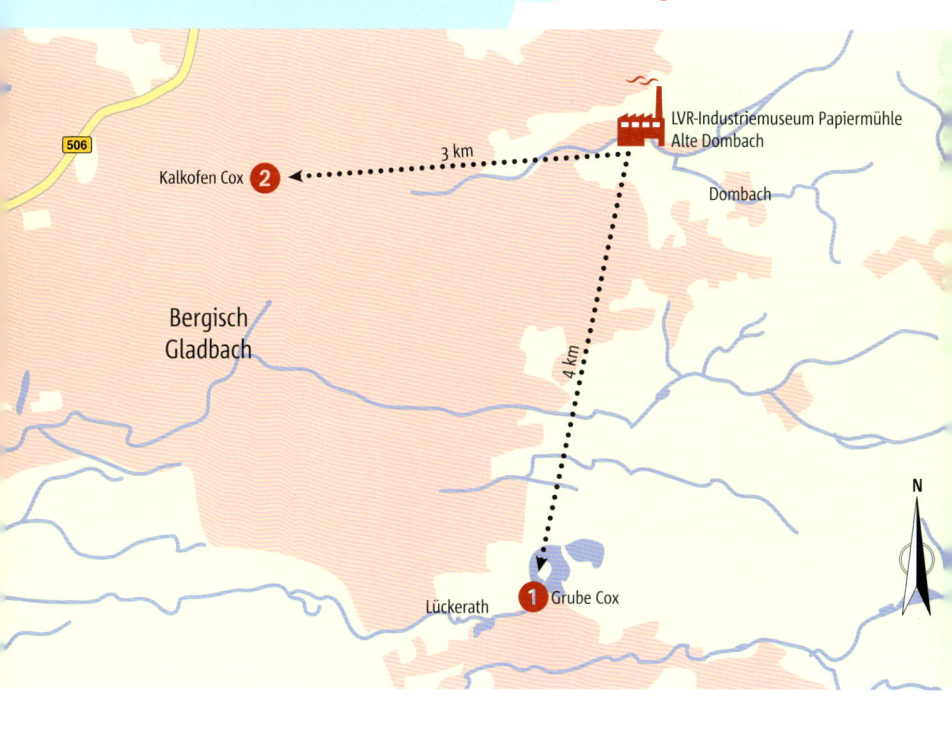

Papierherstellung zwischen Handwerk und Industrie

Außerdem sehenswert:

❶ GRUBE COX
4 km von der Alten Dombach

Die Grube Cox ist eine der jüngsten Gruben des Bergischen Landes. Erst in den 1960er-Jahren entdeckte man im Lerbacher Wald ein überaus reines Dolomitvorkommen. Es wurde zwischen 1969 und 1985 im Tagebau abgebaut. Der eisenarme Dolomit wurde in den Glaswerken in Köln-Porz zu hochwertigem Spiegelglas verarbeitet. Eigentlich sollte die Grube nach der Stilllegung verfüllt werden, doch waren dort schnell seltene Pflanzen und Tiere heimisch geworden. 1996 wurde das 22,7 Hektar große Areal unter Schutz gestellt.

Das Naturschutzgebiet ist kleinräumig, oft befinden sich verschiedene Biotoptypen direkt nebeneinander. So die vier größeren Stillgewässer, Felswände, vegetationsfreie Schutthalden sowie umliegende Waldflächen, die für verschiedene Pflanzen- und Tierarten einen Lebensraum bieten. Besondere Tier- und Pflanzenarten, die im Naturschutzgebiet vorkommen, sind unter anderem Ringelnatter, Zauneidechse, Eisvogel, verschiedene Arten von Fledermäusen und Sandbienen sowie Echtes Tausendgüldenkraut, Kreuzblume und Krebsschere. Ausgewiesene Wege führen durch das Gebiet, Aussichtspunkte und Infotafeln erläutern die Grube. Es gilt ein Wegegebot.

Technik + Architektur
Grube Cox
Bensberger Straße 300
51469 Bergisch Gladbach
Nähe Berzeliusstraße
Gelände frei zugänglich

❷ KALKOFEN COX
3 km von der Alten Dombach

Die sogenannte Paffrather Kalkmulde, ein Teil des Bensberger Reviers, war lange Zeit ein traditionelles Kalkabbaugebiet. Der aus Köln-Mülheim stammende Tuch- und Kalksteinhändler Jakob Cox betrieb im Bereich der heutigen Stadt Bergisch Gladbach eine Reihe von Kalköfen. Auf der Marienhöhe an der Reuterstraße besaß er eine Kalkgrube. Um dieses Material besser verarbeiten zu können, errichtete er in der Nähe zum Bahnhof 1852 zwei Kalköfen, 6 Jahre später folgte ein dritter Ofen an dieser Stelle. Genau 100 Jahre später wurde der Betrieb eingestellt. 1987 wurden die Öfen unter Schutz gestellt, aber erst seit 2015 sind sie freigelegt und sichtbar. 2013 hat man bei Bauarbeitern zufällig weitere Kalköfen aus dem Jahr 1865 an der Hauptstraße 292a im Innenhof des evangelischen Krankenhauses entdeckt.

Info
Kalkofen Cox
Johann-Wilhelm-Lindlar-Straße, Ecke Jakobstraße
51465 Bergisch Gladbach
frei zugänglich, auch von der Paffrather Straße

Essen + Trinken
Gaffel am Bock
Konrad-Adenauer-Platz 2
51465 Bergisch Gladbach
Tel. (0 22 02) 9 40 98-0
tägl. ab 12 Uhr, Mi., Sa. bereits ab 10 Uhr
www.gaffelambock.de

BERGISCHES MUSEUM FÜR BERGBAU, HANDWERK UND GEWERBE

Industriegeschichte im Schatten der Burg

GESCHICHTE

Die heute beschaulich wirkende Landschaft um Bergisch Gladbach herum war seit dem 18. bis weit ins 20. Jahrhundert hinein eine vom Bergbau geprägte Industrielandschaft. Als Bensberger Revier bezeichnet, wurden hier verschiedene Erze und auch in geringerem Maße Braunkohle gefördert. Tatsächlich lässt sich der Bergbau sogar schon in römischer Zeit (2./3. Jahrhundert) und im Mittelalter nachweisen. Mit der Industrialisierung nahm der Bergbau bis dato nicht gekannte Ausmaße an. Zu den hier vornehmlich abgebauten Erzen gehörten Zink, Blei, Kupfer, Galmei, Eisen, Rasenerz und Schwefelkies. Mit der industriellen Zinkverhüttung ab der Mitte des 19. Jahrhunderts kam es zu einem rasanten Wachstum des Bergbaus. Die Gesamtzahl wird auf etwa 140 Gruben geschätzt. Dabei waren die Gruben in der sogenannten Pfaffrather Kalkmulde eher Kleinbetriebe. Dem gegenüber stehen große Anlagen wie der Franziskaschacht (siehe Grube Lüderich, S. 170). Während im Allgemeinen die Gruben gut dokumentiert sind, nehmen die Gruben David, Gilead, Josua, Nebo und Smyrna eine Sonderstellung ein. Zu ihnen gibt es kaum eine Überlieferung und damit dokumentieren sie zugleich den Rassewahn der Nationalsozialisten. Seit 1882 im Eigentum eines jüdischen Bankiers und eines jüdischen Kaufmanns, wurden die Erben im NS-Staat enteignet und die Akten 1937 vernichtet, da die Gruben „wegen Aufhebung des Bergwerkeigentums" geschlossen worden waren. Nichts sollte an die alten Eigentümer erinnern. Nur anhand von Aktensplittern konnte ihre Geschichte rekonstruiert werden.

Die zahlreichen Erzvorkommen ließen auch einige Hüttenwerke entstehen. So wurden 1771 die Dürscheider Hütte und 1842 die Britanniahütte gegründet, die beide Eisenerz verarbeiteten. Sie stellten ihren Betrieb in der zweiten Hälfte des 19. Jahrhunderts ein. Die Bensberg-Gladbacher Zinkhütte verarbeitete zwischen 1853 und 1930 hier gefördertes Zink. Der Bergbau war der wesentliche Erwerb dieser Region. Seine Hochphase hatte er ab 1845. 1978 endete der Erzabbau im Bensberger Revier. Heute ist keine Grube mehr aktiv. Trotzdem sind die Spuren in der Landschaft immer noch sichtbar. Die Geschichte dieses Reviers zeigt das Bergische Museum für Bergbau, Handwerk und Gewerbe.

ANLAGE

Das heutige Museum befindet sich im historischen Kern Bensbergs. Um 1500 errichtete der bergische Kellner – so hieß der Finanz-

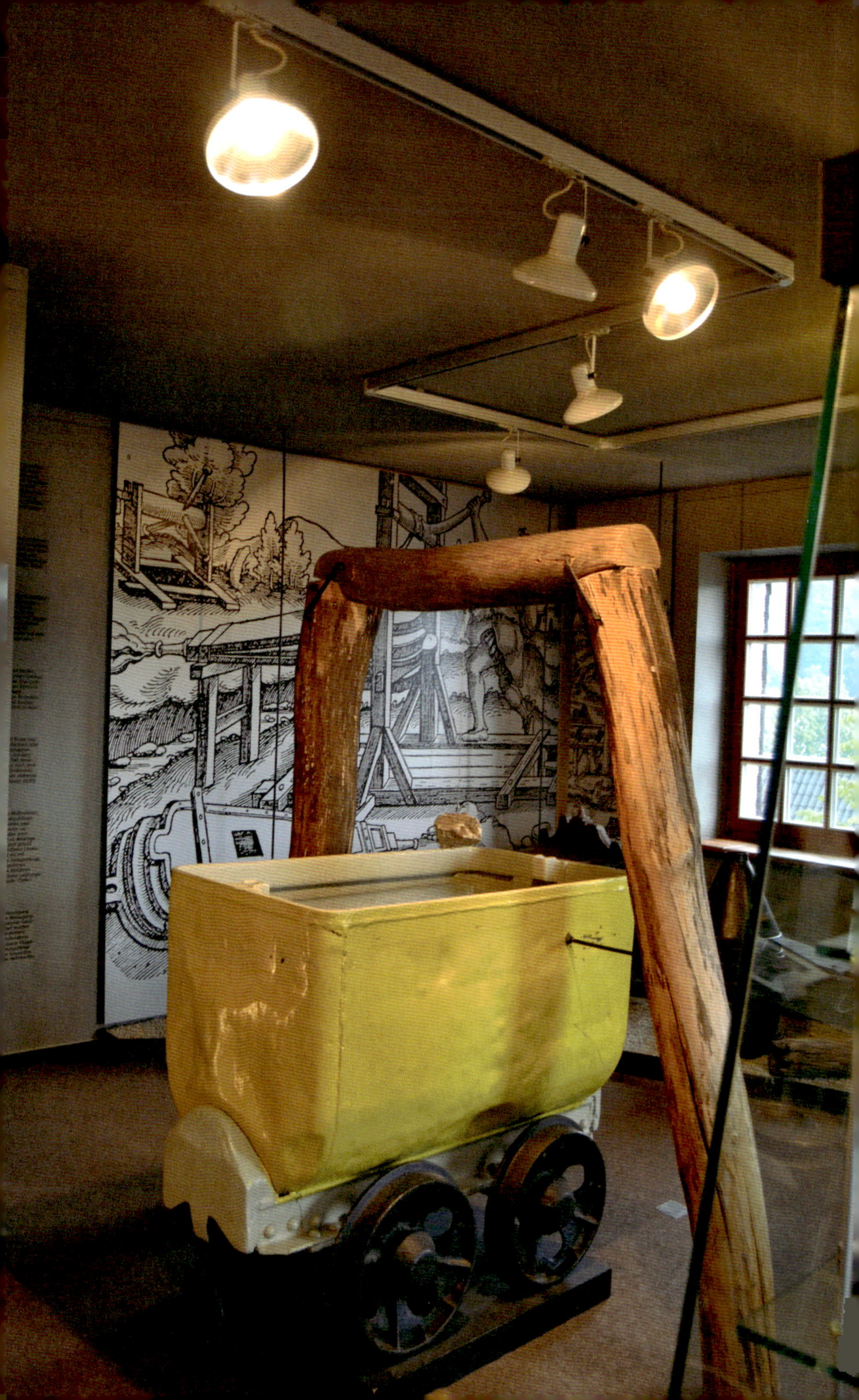

beamte des Bergischen Herzogs in Düsseldorf – dort eine Hofanlage. Dieser Mann, Wetzel von Bottlenberg, trug den Beinamen Kessel, daher spricht man vom Kesselshof. Das Türmchenhaus, ein Bruchsteinhaus mit Fachwerkgiebel, wurde ab 1851 als Polizeigefängnis genutzt, ehe die Gemeinde Bensberg das Anwesen 1927 übernahm und dort 1932 ein Heimatmuseum eröffnete. Nur 700 Meter entfernt befand sich zudem die Grube Julien, die um 1850 mit über 100 Bergleuten in Betrieb war.

Heutige Nutzung

Das heutige Bergische Museum für Bergbau, Handwerk und Gewerbe veranschaulicht das Leben im Bergischen Land in seiner ganzen Bandbreite. Eine Abteilung zeigt das häusliche Leben. Eine Stellmacherei, ein Hammerwerk aus dem 17. Jahrhundert sowie eine Bäckerei und die Lederverarbeitung lassen nachvollziehen, wie schwer der Broterwerb in vergangenen Zeiten war. Sehenswert und von zentraler Bedeutung ist die Abteilung Bergbau. Im Keller des Museums kann ein Schaubergwerk besichtigt werden. Museumsführungen und handwerkliche Vorführungen lassen hier Geschichte lebendig werden.

ADRESSE

Bergisches Museum für Bergbau, Handwerk und Gewerbe
Burggraben 9–21
54429 Bergisch Gladbach
Tel. (0 22 04) 5 55 59
Di.–Fr. 10–13.30, Sa., So. 11–17 Uhr
www.bergisches-museum.de

ANFAHRT PKW

A 4, AS 20 Bergisch Gladbach/Moitzfeld, weiter über Overather Straße in Richtung Bensberg, Ausschilderung zum Museum folgen; Parkplätze vor Ort
(GPS 50.965013, 7.164028)

ANFAHRT ÖPNV

Straßenbahn 1 von Köln nach Bensberg bis Endstation, ca. 5 Minuten zu Fuß über Stein-, Garten- und Schlossstraße

ESSEN + TRINKEN

Bergisches Gasthaus Wermelskirchen
im Fachwerkhaus von 1735 führt Familie Wermelskirchen das Gasthaus in vierter Generation
Burggraben 8
51429 Bergisch Gladbach
Tel. (0 22 04) 5 25 64
Do.–Di. 12–14 und 18–22 Uhr
www.gasthaus-wermelskirchen.de

Außerdem sehenswert
1. Altes Schloss Bensberg
2. Neues Schloss Bensberg

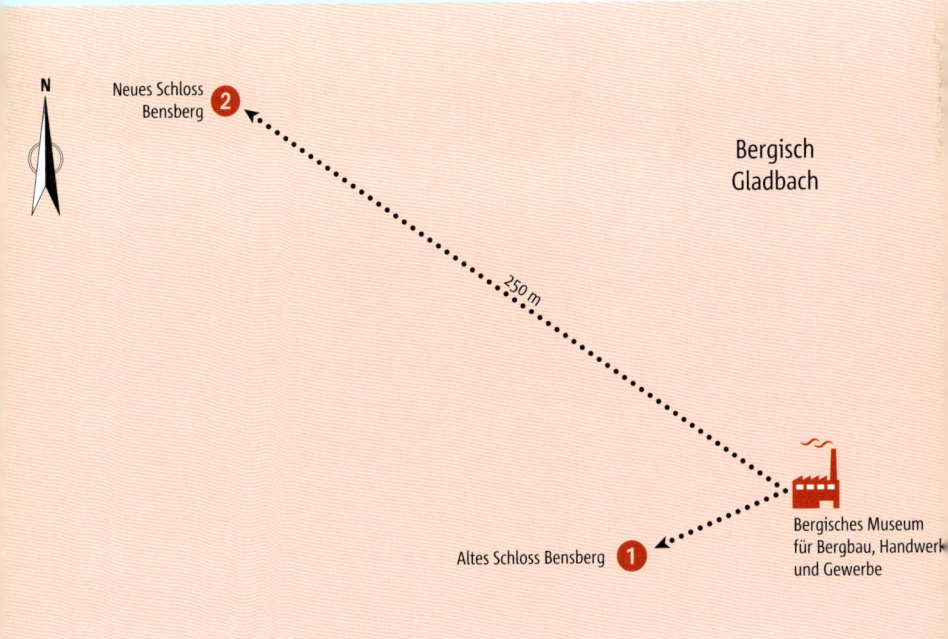

Industriegeschichte im Schatten der Burg

Außerdem sehenswert:

① ALTES SCHLOSS BENSBERG
Unmittelbare Umgebung

Schon seit dem 12. Jahrhundert ist die Höhenburg in Bensberg belegt. 1230 wurde sie erfolglos belagert. Sie gehörte zu den wichtigen Stützpunkten der Herren von Berg. Im Dreißigjährigen Krieg wurde die staufische Anlage beschädigt und verlor durch den Bau des Neuen Schlosses Bensberg an Bedeutung. Nach Nutzung als Kloster und Krankenhaus entschied die Stadt Bensberg 1962, die Burg zum Rathaus umzubauen. Dafür gewann sie den bekannten Architekten Gottfried Böhm, der die Burg durch brutalistische Neubauten in Sichtbeton ergänzte. Die Reaktionen war zwiespältig. Während die FAZ von einer „begehbaren Plastik" sprach, sah der Bürgermeister ein „zerschossenes Minarett" und der damalige Bundesinnenminister Paul Lücke empfahl seinen Bensberger Nachbarn, mit dem „Beamtenbunker" zu leben. Im Volksmund trägt der Bau den Namen „Affenfelsen". Das Rathaus gilt heute als einer der wichtigsten Bauten der 1960er-Jahre. Um bewusst auf diese Epoche hinzuweisen, die bisher im Denkmalschutz keine große Rolle spielte, veröffentlichte der Rheinische Verein für Denkmalpflege 2012 die Charta von Bensberg, in der er einen angemessenen und würdevollen Umgang mit der Architektur der 1950er- und 60er-Jahre einfordert.

Kunst + Kultur
Altes Schloss Bensberg
Wilhelm-Wagener-Platz
51429 Bergisch Gladbach

❷ NEUES SCHLOSS BENSBERG
250 m vom Bergischen Museum für Bergbau, Handwerk und Gewerbe

Der Herzog Johann Wilhelm II. von Jülich und Berg, im Volksmund „Jan Wellem" genannt, ließ zwischen 1703 und 1711 dieses barocke Jagdschloss errichten, während er in Düsseldorf residierte. Angeblich habe die Landschaft um Bensberg seine Gattin, Anna Maria Luisa de Medici, an ihre toskanische Heimat erinnert. Ausgerichtet ist das Schloss, das Matteo d'Alberti in Anlehnung an Schloss Schönbrunn plante, auf den Kölner Dom. Von 1840 bis 1918 diente der weitläufige Bau als preußische Kadettenanstalt, dann immer wieder als Kaserne und zwischen 1935 und 1945 als NS-Kaderschmiede (NAPOLA). In den 1990er-Jahren wurde das Schloss zu einem Fünfsterne-Grandhotel umgebaut. Öffentliche Veranstaltungen und der jährliche Weihnachtsmarkt am dritten Advent sind Besuchermagneten.

Info
Neues Schloss Bensberg
Kadettenstraße
51429 Bergisch Gladbach
zugänglich im Rahmen von Veranstaltungen

GRUBE LÜDERICH
Die wichtigste Grube des Bergischen Landes

GESCHICHTE

Der 4 Kilometer lange Höhenrücken des Lüderich war das Zentrum des Erzabbaus im Bensberger Revier. Angeblich wurde bereits der Kölner Dombau durch den hiesigen Bergbau finanziert. Als 1830 beim Bau der Straße Köln–Olpe Bleierze gefunden wurden, kam es in kurzer Zeit zur Anlage mehrerer Stollen. Anfang der 1850er-Jahre wurde die belgische Société anonyme des Mines et Fonderies de Zinc de la Vieille-Montagne, auf Deutsch auch als Altenberg bekannt, so der Name der ersten Hütte in Oberhausen, auf das Bensberger Revier aufmerksam. Sie übernahm neben der Grube Castor (siehe S. 183) bei Ehreshoven und Julien bei Bensberg auch die Grube Lüderich. Ab 1870 wurde sie kontinuierlich zu einer modernen Schachtanlage mit vier Schächten ausgebaut. Ab 1896 entstand ein neuer Hauptschacht mit zentraler Aufbereitungsanlage am Nordwesthang des Lüderich. Nachdem der Ausbau abgeschlossen war, arbeiteten 500 Bergleute im Lüderich und förderten mehr als 17.500 Kubikmeter. Es war die größte Blei- und Zinkerzgrube des Oberbergamtsbezirks Bonn.

Im Zuge der Weltwirtschaftskrise ging die Grube 1930 in den Notbetrieb über. Mit der Autarkiepolitik der Nationalsozialisten wurde der Abbau am Lüderich wieder aktiviert. Die Belegschaft entwickelte sich von 900 auf 1200 Mann. Auch nach dem Zweiten Weltkrieg hielt der Aufschwung an. 1950 wurden weitere Lagerstätten erschlossen. 1975 bauten 300 Mann Belegschaft 230.000 Tonnen Roherz ab. Der Lüderich war eines der vier letzten deutschen Blei- und Zinkbergwerke der Bundesrepublik. Als er 1978 stillgelegt wurde, endete der Bergbau im Bensberger Revier.

ANLAGE

Aufgrund der ausgedehnten untertägigen Lagerstätte hatte man nicht eine oder zwei zentral gelegene Schachtanlagen angelegt, sondern vier Schächte über den ganzen Höhenzug des Lüderich verteilt. So entstand 1870 der Nordschacht, 1876 der Zentralschacht, 1893 der Süd- und 1892 der Franziskaschacht. Zur besseren industriellen Verwertung plante man dann 1896/97 dort, eine dem neuen Hauptschacht zugeordnete zentrale Aufbereitung am Nordwesthang des Lüderich anzulegen. Nach Fertigstellung erfolgte die gesamte Förderung über den Hauptschacht. Er stand über einen Bremsberg mit der am Berghang terrassenförmig angelegten Aufbereitung in Verbindung. Über ein Anschlussgleis ging das aufbereitete Zinkerz zum Bahnhof Untereschbach. Ein Aquarell, von W. Scheiner 1897 an-

Der Förderturm des Franziskaschachts

Die Grube Lüderich in einer historischen Darstellung von Wilhelm Scheiner, 1897

gefertigt, zeigt die imposante Gesamtanlage oberhalb der Sülz.

Heutige Nutzung

Nach der Stilllegung blieben etliche Anlagen erhalten. Heute befindet sich auf dem Gelände der Aufbereitungsanlagen ein Golfclub. Im Bereich des Hauptschachtes liegt heute die Driving Range eines Golfplatzes. Das Maschinenhaus dient als Bistro.

Ein Wanderweg erschließt das ehemalige Grubenareal. Am Schacht Franziska ist noch der Förderturm erhalten. Im Boden unterhalb sind Armierungsteile eines eingestürzten Stollens erkennbar. In einem ehemaligen Bunker, den die Belegschaft während des Krieges nutzte, befindet sich seit 2011 eine Marienkapelle, in der eine Marienfigur aus Medjugorje in Bosnien-Herzegowina verehrt wird.

ADRESSE

Lüderich, Golfclub
Am Golfplatz 1, 51491 Overath
Gelände frei zugänglich

ANFAHRT PKW

A 4, AS 21 Untereschbach,
in Richtung Rösrath/Lindlar links
auf die Bahnhofstraße, links auf
die Olper Straße, am Kreisverkehr
erste Ausfahrt, rechts zum Golfplatz
(GPS 50.939103, 7.216753)

ANFAHRT ÖPNV

Mit RB 25 bis Hoffnungsthal, ab dort
mit Bus 441 nach Lüderich, Abzweig
Rösrath, von da ab zu Fuß Richtung
Golfclub

ESSEN + TRINKEN

Altes Zollhaus
sardische Spezialitäten
Olper Straße 60, 51491 Overath
Tel. (0 22 04) 97 06 13
Di.–So. 12–14.30 und 18–22.30 Uhr
www.ristorante-altes-zollhaus.de

Außerdem sehenswert

❶ Stahl- und Walzwerk Gebr. Reusch
❷ Schloss Eulenbroich

Die wichtigste Grube des Bergischen Landes | 173

Außerdem sehenswert:

🔴 STAHL- UND WALZWERK GEBR. REUSCH
6 km von der Grube Lüderich

Seit 1773 betrieb der Kölner Kaufmann Boullé ein Hammerwerk bei Rösrath. 1816, nach seinem Tod an Typhus, übernahmen die Gebrüder Reusch den Hammer und bauten ihn in den folgenden Jahrzehnten zu einem Puddel- und Walzwerk aus. Das Werk mit dem Namen Hoffnungsthal lag an der Westseite des heute noch erhaltenen Stauweihers, dessen Wasser für den Antrieb sorgte. Der Werksname übertrug sich später auch auf die Siedlung. Die Gebrüder unterhielten zudem einen Hochofen in Ruppichteroth. Er belieferte Hoffnungsthal mit Roheisen, das hier zu Messern, Federn, Beilen, Scheiden etc. verarbeitet wurde. Kunden waren hauptsächlich die Winzer am Rhein. Die schwierige Verkehrslage führte um 1860 dazu, die Puddelstahlherstellung aufzugeben. Stattdessen wurde hier ein Feinblechwalzwerk eingerichtet. Die Weltwirtschaftskrise führte zur vorübergehenden Stilllegung 1931. Bis 1999 wurden hier noch Feinbleche gewalzt. Als einer der wichtigsten erhaltenen Bauten gilt die Fabrikantenvilla Boullés, der sie 1773 im spätklassizistischen Stil errichten ließ. Eine alte Fabrikhalle ist in eine hochwertige Wohnanlage umgebaut worden.

Technik + Architektur
Ehemaliges Stahl- und Walzwerk Gebr. Reusch
Am Hammer 12, 51503 Rösrath
Gebäude können von außen besichtigt werden

❷ SCHLOSS EULENBROICH
8 km von der Grube Lüderich

Die ältesten Grabungsfunde belegen eine Burganlage an dieser Stelle für das 13. Jahrhundert, urkundlich nachgewiesen ist die Wasserburg seit 1401. Im 19. Jahrhundert übernahm der Kölner Fabrikant Robert Rohr das Schloss und richtete es als Amtssitz des Rösrather Bürgermeisters her. Er selbst hatte dieses Amt auf Lebenszeit bis zu seinem Tod 1878 inne. 1908 kaufte Emil Biedermann Eulenbroich und errichtete nebenan eine Lederfabrik. Das Schloss ließ er in seine heutige Gestalt umbauen. Nach dem Zeiten Weltkrieg unterschiedlich genutzt, ging das Anwesen 1981 an die Gemeinde Rösrath, die es heute durch die Schloss Eulenbroich GmbH betreibt. Hier finden standesamtliche Trauungen, Events und Kulturveranstaltungen statt. Außerdem ist im Gewölbekeller eine Zauberschule untergebracht. Das Torhaus aus dem 18. Jahrhundert gilt als Wahrzeichen Rösraths.

Info
Schloss Eulenbroich GmbH
Zum Eulenbroicher Auel 19, 51503 Rösrath
Tel. (0 22 05) 9 01 00 90; der Park ist frei zugänglich
www.schloss-eulenbroich.de
Marlenes Café & Restaurant am Schloss
mitten im Schlossgelände
Tel. (0 22 05) 9 20 78 76, Di.–So. 12–22 Uhr
www.schloss-eulenbroich.de

WIRTSCHAFTLICHE VERFLECHTUNGEN Globalisierung war schon immer

Die industrielle Entwicklung – im Bergischen und anderswo – ist kaum denkbar ohne wirtschaftliche Beziehungen mit anderen Regionen: Nur der Blick über die Grenzen macht das Geschehen verständlich. Diese Beziehungen waren nie eine Einbahnstraße. Es gab Impulse, die von außen ins Bergische Land kamen, doch ebenso hat die hiesige Industrie Entwicklungen in anderen Regionen befruchtet. Hinzu kommen die wirtschaftlichen Verflechtungen, die die bergische Industrie über die Grenzen ihres Landes hinaus unterhielt.

Woher jeweils der Anstoß kam, dass sich in manchen Regionen bestimmte Industrien entwickelt haben, kann man nur schwer sagen. Zum Teil spielten wie bei der Klingenherstellung in Solingen oder der Textilproduktion in Elberfeld und Barmen Privilegien, die der Landesherr verlieh, eine wichtige Rolle. Aber auch die Rohstofffrage war entscheidend. So lässt sich nachweisen, dass beispielsweise sehr früh Eisen aus dem Siegerland in den Brennöfen des Remscheider Raums verarbeitet wurde. Die reichen Holzvorkommen boten den idealen Brennstoff.

England als Mutterland der Industrie spielte ebenfalls eine zentrale Rolle. Nicht umsonst trägt die älteste erhaltene Fabrik auf dem Kontinent einen englischen Namen: die Textilfabrik Cromford bei Ratingen (siehe Haus Cromford, S. 14). Denn nicht nur die Dampfmaschine, auch der automatische Webstuhl war eine englische Erfindung. Und der Elberfelder Kaufmann Brügelmann holte sie durch Industriespionage ins Bergische, wo er abseits der Konkurrenz bei Ratingen eine Fabrik nach englischem Muster errichtete.

Wie stark international die bergische Industrie schon früh ausgerichtet war, belegen die Familien Hilger und Engels. Während die Hilgers aus Remscheid schon im 18. Jahrhundert Handelsbeziehungen bis nach Russland unterhielten (siehe Deutsches Werkzeugmuseum Remscheid, S. 104), war die Familie Engels Teilhaber an der Firma Ermen & Engels, die Werke in Manchester und Engelskirchen unterhielt (siehe Textilfabrik Ermen & Engels, S. 178, und Historisches Zentrum Wuppertal, S. 64). Gerade die Situation der englischen Arbeiter spornte den jungen Friedrich Engels bei seinen revolutionären sozialistischen Gedanken an (siehe Friedrich Engels, S. 71). Zu den exportorientierten Textilunternehmen des 19. Jahrhunderts gehörte auch Joh. Wülfing & Sohn, die als erste deutsche Tuchfabrik schon 1847 eine Niederlassung in New York unterhielt (siehe Wülfing Museum, S. 90).

Ebenfalls aus England kam eine Erfindung, die den Verkehr und die Zeitwahrnehmung revolutionierte: die Eisenbahn. Als 1825 der Engländer George Stephenson die erste Eisenbahn der Welt in Betrieb nahm, befeuerte dies eine schon lange im Wuppertaler Raum stattfindende Diskussion um die Verbesserung der Verkehrssituation. Die Landstraßen waren Anfang des 19. Jahrhunderts von Kohlefuhrwerken verstopft und so entschieden sich die Kaufleute, auf dieses noch vollkommen neuartige Transportmittel zu setzen, um die Kohle von der Ruhr an die Wupper zu bekommen. Als dann diese bergische Eisenbahn 1838 als erste in Westdeutschland ihren Betrieb aufnahm, verband sie nicht das Kohlerevier mit der Wupper, sondern die dortige Industrie mit dem Rhein bei Düsseldorf. Die Eisenbahn leitete den industriellen Durchbruch der Provinzstadt Düsseldorf ein, die dann innerhalb weniger Jahrzehnte zu einem der führenden Industriestandorte Westdeutschlands wurde. Die Glashütte Gerresheim, um 1900 weltgrößter Flaschenproduzent (siehe Glashütte Gerresheim, S. 36), organisierte zu dieser Zeit einen Verband europäischer Flaschenproduzenten, um gemeinsam das amerikanische Owens-Patent für die automatische Flaschenherstellung nach Europa zu holen.

Auch die Belgier waren für die bergische Industrie von vielfältiger Bedeutung. Besonders bei der Industrialisierung des Bergbaus setzten sie ein Zeichen, als ab den 1850er-Jahren die Société anonyme des Mines et Fonderies de Zinc de la

Die Lokomotive Rocket von Stephenson, 1825

Vieille-Montagne aus Lüttich mehrere Gruben im Bensberger Revier erwarb und die dortige Förderung erheblich modernisierte (siehe Grube Lüderich, S. 170).

Für die **wirtschaftliche Innovationskraft des Bergischen Landes** stehen neben vielen Namen wie Pohlig (siehe Julius Pohlig, S. 148) vor allem **Mannesmann** und **Bayer**. Mit der Entwicklung der nahtlosen Stahlrohre hat Mannesmann die Stahlherstellung revolutioniert. Zwar spielte das Unternehmen als Feilenhersteller schon vor 1886 eine international wahrgenommene Rolle, aber die Innovation der Nahtlosrohre ließ einen Weltkonzern entstehen (siehe Mannesmann, S. 112). Schon bei der daraus resultierenden Ausgründung als Mannesmannröhren-Werke wurden Fabriken in Bous an der Saar, in Komotau (Chomutov) in Böhmen und in Landore in Wales errichtet. Wie auch Mannesmann setzte Bayer nach 1945 auf eine starke internationale Präsenz. Schon 1956 wurden Werke in Südamerika errichtet.

Auch für **ausländische Unternehmen** war das Bergische Land interessant. Die Übernahme der Götze-Werke in Burscheid durch den US-Konzern Federal Mogul ist dafür nur ein Beispiel (siehe Kultur Badehaus Burscheid, S. 139).

Globalisierung war schon immer | 177

KRAFTWERK ERMEN & ENGELS
Wasser und Strom

GESCHICHTE

Standortfestlegungen gehören zu den wichtigsten Unternehmensentscheidungen. Eine solch wichtige und, wie sich im Nachgang zeigte, richtige Wahl traf Friedrich Engels im Jahr 1837. Der Vater des sicherlich berühmtesten Engels, Friedrich Engels jun., der zusammen mit Karl Marx den wissenschaftlichen Sozialismus begründete, entschloss sich damals, sein neues Unternehmen in Engelskirchen anzusiedeln. Zuvor hatte er international mit Baumwolle und Seide gehandelt und dabei in England die neuesten Techniken kennengelernt. Seit 1837 war Engels an der Spinnerei von Peter Ermen in Manchester beteiligt und gleichzeitig planten beide, ein ähnliches Unternehmen im Bergischen Land zu gründen. Ursprünglich überlegten sie, die säkularisierte Unterbarmener Kirche mit einigen angrenzenden Häusern zu kaufen, um dort eine Textilfabrik nach englischem Vorbild aufzubauen. Nach intensiven Planungen entschied sich Engels allerdings für den Kauf des ehemaligen Schnabel'schen Hammerwerks in Engelskirchen. Gleichzeitig erwarb er damit auch die dortigen Wassergerechtsame der Agger, also das Recht, ihr Wasser gewerblich zu nutzen. Gerade das Gefälle der Agger garantierte hier eine sehr gute Ausbeute an Wasserkraft, um damit Maschinen zu betreiben. Außerdem war das Grundstück in Engelskirchen wesentlich günstiger als das in Oberbarmen. Ein weiterer Pluspunkt bestand in der billigen Verfügbarkeit von Arbeitskräften in den umliegenden Orten.

So entstand offiziell im Juli 1837 die „Baumwollspinnerei Ermen & Engels in Manchester und Engelskirchen". Der Firmensitz lag allerdings in Barmen. Es dauerte bis 1844, bis die Textilfabrik fertig und betriebsbereit war.

Das Unternehmen hielt sich lange erfolgreich am Markt, bis es ab den 1950er-Jahren für Ermen & Engels abwärts ging. 1979 musste die Produktion eingestellt und das Unternehmen geschlossen werden. Das gesamte Areal wurde an die Ründerother Wohnungsbaugesellschaft verkauft. Diese plante, bis auf die Fabrikantenvilla alle Gebäude niederzulegen, um dort ein neues Viertel zu errichten. Drei junge Architekten aus Köln machten nachdrücklich auf die historische Bedeutung der Fabrikbauten aufmerksam und erreichten, dass sie unter Schutz gestellt wurden und der Nachwelt erhalten blieben.

ANLAGE

Das weitläufige Areal der Fabrik ist größtenteils erhalten geblieben. Dazu kommen Arbeiterhäuser, die Fabrikantenvilla

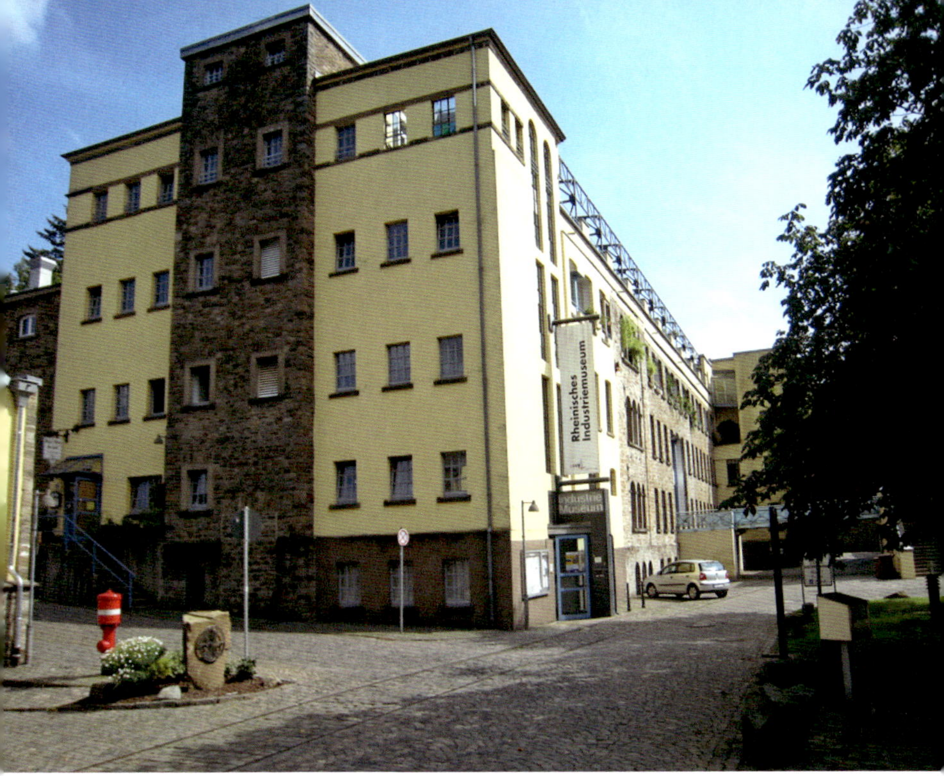
Rheinisches Industriemuseum
Industrie Museum
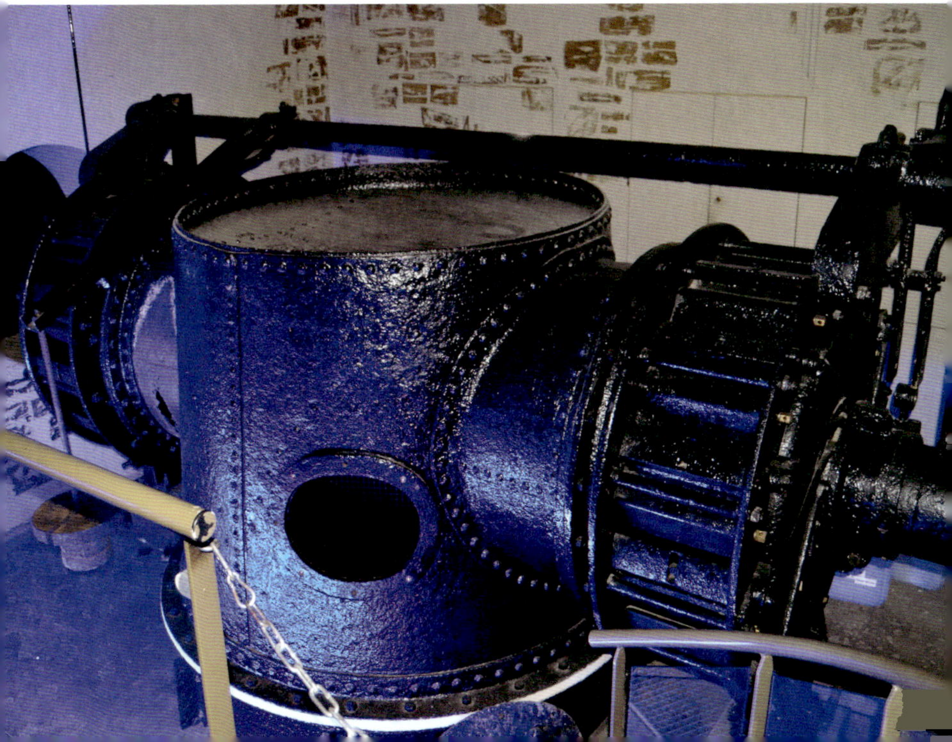

und weitere Einrichtungen des Unternehmens in Engelskirchen. Zentral ist jedoch das Gebäude, in dem die Energieversorgung untergebracht war. Zu Beginn nutzte man Wasserräder, die über Transmissionsriemen die Maschinen der Spinnerei antrieben. 1854 wurden erstmals Turbinen eingesetzt. Bereits seit 1845 standen allerdings Dampfmaschinen zur Ergänzung der Wasserkraft bereit. 1903 wurden Stromgeneratoren in Betrieb genommen, die auch die Straßenbeleuchtung im Ort bedienten. Der wirtschaftliche Erfolg der Firma Ermen & Engels führte so zu einer frühen Elektrifizierung Engelskirchens. Die Anlagen zur Stromproduktion sind im Hauptgebäude noch erhalten.

Heutige Nutzung

Als Ergebnis der Unterschutzstellung richtete das damalige Rheinische Industriemuseum (heute LVR-Industriemuseum) 1987 in der Zwirnerei seine zweite Außenstelle ein. Die damalige Ausstellung befasste sich ausschließlich mit der Unternehmensgeschichte des Standortes. 1996 eröffnete das Museum nach einer Neukonzeption wieder. Das Wasserkraftwerk wurde dabei in den Mittelpunkt gestellt und die neue Dauerausstellung erhielt den Namen „Unter Strom – Wasserkraft aus der Steckdose". Die noch im Originalzustand befindlichen Aggregate und Turbinen im Keller vermitteln anschaulich die Energiegewinnung vom Wasserrad bis hin zur elektrisch betriebenen Maschine. Weitere Gebäude der Fabrik werden unterschiedlich genutzt. In der Spinnerei ist heute das Rathaus von Engelskirchen untergebracht. Ebenso hat die Feuerwehr ihre Wache auf dem Gelände.

ADRESSE

LVR-Industriemuseum Kraftwerk Ermen & Engels
Engels-Platz 2, 51766 Engelskirchen
Tel. (0 22 34) 99 21-5 55
Apr.–Okt. Di.–Fr. 10–17, Sa.,
So. 11–18 Uhr (Nov.–März nur
gebuchte Führungen), 3 €
www.industriemuseum.lvr.de/de/
engelskirchen/engelskirchen_1.html

ANFAHRT PKW

A 4, AS 23 Engelskirchen,
dann Beschilderung folgen
(GPS 50.983543, 7.410087)

ANFAHRT ÖPNV

RB 25 bis Engelskirchen,
3 Minuten beschilderter Fußweg

ESSEN + TRINKEN

Hotel-Restaurant Bergische Schweiz
bergische Gerichte aus regionalen
Produkten, schöner Panoramablick
auf Schloss Ehreshoven
Oberstaat 25
51766 Engelskirchen
Tel. (0 22 63) 24 78
Di.–So. 9–22 Uhr
www.bergische-schweiz.de

Außerdem sehenswert

1. Oelchenshammer
2. Grube Castor

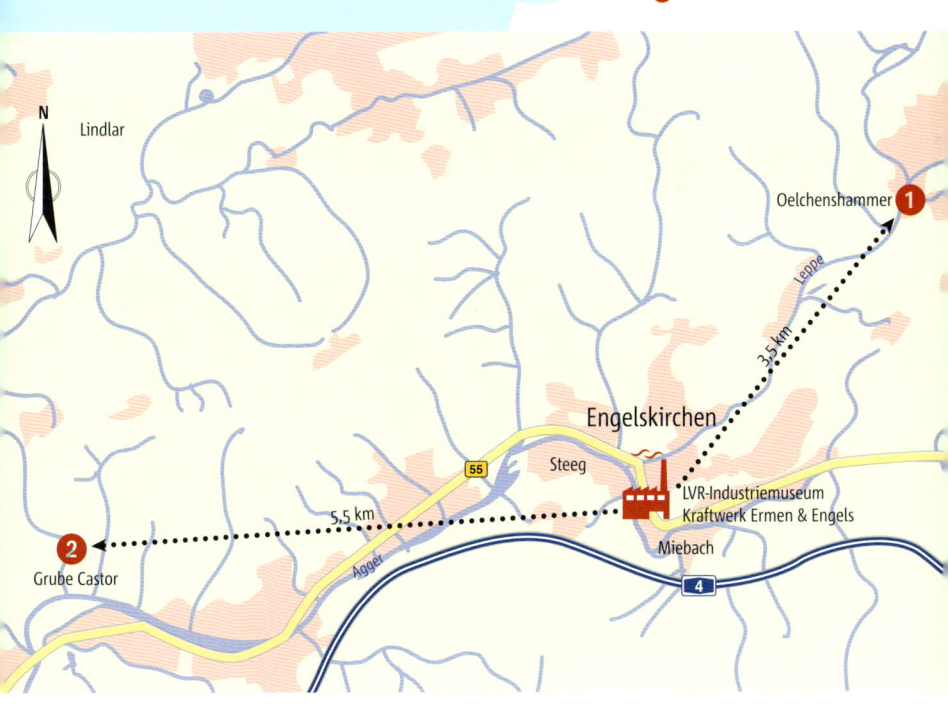

Wasser und Strom

Außerdem sehenswert:

🔴 1 OELCHENSHAMMER
3,5 km vom Kraftwerk Ermen & Engels

Der Hammer bei Bickenbach ist der letzte funktionsfähige wasserbetriebene Schmiedehammer im Oberbergischen Land und dient heute als Außenstelle des Industriemuseums Ermen & Engels. 1783 in Betrieb genommen, fertigte man hier in erster Linie Bänder für Bier-, Wein- und Ölfässer. Das Hammergebäude aus Grauwacke stammt aus dem Jahr 1795, das Fachwerkhaus, in dem der Schmied lebte, aus dem Jahr 1816. 1860 übernahm das Edelstahlwerk Dörrenberg aus Ründeroth den Hammer. Ein Spezialprodukt von Dörrenberg, der sogenannte Janus-Stahl, wurde im Oelchenshammer zu Beilen, Äxten und Klingen weiterverarbeitet. Erst 1947 wurde hier die Produktion eingestellt. In Zusammenarbeit zwischen der Firma Dörrenberg und dem Landeskonservator wurde der Hammer restauriert. Heute arbeiten hier zwei Schwanzhammer im Museumsbetrieb.

Technik + Architektur
Oelchenshammer
Oelchensweg
51766 Engelskirchen
Apr.–Okt. So. sowie Pfingstmontag
(Deutscher Mühlentag) 14–18 Uhr, 2 €

❷ GRUBE CASTOR
5,5 km vom Kraftwerk Ermen & Engels

Spuren im Gelände weisen auf einen mittelalterlichen Bergbau hin. 1859 wurde die Grube von der belgischen Société anonyme des Mines & Fonderies de Zinc de la Vieille Montagne übernommen, die hier hauptsächlich Blei, Zink, Kupfer und Schwefelkies abbaute. 1889 waren 392 Personen beschäftigt, die bis auf 270 Meter Tiefe abteuften. 1906 waren die Lager erschöpft und der Betrieb unter Tage eingestellt, oberirdisch wurden noch bis 1929 Erze aus benachbarten Gruben verarbeitet. Neben dem Schwemmteich und einem Grubenhaus sind die Halden noch gut sichtbar. Da aber das taube Gestein schwermetallbelastet ist, gedeiht auf ihnen lediglich heidemäßiger Bewuchs. Allerdings sind hier Tierarten wie der Steppengrashüpfer heimisch geworden, die man sonst im Bergischen nicht findet. Ein wichtiges Relikt der Grube ist die Hängebrücke Kastor. Die Holzbrücke überspannt einen Nebenarm der Agger und wurde um 1860 errichtet. Der Besitzer des gegenüberliegenden Schlosses Ehreshoven hatte seine Zustimmung zum Bau einer festen steinernen Brücke verweigert. Über die Brücke wurde das abgebaute Erz in Loren per Hand auf Schienen über die Agger transportiert. Am Bahnhof Ehreshoven gab es einen direkten Gleisanschluss an die Aggertalbahn. Bis 1926 sollen so bis zu 100.000 Tonnen Erze über sie bewegt worden sein. 1950 wurden bei Renovierungsmaßnahmen die Schienen entfernt. In den 1990er-Jahren drohte der Abriss, doch rettete der örtliche Bürgerverein das Bauwerk und sanierte es in Eigenleistung.

Info
Grube Castor, Hängebrücke Kastor
Loope, Kastor; frei zugänglich

BERGISCHE ACHSEN WIEHL
Weltweit auf Achse

GESCHICHTE

Die Wurzeln der Bergischen Patentachsenfabrik GmbH in Wiehl (BPW) gehen zurück auf das Jahr 1898. Als damals das Unternehmen mit gerade zwölf Mann Belegschaft startete, konnte niemand ahnen, dass daraus ein weltweit tätiger Spezialist mit über 6000 Beschäftigten werden würde. Am Anfang schmiedete man in Wiehl Eisenachsen für Kutschen, schwere Ackerwagen und Fuhrwerke. Zunächst mussten diese Achsen täglich geschmiert werden, aber schon bald entwickelte man Patentachsen mit Dauerschmierung. Die NKO-Patentachse, die in Wiehl zwischen 1903 und 1907 konstruiert wurde, galt als „epochemachende Erfindung". Schon damals belieferte man auch Kunden in Dänemark und den Niederlanden. Mit dem Ersten Weltkrieg kam die Produktion von Gleitlagerachsen für den Militäreinsatz hinzu. Bis dahin hatte das Unternehmen seit 1898 insgesamt 313.300 Achsen hergestellt. Die ersten Kegelrollenlager verließen das Werk 1924. Sie waren ein großer Schritt nach vorne, führten sie doch zu 10 Prozent Kraftstoffersparnis. Auch kamen sie mit 80 Prozent weniger Schmiermittel aus.

1929 ließ BPW ein neues Warenzeichen eintragen, das bis heute für das Unternehmen steht. Einen Anschluss an die Wiehltalbahn bekam BPW in den 1930er-Jahren. Er blieb bis 1994 in Betrieb, dann verlagerte man den gesamten Warenverkehr auf die Straße.

Im Zweiten Weltkrieg stellte BPW fast vollständig auf Kriegsproduktion um. Die hier hergestellten Achsen fanden Verwendung bei Militäranhängern, Geschützlafetten etc. Ohne den Einsatz von Zwangsarbeitern konnte die Produktion nicht aufrechterhalten werden. Das Unternehmen führte ein eigenes Lager, stellte sich aber später seiner Verantwortung und unterstützte eine Ausstellung zum Thema „Zwangsarbeit in Oberberg".

Nach dem Krieg zog die Produktion wieder an. Seit den 1960er-Jahren investiert das Unternehmen auch im Ausland und ist seit 1995 mit einer Fertigung in China aktiv. 1998 wurde die weltweit erste KTL-Beschichtungsanlage zum Korrosionsschutz für LKW-Anhängerachsen in Betrieb genommen. Einer der aktuellen Schwerpunkte der bis heute familiengeführten Firma ist die Elektronik- und Telematikentwicklung für intelligenten LKW-Verkehr unter dem Stichwort „Internet of Transport".

ANLAGE

Das Werksgelände hat sich im Laufe der Zeit immer wieder vergrößert, dementsprechend veränderte sich auch die Bau-

Lenkachsen
Steering axles

Lenkachsen

Steering axles

substanz, sodass von den ursprünglichen Gebäuden nur wenig erhalten ist. Auf einem Ölgemälde im firmeneigenen Museum ist das Werk bei Gründung zu sehen. Auch Teile des Museums Achse, Rad und Wagen, wie die alte Remise, stammen noch aus früheren Perioden. Heute dominiert die zweckmäßige Hallenarchitektur der Gegenwart.

Heutige Nutzung

Das Werk in Wiehl ist immer noch der Stammsitz des Unternehmens. Bereits in den 1930er-Jahren ließ Fritz Kotz als Kopf der Inhaberfamilie einen Ausstellungsraum einrichten, in dem neben eigenen Produkten auch schon historische Wagenmodelle die Geschichte des Wagenbaus dokumentierten. 1952 wurde daraus ein werkseigenes Museum. Angefangen von frühgeschichtlichen Exponaten aus Europa, Asien und Afrika bis hin zu vollständigen Wagen des 17. und 20. Jahrhunderts wird auf 1000 Quadratmetern die Geschichte des Unternehmens in die Entwicklung von Achse, Rad und Wagen eingebettet. Die großzügige und modern gestaltete Ausstellung gilt als weltweit einzigartig und gliedert sich in drei Räume. Der erste zeigt die allgemeine Geschichte des Wagens, der zweite Raum widmet sich der Werkgeschichte bis 1948. Die letzte Abteilung reicht bis in die Gegenwart und zeigt den Einsatz von Achsen im Extrembereich. Zudem gibt es eine Ausstellung der Industriefotografin Ruth Hallensleben, die die Arbeit bei BPW in den 1950er-Jahren dokumentierte. Auf dem Freigelände des Museums mit historischer Schmiede und Wagenremisen werden Kutschen des 19. und frühen 20. Jahrhunderts sowie Nutzfahrzeuge des 20. Jahrhunderts von der Sackkarre bis zum LKW-Anhänger von 1925 gezeigt.

ADRESSE

Museum Achse, Rad und Wagen, BPW Bergische Achsen KG
Ohlerhammer, 51674 Wiehl
Tel. (0 22 62) 78-12 80
So. 13–17 Uhr, Eintritt frei,
jeden ersten So. im Monat
Schmiedevorführung
www.achseradwagen.de

ANFAHRT PKW

A 4, AS 25, auf L 305 und L 336 Richtung Wiehl, auf Hauptstraße bis Ohlerhammer
(GPS 50.946915, 7.563022)

ANFAHRT ÖPNV

RB 25 bis Dieringhausen, ab dort mit Bus 302 bis Wiehl, Achsenfabrik

ESSEN + TRINKEN

Haus Kranenberg
das Wohnzimmer von Bielstein
Bielsteinerstraße 92
51674 Wiehl/Bielstein
Tel. (0 22 62) 7 97 65 98
Mo., Mi., Do., Fr. 11–14
und ab 17, Sa. ab 17,
So. ab 11 Uhr
www.haus-kranenberg.de

Außerdem sehenswert

1. Wiehltalbahn
2. Eisenbahnmuseum Dieringhausen

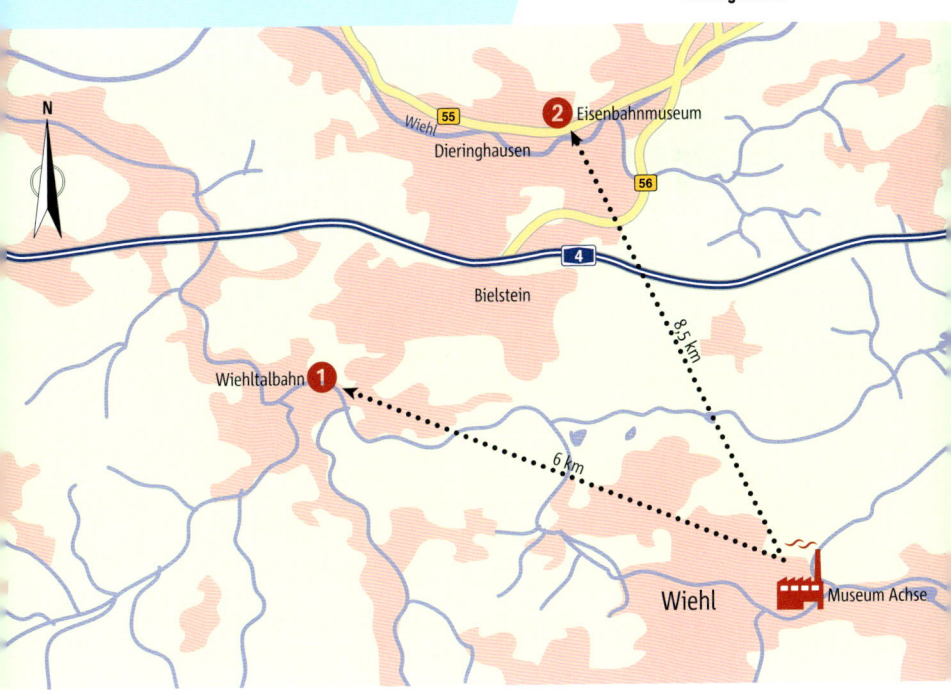

Außerdem sehenswert:

① WIEHLTALBAHN
6 km von Bergische Achsen Wiehl

Der Kampf um den Erhalt der Wiehltalbahn hat vor allem in den Jahren 2006 und 2010 die Gemüter in den Anliegergemeinden bewegt. Die 23,6 Kilometer lange Strecke entstand zwischen 1897 und 1908 und verband Osberghausen und Waldbröl. War sie ursprünglich als Güterzugstrecke für die Steinbrüche geplant, profitierte von ihr die örtliche Industrie, was auch zu einer Zunahme des Personenverkehrs führte. Nach dem Zweiten Weltkrieg kam es mit dem Niedergang der Steinbruchindustrie und dem veränderten Pendlerverhalten 1965 zum Aus für den Personenverkehr, der Güterverkehr endete 1994. 4 Jahre später pachtete der Förderkreis zur Rettung der Wiehltalbahn e. V. die Strecke und betrieb sie mit einer Dampflok als Museumsbahn, bekam aber ab 2006 Gegenwind, als die Landespolitik das Bahngelände entwidmen wollte, da es die Entwicklung der Region behindere. Letztendlich entschied ein Gericht 2009 endgültig zugunsten der Weiterführung des Betriebes. Seit 2009 besteht wieder der Museumsbahnbetrieb, teilweise mit der dampfbetriebenen Lok Waldbröl. Zurzeit wird diskutiert, die Strecke wieder regulär als Nahverkehrsstrecke zu nutzen. Als Güterzugstrecke wurde die Wiehltalbahn nach dem Sturm Kyrill zwischen 2007 und 2010 zum Abtransport des Bruchs genutzt.

Technik + Architektur
Bahnhof Bielstein
Schlanderser Straße 78, 51674 Wiehl
www.wiehltalbahn.de
(Förderkreis zur Rettung der Wiehltalbahn e. V.)

❷ EISENBAHNMUSEUM DIERINGHAUSEN
8,5 km von Bergische Achsen Wiehl

Auf dem Gelände des ehemaligen Bahnbetriebswerks Dieringhausen, das von 1905 bis 1982 in Betrieb war, befindet sich heute ein Eisenbahnmuseum, das im Wesentlichen durch die Hermann-Haeck-Stiftung getragen wird. Zentrum des Museums ist der Lokschuppen mit elf Ständen und Drehscheibe. Die Werkstätten sind vollständig erhalten und werden unter den Augen der Besucher zur Reparatur historischer Züge verwendet. Glanzstück des Museumsfuhrparks ist die Dampflok „Waldbröl" aus dem Jahr 1914. Sie wurde durch das Museum restauriert und ist seit 2006 wieder im Fahrbetrieb. Die ebenfalls zum Bestand gehörende preußische T 14 ist die einzige in Deutschland erhaltene Dampflok dieses Typs. Vom Museum aus wird die Museumsbahn Wiehltalbahn betrieben.

Info
IGBw Dieringhausen
Hohler Straße 2, 54645 Gummersbach
Tel. (0 22 61) 7 75 97, Sa 10–17 Uhr
So. an Fahrttagen, werktags nach Vereinbarung
Erw. 4 €, Kinder 2 €, Familie 10 €
Fahrten mit dem „Bergischen Löwen"
Apr.–Okt. alle 14 Tage
www.eisenbahnmuseum-dieringhausen.de

Dank!

Für die zum Teil sehr große Hilfe bei diesem Projekt möchte ich allen Museen und Einrichtungen danken, die an der Entstehung dieses Reiseführers beteiligt waren.

Dies waren insbesondere

- das Deutsche Schloss- und Beschlägemuseum Velbert
- das LVR-Industriemuseum mit seinen Standorten Ratingen, Solingen, Bergisch Gladbach und Engelskirchen
- Bergisches Museum für Bergbau, Handwerk und Gewerbe in Bensberg
- Historisches Zentrum Wuppertal
- Förderverein Balkhauser Kotten
- Industriepfad Düsseldorf
- Förderverein Schiffsbrücke Wuppermündung
- Förderverein Steffenshammer
- Förderverein Mannesmann-Haus e. V.
- Deutsches Werkzeugmuseum Remscheid
- Eisenbahn- und Heimatmuseum Erkrath-Hochdahl.
- Ein herzlicher Dank außerdem an die Fotografen Lutz und Leonie Hoffmann, Leichlingen.

Bildnachweis IMPRESSUM

Fotos: Peter Henkel, außer:
S. 15, 16, 21, 125: LVR-Industriemuseum; S. 27, 58: Peter Wolter; S. 29: Thomas Boller; S. 30, 40/41: Stadtarchiv Düsseldorf; S. 32: Nicola Walbeck; S. 33, 46, 75, 88, 91, 100, 105, 106, 115, 116; 136 u. re., 136 u. li., 191: Michael Rennertz; S. 37: Patrizia; S. 38: Thomas Boller; S. 42: FKI; S. 43: Zweckverband Unterbacher See; S. 65, 66/67, 68: Historisches Zentrum Wuppertal; S. 79: Monika Lauber; S. 81, 119, 149: Lutz Hoffmann; S. 82/83: Fotolia © travelpeter – stock.adobe.com; S. 92: Frank Vincentz; S. 95, 121, 130, 143, 144, 146, 152, 154: Leonie Hoffmann; S. 99 u., 100: Deutsches Röntgen Museum; S. 108/109: Deutsches Werkzeugmuseum; S. 131: Ingrid Retterath; S. 135, 136 o.: Industriemuseum Freudenthaler Sensenhammer; S. 141: Netzwerk Industriekultur Bergisches Land e. V.; S. 169: Jens Höhner; S. 175: De Casius; S. 189: Eisenbahnmuseum Dieringhausen

© 2018 Droste Verlag GmbH, Düsseldorf
Konzeption/Gestaltung/Satz: Droste Verlag, Düsseldorf
Einbandgestaltung: Guido Klütsch, Köln, unter Verwendung einer
Abbildung von Michael Rennertz, Meerbusch
Karten: Sameena Jehanzeb, Bonn
Druck und Bindung: Gutenberg Beuys Feindruckerei GmbH, Langenhagen

Alle Abweichungen, die nach Redaktionsschluss erfolgten, konnten im Buch nicht mehr berücksichtigt werden. Hinweise und Änderungen nehmen wir gern entgegen.

ISBN 978-3-7700-2006-5
www.drosteverlag.de